灰小财——著

灰小财带你玩转

# 可转债

清华大学出版社

北京

版权所有，侵权必究。举报：010-62782989，beiqinquan@tup.tsinghua.edu.cn。

**图书在版编目（CIP）数据**

灰小财带你玩转可转债 / 灰小财著 . —北京：清华大学出版社，2022.5
ISBN 978-7-302-60405-1

Ⅰ . ①灰… Ⅱ . ①灰… Ⅲ . ①可转换债券 Ⅳ . ① F830.91

中国版本图书馆 CIP 数据核字 (2022) 第 048659 号

责任编辑：张立红
封面设计：蔡小波
版式设计：方加青
责任校对：赵伟玉
责任印制：杨　艳

出版发行：清华大学出版社
　　　　　网　　　址：http://www.tup.com.cn，http://www.wqbook.com
　　　　　地　　　址：北京清华大学学研大厦 A 座　　　　邮　　编：100084
　　　　　社 总 机：010-83470000　　　　邮　　购：010-62786544
　　　　　投稿与读者服务：010-62776969，c-service@tup.tsinghua.edu.cn
　　　　　质 量 反 馈：010-62772015，zhiliang@tup.tsinghua.edu.cn
印 装 者：小森印刷霸州有限公司
经　　　销：全国新华书店
开　　　本：170mm×240mm　　　印　张：15.5　　　字　数：253 千字
版　　　次：2022 年 5 月第 1 版　　　印　次：2022 年 5 月第 1 次印刷
定　　　价：69.00 元

产品编号：076293-01

# 前 言

我接触可转债，其实是一次很偶然的机会。当时我刚入职金融机构不久，为了提高业务知识，经常去图书馆查阅相关资料。不经意间，一本名叫《可转债投资魔法书》的书引起了我的注意，国债、企业债能经常听到，可转债又是什么债呢？当打开它一点一点仔细阅读时，我仿佛被施了魔法，完全沉浸其中，感觉发现了"新大陆"，原来还有这样一个投资工具，低风险还能博取高收益，"下有保底，上不封顶"，公司和投资者能实现双赢，散户居然比机构还有优势。就这样，我对可转债的研究就一发不可收。

只是在 2015 年之前，存量的可转债数量非常少，只有 20 来个，每年新发行的转债数量也只有 10 个左右，交易量小，市场关注度很低。2015～2016 年的牛市，几乎消灭了 130 元以下到期保本的转债，存量的转债纷纷强赎退市，值得投资的机会就更少了。

2017 年，对可转债来说，是非常重要的一年。再融资新规的出台，对定向增发的融资方式进行了限制，明确了通过可转债融资可单独排队，享受绿色通道，鼓励在审项目和拟申报项目发行可转债。这反映了监管部门鼓励发展转债市场的态度。与此同时，可转债信用申购制度开启，申购门槛和资金成本大大降低。从这一刻开始，可转债一级市场发行供需两旺，规模大幅扩张，二级市场估值回归，配置价值提升，投资者结构也日益多样化，可转债市场开启了属于它的黄金时期，可转债的发行数量逐年递增，仅 2020 年，就有多达 204 只可转债发行上市。

不过在转债扩容的初期，市场对这个投资产品并没有非常认可，新债中签率高，破发频繁，中签如中刀。我在2018年创立了公众号灰小财，专注于理财规划及可转债投资，分享理财干货和投资心得。经过多年对可转债的研究，我深知其投资价值，特别是以发行价格配置优质可转债。所以，可转债打新分析就成为公众号的重点及核心内容。从2018年3月至今，对每一只可转债的申购和上市分析都没有遗漏，原创文章累计超800篇，字数超过10万字。可以说，这几年来，公众号与可转债市场是同步茁壮成长的。

## 本书的缘起

可转债虽然可归属到低风险投资产品，但由于涉及了股票、债券、期权等知识，若想精通掌握并熟练运用它并不容易。通过和粉丝之间的互动问答，我发现粉丝的投资基础和能力差异非常大，有尚未毕业的大学生，课余时间对投资理财很感兴趣；有从未开过证券账户的投资小白，听说可转债能赚到钱，想参与其中；也有券商、基金从业人员，管理着上亿规模的资产，提出的问题也更专业。能得到粉丝的关注是我的荣幸。

公众号的文章篇幅有限，时效性强，对于基础相对薄弱的投资者，理解起来会有一定难度。如何更系统、更全面地介绍可转债，如何用通俗的语言把专业的知识点讲明白，如何用简单轻松的策略去获得理想的收益，如何让忙碌的上班族也能参与到可转债投资中去，是我这些年来一直在思考的问题。或许，写一本可转债的书就可以实现这个目标。历时数月的创作，《灰小财带你玩转可转债》就这样诞生了，它是我向《可转债投资魔法书》作者安道全的致敬，也是向广大支持、关注笔者的粉丝的致敬。

## 本书内容

本书会从可转债的基础概念和打新申购讲起，逐步深入可转债评估模型、交易策略。通过丰富的案例讲解和实战分析，深入浅出地帮助读者快速入门和进阶可转债，而书中介绍的自动化交易工具还可以让忙碌的上班族也能轻松玩转可转债。

本书分为6章。第1章介绍什么是可转债、可转债的基本要素以及可转债的交易规则。第 2 章介绍可转债打新的流程、申购条件和方式、步骤、评估模型。第 3 章介绍可转债如何实现"下有保底，上不封顶"。第 4 章介绍常见的可转债投资策略。第 5 章介绍可转债的自动化交易工具，指导投资者如何在不看盘的情况下交易可转债。第 6 章介绍可转债基金、可交债以及要约和换股套利。最后是附录，涵盖了可转债评分模型数据以及近年来可转债打新收益的统计。

本书内容通俗易懂，案例丰富，实用性强，素材多来源于灰小财公众号的归纳和整理，是一本投资者随时可以翻阅的手册，也是提升投资可转债收益的锦囊，在投资可转债的道路上，可以起到引路、指导的作用。如何对可转债进行全面、量化的评估？用什么策略能实现年化 100% 的收益？不看盘怎么能抓住交易良机？这些都可以在书中找到答案。

本书受到了公众号大 V、基金经理的极力推荐，特别适合所有对可转债、低风险投资感兴趣的投资者阅读，忙碌的上班族阅读本书也会受益匪浅。

## 关于灰小财

长期任职于大型金融机构，是公众号灰小财的创始人和主理人、持证国家理财规划师、低风险投资达人，专注于理财规划及可转债投资。除了可转债，对基金套利、换股套利、港股打新等均有涉足，拥有多年的实战投资经验，活跃于宁稳网、集思录、雪球、今日头条、东方财富等平台，并运营着多个可转债社群，深受粉丝的好评和喜爱。

由于投资经验和能力的局限性，书中如有错漏，欢迎广大读者加以指正，也可通过公众号渠道进行沟通。

想学好可转债，少不了金融基础知识的积累，包括宏微观经济学、货币银行学、金融市场学、证券投资分析、基金、债券等。希望各位读者在闲暇之余，能够自行完成这方面知识的学习，参考资料如系统的证券从业考试教材或网上通俗教学视频都可以。

下面，就让我带领各位读者，进入神奇的可转债世界。

特别声明，本书提到的投资思路和策略，仅作为灰小财个人投资经验的总结，不构成任何投资建议。投资有风险，入市须谨慎。

灰小财带你
玩转可转债

HUIXIAOCAI

# 目 录

## 第1章
# 初识可转债　1

# 第1章 初识可转债

本章主要介绍可转债的基本概念，以及可转债的基本要素、可转债的交易规则，让初学者对此有一定的理论上的了解。

## ◉ 1.1  认识可转债

本节将对可转债的基本概念进行介绍，包括可转债的定义、发行可转债的目的、投资收益率等基本知识。

### 1.1.1  可转债的定义

可转债（convertible bond），全称是"可转换公司债券"，又称转债，指在一定条件下可以被转换成公司股票的债券，在国内 A 股市场可以转换成在沪市或深市上市的公司的股票。

可转债具有债券和期权的双重属性。它本质上还是债券，每年需要以约定的利率付息，到期也要偿还本金。投资者可以选择像固定收益产品一样长期持有，每年获得利息，也可以行使期权权利，在约定的时间内将其转换成股票，从一个债权人变成公司的股东，和公司一起成长，获得资本增值。通俗理解，可转债同时拥有股性和债性。

如 A 公司发行了 6 年期的可转债，约定了每年的利率分别是：第一年 0.2%，第二年 0.4%，第三年 0.6%，第四年 0.8%，第五年 1.5%，第六年 2.0%，并且规定在发行半年后，投资者可以用 10 元 / 股的价格，将持有的可转债换成股票。

半年后，如果股票的价格高于 10 元，那将 A 转债转换成股票就有利可图。如果股票的价格低于 10 元，转换成股票就会出现亏损，但投资者可以选择继续持有该转债，每年都可以拿到利息。无论股票怎么跌，只要公司不破产，转债到期后，公司必须把本金还给投资者。

如图1.1，右上方曲线代表转债价格，右下方曲线代表股票价格。该公司的股价在可转债发行后小幅上涨，转债同步跟涨。但由于公司经营不善，业绩下滑，股价之后出现了大幅回落，跌幅超过60%，而转债由于债性保护，下跌幅度有限，临近到期，价格还在保本价以上。持股亏60%，持有转债不仅没有亏损，反而还有利息收益。转债和对应股票的走势对比参考图1.1。

图 1.1　某转债和其对应股票走势对比

股票上涨时，转债能享受收益；股票下跌时，转债仍能保本还有利息，这就使得可转债具有了"下有保底，上不封顶"的特点。俗话说，高风险，高收益，但对转债来说，却是低风险，高收益，风险和收益并不对称，这样的投资产品怎不叫人喜爱呢？

## 1.1.2　公司为何要发行可转债？

对公司而言，向银行申请贷款、定向增发股票、发行债券、发行转债都是融资行为，也就是借钱，用来还债、扩大产能、收购资产等。

向银行申请贷款对公司资质要求高，有利率，可能还要有抵押物；定向增发股票的对象一般是机构投资者，对方是否接受需要谈判，需要对方认可，在价格上也会有折让；发行债券，利率并不比银行贷款低。而发行转债，利率要低得多，前几年甚至不到1%。

利率低，融资成本就低，更重要的是，一旦转债投资者将债券转换成公司股票，那公司就不用还钱了。低息借款，还不用还钱，有这等好事？那上市公司还不抢着发行，特别是经营很差的公司，一没钱就发转债续命好了？

为了保护投资者，监管层对可转债的发行制定了严格规定和要求，见《可

转换公司债券管理暂行办法》。由于条目比较多,这里列出最关键的几条:

- 最近 3 年连续盈利,且最近 3 年净资产利润率平均在 10% 以上;属于能源、原材料、基础设施类的公司可以略低,但是不得低于 7%;
- 可转换公司债券发行后,资产负债率不高于 70%;
- 累计债券余额不超过公司净资产额的 40%。

可以看到,有资格发行可转债的公司,质地都不差,经营状况好的公司才有资格使用低成本融资的工具。能满足连续盈利和负债率要求的公司并不多,监管层实际上提前为投资者进行了排雷。可转债 2014～2020 年发行数量如表 1.1 所示。

表 1.1 可转债发行数量

| 年份 | 转债发行数量 |
|---|---|
| 2020 | 195 |
| 2019 | 126 |
| 2018 | 67 |
| 2017 | 40 |
| 2016 | 11 |
| 2015 | 3 |
| 2014 | 7 |

2016 年以前,可转债是个非常小众的投资品种,存量、新发行的数量很少,一共就几十只。随着 2017 年政策鼓励企业进行直接融资,放宽了审批条件,转债的发行如雨后春笋般涌现,截至 2021 年 5 月,存量转债的数量已超过 300 只。有的公司发行一期转债不过瘾又发了第二期,甚至还有发行第三期转债的,如东方财富。

## 1.1.3 可转债的投资收益率

发行可转债,对公司和投资者来说,是双赢,是难得的公司大股东和投资者站在同一战线的投资品种。

投资可转债,收益究竟如何呢?

历史数据统计,90% 以上的转债完成了强制赎回,即价格超过 130 元,面值价格持有,收益率超过 30%。转债的平均存续时间为 1.85 年,即年化收益率 16.2%,平均赎回价格为 159 元,实际年化收益率会超过 16.2%。截至 2021 年 6

月底，尚未出现一例转债违约，无论是转债到期还是提前赎回，只要是面值价格买入，投入资金的保本率均达 100%。

　　下面以风险程度、期望年化收益率、流动性以及投资难易程度为维度，对比一下市场上主要的投资产品，如表 1.2 所示。

表 1.2　各类投资产品的比较

| 投资产品 | 风险程度 | 期望年化收益率 | 流动性 | 投资难易程度 |
| --- | --- | --- | --- | --- |
| 银行一年期存款 | 极低 | 约 2% | 低 | 简单 |
| 货币基金 | 极低 | 2%～3% | 高 | 简单 |
| 稳健型银行理财 | 低 | 3%～4% | 低 | 简单 |
| 纯债基金 | 低 | 6%～8% | 低 | 中等 |
| 可转债 | 中 | 15%～20% | 高 | 中等 |
| 偏股型基金 | 高 | 大于 15% | 高 | 较高 |
| 指数基金 | 高 | 大于 15% | 高 | 较高 |
| 股票 | 高 | 大于 15% | 高 | 复杂 |

　　投资风格偏保守的一般选择银行一年期存款、货币基金或者稳健型银行理财产品，收益率在 2%～4%。风格激进的、想寻求高收益率的可选偏股型基金、指数基金或者直接交易股票，但需要承受较高的风险，对于标的的选择和买卖点的把握，也有一定的难度。而可转债，风险和收益介于纯债基金和偏股型基金之间，适合风格稳健的投资者，在一定的安全边际内，获取更高的收益。

　　15% 的年化收益率看似不高，但在复利的作用下，只要连续 5 年都能实现，本金就将翻倍。

　　转债最多能赚多少？不妨看一下英科转债走势图，如图 1.2 所示。

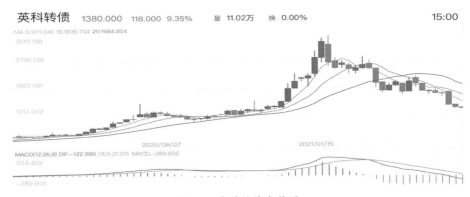

图 1.2　英科转债走势图

截至 2021 年 5 月，单只收益率最高的转债是 2019 年上市的英科转债，由英科医疗发行。英科转债后上市不久，受新冠肺炎疫情的影响，生产医用手套的英科医疗订单爆发式增长，转债跟随股票连续上涨，从 100 元涨至最高 3618 元，超过了贵州茅台的股价，收益率高达 3518%。一手转债 1000 元，最高可获利 35180 元。

2021 年 6 月 29 日，英科转债因债券余额不足 3000 万停止交易，债王就此退出了历史的舞台。

浮亏幅度最大的转债是 2019 年上市的亚药转债，是亚太药业发行的可转债，如图 1.3 所示。转债上市后，公司经营不善，连续 2 年出现了亏损，子公司失去控制，转债跟随股票不断下跌，最低跌至 66.6 元，若 100 元买入持有，亏损幅度达到 33.4%。

图 1.3　亚药转债走势图

虽然转债价格低于 100 元，但只要公司不破产，转债到期后能够偿还本金，投资者就不会出现亏损，每年还可以收到利息。这类基本面恶化的转债数量占比非常少，只要能掌握一些转债的基础知识，便能最大程度地规避这类风险较高的转债。

## ◎ 1.2　可转债的基本要素

通过上节的介绍，大家对可转债有了初步的认识。可转债既有债券的债性，又有股票的股性，还能通过约定的条款进行转换。由于涉及的基础知识比较多，下面会一一深入介绍。对于初学者来说，快速掌握有一定的难度，不过没有关系，后面的章节中会通过丰富的案例对这些内容进行讲解，需要时再翻回本节进行查阅即可。

## 1.2.1　揭开可转债的面纱

想知道可转债长什么样，最简单的方法就是下载可转债的发行公告，如图1.4所示。

证券代码:300303　　　　证券简称:聚飞光电　　　　公告编号:2020-009

**深圳市聚飞光电股份有限公司**

**公开发行可转换公司债券发行公告**

**保荐机构（主承销商）：国金证券股份有限公司**

图 1.4　可转债发行公告

公告在交易所官网、各大财经网站或股票软件中的公司公告栏中都可以找到，并提供了下载链接，方便读者查看。

在发行公告基本情况章节中，会详细说明可转债的发行价格、债券期限、利率、信用评级、下修、回售、赎回条款等关键信息。

学习阶段需要仔细阅读公告，但平时投资时，为节省时间，提高信息获取的效率，可直接在数据网站查看这些信息，如集思录、宁稳网等，具体信息如表1.3所示。

表 1.3　集思录聚飞转债信息栏

聚飞转债 - 123050 (正股: 聚飞光电 - 300303  行业: 电子-光学光电子-LED )　　+自选

| 价格: 116.080 | 转股价值: 100.20 | 税前收益: 1.38% | 成交(万): 1066.74 |
| --- | --- | --- | --- |
| 涨幅: -0.02% | 溢价率: 15.85% | 税后收益: 0.54% | 当日换手: 1.30% |

| 转股起始日 | 2020-10-20 | 回售起始日 | 2024-04-15 | 到期日 | 2026-04-13 | 发行规模(亿) | 7.050 |
| --- | --- | --- | --- | --- | --- | --- | --- |
| 转股价 | 5.08 | 回售价 | 100.00 * | 剩余年限 | 4.789 | 剩余规模(亿) | 7.042 |
| 股东配售率 | 43.22% | 转股代码 | 123050 | 到期赎回价 | 118.00 | 转债占比¹ | 12.03% |
| 网上中签率 | 0.0104% | 已转股比例 | 0.11% | 正股波动率 | 47.57% | 转债占比² | 10.83% |
| 折算率 | 0.000 | 质押代码 | 123050 | 主体评级 | AA- | 债券评级 | AA- |

| 担保 | 无担保 |
| --- | --- |
| 募资用途 | 公司本次公开发行可转换公司债券募集资金总额不超过70,468.81万元，扣除相关发行费用后：<br>1、募集资金净额54,689.75万元用于惠州LED产品扩产项目；<br>2、15,779.06万元用于惠州LED技术研发中心建设项目。 |
| 转股价下修 | 当公司股票在任意连续三十个交易日中至少有十五个交易日的收盘价低于当期转股价格的85%时<br>注：转股价或可以低于每股净资产 (以招募说明书为准) |

| 转股价调整历史 | 股东大会 | 生效日期 | 新转股价 | 原转股价 | 调整类型 | 状态 | 说明 |
| --- | --- | --- | --- | --- | --- | --- | --- |
| | | 2021-06-30 | 5.080 | 5.180 | 其它 | 成功 | 2020年每10股派1元 |
| | | 2020-07-10 | 5.180 | 5.280 | 其它 | 成功 | 每10股派1.00元人民币现金 |

| 强制赎回 | 如果公司A股股票连续30个交易日中至少有15个交易日的收盘价格不低于当期转股价格的130%(含130%) |
| --- | --- |
| 回售 | 在本次发行的可转债最后两个计息年度，如果公司股票在任何连续三十个交易日的收盘价格低于当期转股价的70%时 |
| 利率 | 第一年 0.40%、第二年 0.80%、第三年 1.00%、第四年 1.50%、第五年 2.50%、第六年 3.50% |
| 税前YTM<br>计算公式 | $2.50/(1+x)^{3.789} + 1.50/(1+x)^{2.789} + 1.00/(1+x)^{1.789} + 0.80/(1+x)^{0.789} + 118.000/(1+x)^{4.789} - 116.0800 = 0$ |

下面就选取可转债的几个关键要素进行详细地介绍。

## 1.2.2　债券和利率

债券是政府、企业、银行等债务人为筹集资金，按照法定程序发行并向债权人承诺于指定日期还本付息的有价证券。

大家对国债应该不陌生，不定期发行，可在银行购买。有 3 年期、5 年期，利率比定期存款高一些，每年付息，到期还本。可转债也属于债券，也有固定期限、利率和还本方式。

下面以聚飞转债发行公告为例进行介绍。

（1）债券期限：本次发行的可转债的期限为发行之日起 6 年，即自 2020 年 4 月 14 日至 2026 年 4 月 13 日。

（2）票面利率：第一年 0.40%，第二年 0.80%，第三年 1.00%，第四年 1.50%，第五年 2.50%，第六年 3.50%。

（3）债券到期赎回：本次发行的可转债到期后 5 个交易日内，发行人将按债券面值的 118%（含最后一期利息）的价格赎回未转股的可转债。

（4）还本付息的期限和方式：本次发行的可转债采用每年付息一次的付息方式，到期归还本金和最后一年利息。

从公告中可以看到，聚飞转债的存续期为 6 年，利率逐年增加，每年支付利息，到期后，以面值的 118% 还本。

如果持有到期，收益率是多少？计算如下：

不考虑资金的时间价值，算单利。债券面值 100 元，第一年按 0.4% 利率可以拿 0.4 元利息，第二年 0.8 元，第三年 1 元，第四年 1.5 元，第五年 2.5 元，最后一年比较特殊，到期价是 118 元，包含了 3.5 元的利息。

118+0.4+0.8+1+1.5+2.5=124.2

若持有 6 年到期，平均每年有 4% 的利率。若考虑复利，计算公式就会很复杂，了解即可。

$2.50/(1+x)^{3.789} + 1.50/(1+x)^{2.789} + 1.00/(1+x)^{1.789} + 0.80/(1+x)$

^0.789 + 118.000/（1+$x$)^4.789−116.0800 = 0

年化收益率是 3.75%，一般不用自己算，可在数据网站上直接查询。需要注意的是，国债的利息不用交税，但可转债的利息只对机构投资者免税，普通投资者要缴 20% 的利息税，实际的年化收益率会更低一些。

## 1.2.3 转债评级

转债评级即可转债的信用评级，用来衡量公司按期还本付息的可靠程度。可靠程度越低，评级越低，年化的利率就越高。如表 1.4 所示。

表 1.4 信用评级含义说明

| 等 级 | | 含 义 |
| --- | --- | --- |
| 投资级 | AAA | 偿还债务的能力极强，基本不受不利经济环境的影响，违约风险极低。 |
| | AA | 偿还债务的能力很强，受不利经济环境的影响不大，违约风险很低。 |
| | A | 偿还债务能力较强，较易受不利经济环境的影响，违约风险较低。 |
| | BBB | 偿还债务能力一般，受不利经济环境影响较大，违约风险一般。 |
| 投机级 | BB | 偿还债务能力较弱，受不利经济环境影响很大，有较高违约风险。 |
| | B | 偿还债务的能力较大地依赖于良好的经济环境，违约风险很高。 |
| | CCC | 偿还债务的能力极度依赖于良好的经济环境，违约风险极高。 |
| | CC | 在破产或重组时可获得保护较小，基本不能保证偿还债务。 |
| | C | 不能偿还债务。 |

可转债的评级大部分处于 A 类，极少数是 B 类，平时我们会看到一个可转债信用评级为 AA+、AA− 的情况，除了信用等级符号，每一个信用等级可用"+""−"符号进行微调，表示略高或略低于本等级。

以聚飞转债的发行公告为例，债券的信用评级为 AA−。AA− 在债券评级中属于较高的评级，但在可转债中，属于中等偏低评级。AA+ 以上评级的公司一般是大型国企、银行、券商、行业龙头，债务违约的风险很低。而评级为 A 甚至 B 的转债，公司本身可能存在一些问题。

从表 1.5 中可以看到，超半数的转债，信用评级都是比较高的。这也从侧面反映，能发行转债的公司，本身质地还是不错的。

表 1.5　存量转债信用评级分布占比

| 转债信用评级 | 占比 |
| --- | --- |
| AA+ 以上 | 21.7% |
| AA | 32.2% |
| AA- | 29.5% |
| AA- 以下 | 16.3% |

转债评级的应用，将在 2.4 章节的评分模型中进一步介绍。

## 1.2.4　转股价、转股期限和转股价值

可转债可以转换成股票，以什么样的价格转成股票呢？这个价格就是转股价。转股价决定了可转债能转换成股票的数量，具体的价格会在发行公告中明确，是一个固定的值，只有在特定的情况下才会发生变化。

以聚飞转债发行公告中关于转股价的说明为例：

（5）转股期限

本次发行的可转债转股期自可转债发行结束之日起满 6 个月后的第一个交易日起至可转债到期日止，即 2020 年 10 月 20 日至 2026 年 4 月 13 日。

（6）初始转股价格

本次发行的可转债的初始转股价格为 5.28 元 / 股，不低于募集说明书公告日前 20 个交易日公司 A 股股票交易均价（若在该 20 个交易日内发生过因除权、除息引起股价调整的情形，则对调整前交易日的交易均价按经过相应除权、除息调整后的价格计算）和前一个交易日公司 A 股股票交易均价。

前 20 个交易日公司股票交易均价 = 前 20 个交易日公司股票交易总额 / 该 20 个交易日公司股票交易总量；前一交易日公司股票交易均价 = 前一交易日公司股票交易额 / 该日公司股票交易量。

转股价虽然由上市公司确定，但也有一定限制。投资者自然希望它越低越好，同样一张转债，可以换到更多数量的股票。但上市公司就不乐意了，为何要贱卖自己公司的股份？因此，为保护双方的利益，监管层要求转股价不能低于募

集说明书公告日前 20 个交易日公司 A 股股票交易均价。

此外，为防止这种情况发生：发行转债前人为压低股价，转债发行后通过利好消息拉升股价快速满足赎回条件，转债赎回后股价大跌，导致投资者损失。监管层又设置了转股期限的要求，规定转债上市半年后才可以转股或进行赎回。

下面就是计算环节了，涉及转股价、转股数量、转股价值、溢价率的换算。

转股数量 = 可转债张数 × 100 ÷ 转股价

举例来说：

若转股价为 5.28 元，正股价格（股票当前价格）也为 5.28 元，转债价格为 100 元 / 张，若投资者持有 660 张（总价值 66000 元）聚飞转债，通过转股操作，可以得到 660×100/5.28=12500 股聚飞光电的股票，在不考虑交易手续费的情况下，卖出股票，可获得 66000 元，不赚不亏。

若正股价格高于 5.28 元，转股后 12500 股股票卖出的金额将大于 66000 元，可盈利，反之亦然。

所以，正股价格高于转股价，转股后卖出一定可以赚钱，那么大家都会纷纷买入转债去转股，对应的转债价格就会上涨。

转股的数量会计算了，再理解转股价值。转股价值，字面意思即转债转成股票后的价值。与转股价不同的是，它会随股票价格的变化而变化。

转股价值 = 每张转债可转股的数量 × 正股价

= （可转债的面值 100 元 ÷ 转股价）× 正股价

举例来说：

聚飞光电的转股价是 5.28 元，正股价格也为 5.28 元，则转股价值就是：（100÷5.28）×5.28=100 元。

聚飞光电的转股价是 5.28 元，正股价格为 5.5 元，则转股价值就是：（100÷5.28）×5.5=104.1 元。

可以看到，正股股价越高，转股价值也越高。

## 1.2.5  转股溢价率

可转债的转股溢价率是一个非常重要的指标，主要用来衡量可转债的估值。

一枚限量版的 10 元硬币，实际价值就是 10 元，去银行兑换，只能换到 10

元现金。但由于限量稀缺，市场价为 15 元，你要多花 5 元才能买到，这多出 5 元的价格，就称为溢价，溢价率为 5%。

对于某只可转债来说，若转股价值为 100 元，而转债的市场价为 105 元，我们就称之为转股溢价率 5%，即比实际价值贵了 5%。

计算公式为：

转股溢价率 =（转债价格 ÷ 转股价值 −1）×100%

转股价值 = 每张转债可转股的数量 × 正股价

=（可转债的面值 100 元 ÷ 转股价）× 正股价

举例来说：长海转债的转股价是 16.14 元，正股价格为 16.67 元，目前转债价格为 121.56 元。

转股价值 =（100÷16.14）×16.67=103.28 元

转股溢价率 =（121.56÷103.28−1）×100%=17.7%

如表 1.6 所示，长海转债的溢价率就是 17.7%。这些数据平时不需要每次都计算，也不用背计算公式，在集思录、宁稳网、股票交易软件上都可以查到，关键是要理解每个指标的含义，并明白这些是如何得出的。

表 1.6　长海转债转股溢价率数据

| 代码 | 转债名称 | 现价 | 涨跌幅 | 正股名称 | 正股价 | 正股涨跌 | 正股PB | 转股价 | 转股价值 | 溢价率 |
|---|---|---|---|---|---|---|---|---|---|---|
| 123091 | 长海转债 | 121.560 | 0.02% | 长海股份 | 16.67 | 0.18% | 2.22 | 16.14 | 103.28 | 17.7% |

决定转股溢价率高低的因素有很多，如转债价格高低、转债评级、正股质地的好坏、突发事件等，这里就不再展开，后续的章节中会有详细介绍。

## 1.2.6　转股价的调整和下修

在 1.2.4 章节中，我们了解了转股价的概念。转股价是在转债发行时确定的，是一个固定的值，但在某些情况下，这个值是可以进行调整或下修的。调整和下修是两个概念，需要区分清楚。

以聚飞转债转股价调整方案为例：

12. 转股价格的调整

在本次发行之后，若公司发生派送红股、转增股本、增发新股（不包括因本次发行的可转债转股而增加的股本）、配股以及派发现金股利等情况，将按下述公式进行转股价格的调整（保留小数点后两位，最后一位四舍五入）。

在公司发生派送红股、转增股本、增发新股（不包括因本次发行的可转债转股而增加的股本）、配股以及派发现金股利等情况时，转股价会被动进行调整。具体公式如下：

派送红股或转增股本：$P1=P0/（1+n）$；

增发新股或配股：$P1=（P0+A×k）/（1+k）$；

上述两项同时进行：$P1=（P0+A×k）/（1+n+k）$；

派送现金股利：$P1=P0-D$；

上述三项同时进行：$P1=（P0-D+A×k）/（1+n+k）$。

其中，$P1$ 为调整后转股价，$P0$ 为调整前转股价，$n$ 为送股或转增股本率，$A$ 为增发新股价或配股价，$k$ 为增发新股或配股率，$D$ 为每股派送现金股利。

这些公式不需要亲自计算，满足上述条件时，公司会发布相关公告。分红送股后，正股股价、转股价会同步调整，对转债的价值一般不会出现很大的影响，投资者可不用过分关注。历史上仅有英科转债，因正股价远高于转股价，分红后转股价值提高的幅度大于分红金额，对转债的估值起到了提升作用。

说完转股价的调整，再来说下被称为"作弊神器"的转股价下修，以聚飞转债转股价下修条款为例：

14. 转股价格的向下修正

① 修正条件及修正幅度

在本次发行的可转债存续期间，当公司股票在任意连续 30 个交易日中至少有 15 个交易日的收盘价低于当期转股价格的 85% 时，公司董事会有权提出转股价格向下修正方案并提交公司股东大会表决。

上述方案须经出席会议的股东所持表决权的 2/3 以上通过方可实施。股东大会进行表决时，持有本次发行的可转债的股东应当回避。修正后的转股价格应不低于本次股东大会召开日前 20 个交易日公司股票交易均价和前一交易日均价之间的较高者。

我们知道，转股价决定了可转债能转换成股票的数量，如果人为调低了，能转成股票的数量就多了，转债价格会上涨，这对转债的持有人来说是非常有利的。

转股公式我们再回顾下：

转股数量 = 可转债张数 × 100 / 转股价

转股价的下修也有约束条件，概括起来，就是股价满足要求，董事会提出方案后在股东大会审批，下修后的价格也要根据开会前的股票均价得出。

下修是公司的权利，满足条件后，公司可以提议下修方案，也可以不作为，毕竟下修转股价相当于打折卖股票，股权会进一步稀释，原来的股东们可能会不乐意。

下修对投资者来说肯定是利好，对公司来说同样也是有好处的。下修后转债更容易达到提前赎回的条件，一旦提前赎回，投资者只能选择卖出转债或转股，转股就是成为公司股东，公司就不用还钱给投资者了。

## 1.2.7　可转债的赎回条款

可转债的期限一般为6年，少数转债为5年甚至更短。可转债的赎回代表转债退市，告别市场。到期赎回很好理解，6年到了，公司要连本带利把钱还给投资者。如果提前赎回转债，则称为有条件赎回，也叫强制赎回。

以聚飞转债赎回条款为例：

15. 赎回条款

①到期赎回条款

在本次发行的可转债期满后5个交易日内，发行人将按债券面值的118%（含最后一期利息）的价格赎回未转股的可转债。

②有条件赎回条款

在本次发行的可转债转股期内，当下述两种情形的任意一种出现时，公司董事会有权决定按照债券面值加当期应计利息的价格赎回全部或部分未转股的可转债：

A. 在本次发行的可转债转股期内，如果公司 A 股股票连续 30 个交易日中至少有 15 个交易日的收盘价格不低于当期转股价格的 130%（含 130%）。

B. 当本次发行的可转债未转股余额不足 3000 万元时。

强制赎回分两类：一是当转债的未转股余额不足 3000 万时，根据监管规定，公司必须赎回转债。例如价格上千的英科转债，就是因为余额不足 3000 万，被强制赎回。另一种强制赎回则是公司的权利，满足价格和天数条件时，公司有权选择是否行使这项权利。这类强赎其实是投资者和公司最乐意看到的情况。转债的最初面值是 100 元，当正股收盘价不低于转股价的 130% 时，转债的价格大概率已经超过了 130 元，即收益率超过 30%，赚了那么多，投资者当然很开心。

对公司来说，发布强赎后，由于赎回价远低于转债现价，投资者只能选择卖出转债或进行转股，否则就会被低价赎回。转股操作就是把投资者变成公司股东，公司就不用再还钱给投资者了，是不是很像"空手套白狼"？

## 1.2.8　可转债的回售条款

可转债的存续周期一般为 6 年。6 年对投资者来说，是一个很漫长的时间，持有 6 年到期还本，并非投资者和公司的最终目标，应尽早完成强制赎回。

如果公司经营不善，股价持续走低，那转债的价格也会跌破面值，在 80～90 元徘徊。此时，公司若没有下修转股价的计划或无法下修，那投资者想拿回本金的话，只能等转债到期，时间那么久，对投资者来说就很被动。

可转债的回售条款，本质上就是为保护投资者权益而设立的，规定了在某些条件下，公司必须允许投资者提前把转债回售给公司，也就是要求公司提前还本付息。这是投资者的权利，投资者只要有要求，公司就必须执行。回售条款分为有条件回售和附加回售两类。同样以聚飞转债为例：

16. 回售条款
①有条件回售条款
在本次发行的可转债最后两个计息年度，如果公司股票在任何连续 30 个交易日的收盘价格低于当期转股价的 70% 时，可转债持有人有权将其持有的可转

债全部或部分按面值加上当期应计利息的价格回售给公司。若在上述交易日内发生过转股价格因发生送红股、转增股本、增发新股（不包括因本次发行的可转债转股而增加的股本）、配股以及派发现金股利等情况而调整的情形，则在调整前的交易日按调整前的转股价格和收盘价格计算，在调整后的交易日按调整后的转股价格和收盘价格计算。如果出现转股价格向下修正的情况，则上述"连续30个交易日"须从转股价格调整之后的第一个交易日起重新计算（当期应计利息的计算方式参见赎回条款的相关内容）。

最后两个计息年度可转债持有人在每年回售条件首次满足后可按上述约定条件行使回售权一次，若在首次满足回售条件而可转债持有人未在公司届时公告的回售申报期内申报并实施回售的，该计息年度不能再行使回售权，可转债持有人不能多次行使部分回售权。

有条件回售条款的条件：一是时间，可转债最后两个计息年度；二是价格，股票股价任何连续30个交易日低于当期转股价的70%。只要都满足，投资者就有权将持有的可转债按面值加当期应计利息回售给公司。有条件回售的具体流程，如图1.5所示。

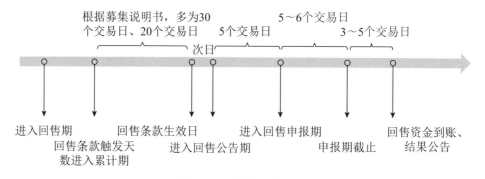

图1.5 有条件回售流程

对投资者来说，可以提前还本付息，6年缩短为4年。对公司来说要提前还钱，不是很有利，如果不想提前还钱，就要想办法下修转股价或者发布利好消息抬升股价，这也就为投资者创造了博弈的机会，在后面的章节中会详细介绍该策略。

需要注意的是，一个计息年度，投资者只能行使一次回售权利，今年有机会不回售，只能等下个计息周期了。

以聚飞转债附加回售条款为例：

②附加回售条款

若公司本次发行的可转债募集资金投资项目的实施情况与公司在募集说明书中的承诺情况相比出现重大变化，根据中国证监会的相关规定被视作改变募集资金用途或被中国证监会认定为改变募集资金用途的，可转债持有人享有一次回售的权利。可转债持有人有权将其持有的可转债全部或部分按债券面值加上当期应计利息价格回售给公司。持有人在附加回售条件满足后，可以在公司公告后的附加回售申报期内进行回售。该次附加回售申报期内不实施回售的，不应再行使附加回售权（当期应计利息的计算方式参见赎回条款的相关内容）。

附加回售条款中说明，当公司募集资金投资项目的实施情况与公司在募集说明书中的承诺情况相比出现重大变化时，将触发回售条款。附加回售的具体流程，如图1.6所示。

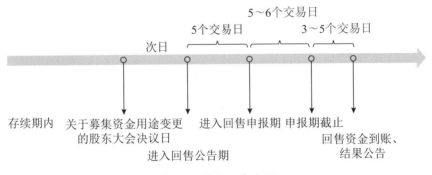

图1.6 附加回售流程

在发行公告中，发行可转债所募集的资金要明确用途，如扩大产能、收购企业等，如果在转债发行后，因为某些原因，公司对这笔资金的用途发生了变化，比如拿去还债，或者原计划收购A公司现在要收购B公司，此时，就会触发附加回售条件，投资者就有权将持有的可转债按面值加当期应计利息回售给公司。

如果投资者以80、90元买入可转债，一旦该转债触发附加回售条款，就可瞬间赚上10%～20%。

## ⊙ 1.3 可转债的交易规则

基础概念在前几节已经进行了介绍，要投资可转债，交易规则是必须掌握的。

### 1.3.1 准备工作

在任意券商进行 A 股账户开户，开通沪市交易权限，可以交易沪市的可转债。开通深市交易权限，可以交易深市的可转债。如果你可以交易 A 股沪深市场的股票，那对应的可转债肯定可以交易。

创业板、科创板的可转债，只要开通了深市交易权限，就可以进行交易。但如果要进行转股操作，还必须开通创业板、科创板的交易权限。投资者可通过转债代码的前三位区分所属板块，如表 1.7 所示。

表 1.7 各板块转债代码对比

| 板块 | 转债代码的前三位 | 转股代码 |
| --- | --- | --- |
| 沪市（不含科创板） | 110，113，115 | 与转债代码一致 |
| 科创板 | 118 | 与转债代码一致 |
| 深市（不含创业板） | 121，128 | 与转债代码一致 |
| 创业板 | 123 | 与转债代码一致 |

当公司发行第二期转债时，会以数字或年份加以区分。

深市转债以期数命名：东财转 3、乐普转 2、华菱转 2、赣锋转 2、齐翔转 2、九洲转 2、汽模转 2、万顺转 2、星源转 2、中鼎转 2、崇达转 2、特发转 2。

沪市转债以年份命名：鹰 19 转债、福 20 转债、景 20 转债、健 20 转债、伟 20 转债、凤 21 转债。

### 1.3.2 交易单位

可转债的交易单位和债券是一致的。最小单位是手（沪市）或张（深市），一手是 10 张。转债的初始面值是 100 元，买入时至少 1 手或 10 张，即 1000 元。这里需要注意，沪市和深市略有区别，交易时务必留意。下面以浦发转债为例，如图 1.7 所示。

图 1.7　沪市转债交易界面

　　浦发转债是沪市转债，买入的最小单位是 1 手（10 张），价值 1033.7 元，如果你填了 10，就变成 10337 元了，券商的交易软件一般会有金额提示，交易时注意查看，沪市转债非常容易出现误操作而多买的情况。下面再看深市转债，如图 1.8 所示。

图 1.8　深市转债交易界面

聚飞转债是深市转债，买入的最小单位是 10 张，价值 1165.82 元，如果数量填写小于 10，系统会提示校验错误无法提交。

## 1.3.3　T+0 交易

我们知道沪深 A 股股票的交易，是 T+1 交易制度，即当日买入的股票，次日才可卖出。而可转债则是 T+0 交易制度，当日买进可当日卖出，非常灵活。

## 1.3.4　交易费用

可转债属于债券，所以交易费用非常低，只有券商收的佣金，费率也特别低，一般为十万分之一到十万分之五，最少只收 0.5 元甚至 0.1 元，没有印花税、过户费，比股票交易低得多。

T+0 制度配合低交易费，也为高频的量化、程序化交易创造了条件，后续章节也会有这部分内容的说明。

## 1.3.5　无涨跌幅限制

沪深 A 股股票的交易有涨跌停的限制，如主板 10%，创业板、科创板 20%；而可转债则没有限制，一天里涨 100% 甚至 200% 都有可能。

2020 年 10 月 22 日，银河转债受到游资炒作，单日涨幅超 70%，次日更是超 100%，如图 1.9 所示。

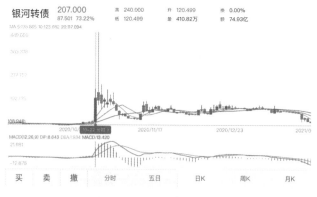

图 1.9　银河转债 K 线图

为了避免转债价格异常波动，增加交易风险，上交所、深交所为此都出台了相关异常交易实时监控细则。

## 1.3.6  临时停牌和价格委托要求

根据上海证券交易所交易规则（2020 年第二次修订）以及深圳证券交易所交易规则，对当日价格异常波动的可转债临时停牌。

沪市转债：无价格涨跌幅限制的其他债券盘中交易价格较前收盘价首次上涨或下跌超过 20%（含）、单次上涨或下跌超过 30%（含）时，按如下规定执行临时停牌：盘中成交价较前收盘价首次上涨或下跌达到或超过 20% 的，盘中临时停牌持续时间为 30 分钟。盘中成交价较前收盘价首次上涨或下跌达到或超过 30% 的，将停牌至 14:57 复牌。复牌后进行连续竞价。盘中临时停牌期间，投资者不可申报，但可以撤销停牌之前已申报未成交的交易。

深市转债：无价格涨跌幅限制的其他上市债券竞价交易出现下列情形的，本所可以对其实施盘中临时停牌措施：盘中成交价较前收盘价首次上涨或下跌达到或超过 20% 的，临时停牌时间为 30 分钟；盘中成交价首次上涨或下跌达到或超过 30% 的，临时停牌至 14:57。临时停牌时间跨越 14:57 的，于当日 14:57 复牌，并对已接受的申报进行复牌集合竞价，再进行收盘集合竞价。

盘中临时停牌期间，投资者可以申报，也可以撤销申报。复牌时对已接受的申报实行复牌集合竞价。盘中临时停牌复牌集合竞价的有效竞价范围为最近成交价的上下 10%。

由于沪深转债的停牌规则和出价规则有一定差异，光看文字可能有点绕，通过查看表 1.8 的对比会更清楚。

表 1.8  沪深转债停牌和出价规则对比

| 交易规则对比 | 沪市转债 | 深市转债 |
| --- | --- | --- |
| 新债开盘竞价 | 上限 150 | 下限 130 |
| 涨跌幅 20% | 停牌半小时，不可委托和撤销 | 停牌半小时，可以委托和撤销 |
| 涨跌幅 30% | 停牌至 14:57，不可委托和撤销回落条件单有效 | 停牌至 14:57，可以委托和撤销回落条件单无效 |
| 复牌竞价 | 无 | 有 |

续表

| 交易规则对比 | 沪市转债 | 深市转债 |
|---|---|---|
| 收盘竞价 | 无<br>14:57进行连续竞价交易 | 有<br>14:57进入收盘竞价交易<br>可委托，不可撤单 |
| 出价规则 | 开盘竞价为前一日收盘价的<br>70%～150%<br>其余时间最高买入价90%-最低卖<br>出价110% | 上市首日开盘竞价为面值的±30%<br>其余时间为最近成交价±10% |

　　停牌在新债首日上市时会频繁出现。沪市转债长汽转债开盘集合竞价最高150元，然后熔断直接停牌至14:57，14:57进入连续交易阶段。如图1.10所示。

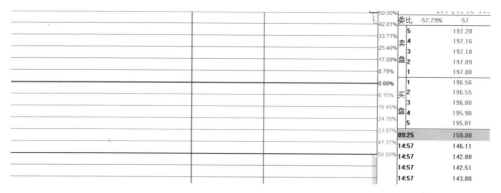

图1.10　沪市转债长汽转债上市首日停牌熔断

　　而深市转债则有所区别，川恒转债开盘集合竞价最高130元，然后熔断直接停牌至14:57，14:57进行一次复牌竞价，最高出价范围是130元×110%=143元，此时没有连续竞价环节，直接进入收盘集合竞价，最高出价范围是143元×110%=157.3元。如图1.11所示。

图1.11　深市转债川恒转债上市首日停牌熔断

新债从第二天开始,竞价规则就和存量转债一样了。对于深市转债川恒转债,次日开盘集合竞价最高出价是昨日收盘的 110%,157.3 元 ×110%=173.03 元。开盘后,最高出价范围是 173.03 元 ×109%=188.76 元,此时转债涨幅为 20%,触发熔断停牌半小时。10 点复牌,转债进入连续交易,由于未触及 30% 的涨幅,当日转债没有再次停牌。如图 1.12 所示。

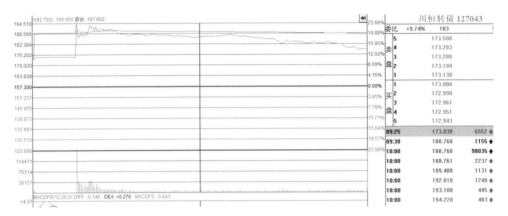

图 1.12　川恒转债上市次日停牌熔断

# 第2章 新手入门从可转债打新开始

上一章节中，已对可转债的基本概念进行了介绍。本章将通过可转债的打新申购，帮助大家入门可转债。

# ◎ 2.1  什么是可转债打新?

可转债打新,是在可转债发行的时候,进行可转债的申购。本节将介绍可转债发行的流程以及可转债的申购条件和方式。

## 2.1.1  可转债的发行流程

可转债的发行上市,需要经历多个审批环节,包括股东大会审议、发审委审批、证监会核准;投资者参与的可转债打新,是在证监会核准后,上市公司宣布转债发行之时,如图 2.1 所示。

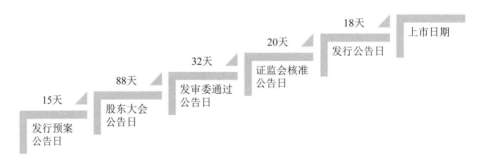

图 2.1  可转债发行流程图

可转债打新,即在股票交易市场申购即将上市交易的可转债,若中签则进行缴款,待转债上市后获利卖出。

申购 A 股新股你一定听说过,中签率很低,一旦中签,大概率能赚钱。可转债打新也类似,可以算是一项制度红利。

## 2.1.2 可转债打新的申购条件和方式

参与可转债打新的前提条件是具有至少一个 A 股股票交易账户，开立了沪市股东账号可以申购沪市可转债，开立了深市股东账号可以申购深市可转债。在券商开户时，一般默认沪市、深市账户同时开通。

出于对投资者的保护，在申购可转债之前，还需要开通可转债的交易权限并签署风险揭示书。如图 2.2 所示。

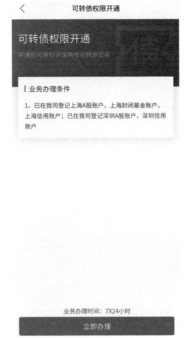

图 2.2　可转债交易权限开通图

这些准备工作完成后，就可以参与可转债打新了。

注意：没有科创板或创业板交易权限，依然可申购、交易这些板块的可转债，只是不能进行转股的操作。

与 A 股股票的市值申购不同，可转债打新采用信用申购的方式，无股票市值要求。普通投资者参与网上申购，申购不占用资金，人人都可以零成本参与，每只转债申购金额最高 100 万元，且只能在一家券商申购一次，多次申购的以第一次提交的申请为准。

## ◎ 2.2　可转债打新申购流程

打新申购的操作比较简单，主要是申购、中签缴款、上市后卖出，如图 2.3 所示。下面就来说说具体的步骤。

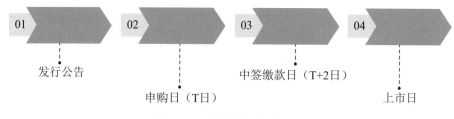

图 2.3　可转债打新申购流程

1. 获取可转债的申购信息

上市公司会提前 3 天公布发行申购信息，可通过东方财富网、集思录网站或者券商 App 查看转债的申购日期、申购代码等信息。如图 2.4 所示。

图 2.4　集思录投资日历图

2. 交易软件申购

在交易时间（9:30 ～ 15:00）进行申购操作。部分券商开发了快捷申购功能，可根据提示一键完成。若没有相关功能，也可用通用的方法：在交易界面选择买入→输入申购代码→输入申购数量（根据软件提示的最大数量即可，顶格申购的金额为 100 万元）→最后点买入，即完成当日申购。

3. 查询中签并缴款

T+1 日晚间公布中签率后，便可在券商的交易软件查询是否中签，T+2 日完成中签缴款。若中签了，券商会短信通知你，并提醒你及时在证券账户存入足够的余额。一般情况下中 1 ～ 2 签概率最大，也就是要放入 1000 ～ 2000 元。

#### 4. 获利了结

根据投资日历在上市首日卖出转债落袋为安，若看好正股也可以继续持有转债。

## ⊙ 2.3 可转债打新的风险和收益率

可转债打新的风险较低，坚持打新能取得不错的收益，但可转债打新并非 100% 保本，也存在一定风险。

### 2.3.1 可转债打新的风险

可转债打新适合新手入门，除了步骤简单，另一个重要的原因就是风险非常低。低风险不代表没有风险，那风险有哪些呢？

第一个风险就是转债上市后跌破发行价，如果割肉卖出，则会造成亏损，若继续持有，则占用资金使用时间。

2018 年共有 34 只转债在上市首日破发，2019 年 13 只，2020 年 13 只，2021 年截至 6 月，仅 4 只破发。随着转债越来越受市场认可，估值提升，破发的概率也是越来越低。单签亏损幅度较大的转债，如表 2.1 所示。

表 2.1 上市首日单签亏损幅度较大的转债

| 转债名称 | 申购日期 | 单签开盘收益 | 单签收盘收益 |
|---|---|---|---|
| 锋龙转债 | 2021/1/8 | 80 | -85.1 |
| 英特转债 | 2021/1/5 | -100 | -87.8 |
| 万顺转 2 | 2020/12/11 | -48.9 | -84.4 |
| 海兰转债 | 2020/12/11 | -62 | -108.5 |
| 凯发转债 | 2018/7/27 | -99 | -88.5 |
| 横河转债 | 2018/7/26 | -70 | -86.8 |
| 万顺转债 | 2018/7/20 | -74.9 | -80.8 |
| 三力转债 | 2018/6/8 | -85.3 | -105 |

表 2.1 中，上市首日开盘跌幅最大是英特转债，达到 -10%，收盘跌幅最大的是海兰转债，达到 -10.85%。由于 2021 年转债中签率很低，顶格申购小于 10%，中一签都很难，所以即便跌 10% 也就亏 100 多元。但 2018 年转债中签率就很高了，万顺转债顶格申购可中 17 签，每签亏损 80.8 元的话，总计要亏 1373.6 元，这个金额就很大了。

破发的转债或基本面较差，或溢价率很高，只要在申购前对转债进行简单的分析和筛选，就可规避大部分有破发风险的转债，具体如何分析会在下一章节介绍。

第二个风险是因弃购失去新债、新股的申购资格。

根据《证券发行与承销管理办法》第十三条，网下和网上投资者申购新股、可转换公司债券、可交换公司债券获得配售后，应当按时足额缴付认购资金。网上投资者连续 12 个月内累计出现 3 次中签后未足额缴款的情形时，6 个月内不得参与新股、可转换公司债券、可交换公司债券申购。也就是说，如果中签转债又弃购，累计达到 3 次会被相应交易所拉黑名单，半年内不能参与打新。

如果顶格申购了基本面很差的转债，中签数量很多，不得不放弃缴款，以免上市破发造成亏损。或者幸运中签了，但忘记缴款，账户余额又不足而导致弃购。若 12 个月里累计出现 3 次，则半年内都不能再参与打新申购了。

2021 年后中签率很低，能中一签就很幸运了，平时在账户里多留几千元的资金，基本可避免弃购的风险。

## 2.3.2 可转债打新的收益率统计

可转债的信用申购是从 2017 年 9 月开始，首只申购的转债是雨虹转债。

网上申购的人数从 2017 年内的几万人不断增长至 2019 年的几十万人，2020 年更是爆发式增长，最高达到 890 万人。2019 ～ 2021 年网上申购人数的变化趋势如图 2.5 所示。

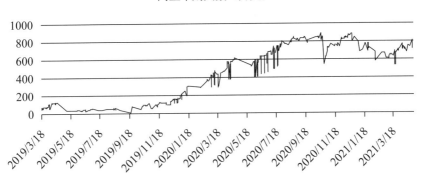

图 2.5　网上申购人数变化趋势图

随着申购人数的上升，转债的中签率也不断走低，从必中几签到大概率中一签再到一签难求。历年平均中签率和收益情况如表 2.2 所示。

表 2.2　历年可转债打新收益统计

| 年份 | 转债数量 | 平均中签率 | 单户总收益（开盘卖） | 单户总收益（收盘卖） |
|---|---|---|---|---|
| 2021 年 1～5 月 | 45 | 12.2% | 520.5 | 542.5 |
| 2020 | 195 | 7.77% | 2472.4 | 2596.6 |
| 2019 | 126 | 42.96% | 5890.2 | 5911.3 |
| 2018 | 67 | 401.76% | −975.5 | −314.1 |
| 2017 年 9～12 月 | 34 | 68.49% | 1672.2 | 1382.7 |

低风险的可转债打新会出现大幅亏损吗？在 2018 年，的确会。顶格申购亏损幅度最大的转债如表 2.3 所示。

表 2.3　可转债打新亏损之最

| 转债名称 | 申购日期 | 顶格申购中签数 | 单户收益（收盘卖出） |
|---|---|---|---|
| 万顺转债 | 2018/7/20 | 17.3 | −1394.04 |
| 华源转债 | 2018/11/27 | 9.5 | −646.48 |
| 钧达转债 | 2018/12/10 | 8.6 | −598.34 |
| 湖广转债 | 2018/6/28 | 6.1 | −414.23 |
| 凯发转债 | 2018/7/27 | 4.5 | −402.14 |
| 岭南转债 | 2018/8/14 | 8.7 | −328.82 |
| 溢利转债 | 2018/12/20 | 12.7 | −292.84 |
| 蓝盾转债 | 2018/8/13 | 8.6 | −292.60 |

表 2.3 中，亏损金额最大的转债都集中在 2018 年，万顺转债顶格申购能中

17.3 签，中签后需缴纳 17000 元，上市后亏损近 1400 元。

万顺转债首日破发 8%，幅度并不算最大，造成大幅亏损的主要原因就是中签数太多，华源、钧达转债也都类似。2018 年参与可转债打新，难度很高，不仅要判断是否申购，还要根据发行量预估申购数，避免中签太多。

再来看看哪些转债为投资者带来了丰厚的回报，如表 2.4 所示。

表 2.4　可转债打新收益之最

| 转债名称 | 申购日期 | 顶格申购中签数 | 单户收益（收盘卖出） |
|---|---|---|---|
| 曙光转债 | 2018/8/6 | 19.3 | 1229.01 |
| 佳都转债 | 2018/12/19 | 23.5 | 1196.30 |
| 尚荣转债 | 2019/2/14 | 5.2 | 946.40 |
| 东财转债 | 2017/12/20 | 4.0 | 873.79 |
| 凯龙转债 | 2018/12/21 | 14.4 | 845.13 |
| 景旺转债 | 2018/7/6 | 2.1 | 427.20 |
| 东财转 2 | 2020/1/13 | 1.3 | 386.76 |
| 大族转债 | 2018/2/6 | 2.0 | 319.94 |
| 维格转债 | 2019/1/24 | 4.0 | 242.38 |
| 冰轮转债 | 2019/1/14 | 1.4 | 205.17 |

排名前两位的 2018 年申购的曙光转债、佳都转债单户收益过千，虽然上市首日涨幅不大，但因为中签率高，中签数多，总收益就高。尚荣转债、东财转债虽然中签数不多，但由于上市首日转债涨幅超过了 20%，总的收益依然不低。

如何提升可转债打新的收益率？从上面的数据可以看到，可转债的收益取决于中签率和上市首日的涨幅。

中签率的高低由如下几个因素决定。

（1）申购人数。申购人数越多，中签率越低。

（2）转债发行规模。发行规模越大，中签率越高。2021 年杭银转债发行规模达 150 亿元，顶格申购中签率 63.5%，2021 年正丹转债发行规模为 3.2 亿元，顶格申购中签率只有 6.35%。

（3）转债是否设置网下申购。散户申购可转债通过网上申购进行。而网下申购是为机构户、公司户设置的申购渠道。如果设置了网下申购，可供网上申购的转债数量就会少很多，中签率降低。2019 年国轩转债发行规模为 18.5 亿元，设置了网下申购，顶格申购中签率 18.3%。2019 年同期发行的鹰 19 转债，规模

18.6 亿元，无网下申购，顶格申购中签率 91.8%。

（4）股东的配售比例。转债发行时，持股股东享有优先配售权，未配售的部分再提供给网上、网下申购。如果配售比例很高，中签率就会降低。2019 年太极转债发行规模为 10 亿元，股东获配比例 62%，顶格申购中签率 42.9%。同期游族转债发行规模为 11.5 亿元，股东配售比例 37.9%，顶格申购中签率 93.5%。

转债首日涨幅主要由转债的基本面和上市时的折溢价率决定。上市前若正股大涨，折价率变大，转股价值高，上市首日的涨幅就大。此外，优质转债能享受市场高溢价，即便上市前转股价值没怎么变化，依然可以获得高收益。

# ◎ 2.4　使用评分模型优选转债

前文提到，申购优质转债破发风险低，上市时更容易获得更高的收益。优质的转债长什么样？应该如何进行分析呢？下面就来介绍下灰小财的转债分析模型。

## 2.4.1　模型介绍

该模型从 5 个维度对转债进行打分，满分 5 分，分数越高，转债越优质。

### 1. 正股基本面

基本面包括了解公司的主营业务，近年来的财务指标是否健康（指标包括 PE、ROE、净利润、营业收入、毛利率、现金流等），有无股东增持、减持股份，内外资是否持股。这些数据在股票软件中都可以查到。也有一键诊股小程序，可以看到各项指标的具体含义和优劣。

如果业绩下滑，毛利率下降，现金流很紧张，基本面维度就不得分，反之得 1 分；如果正面、负面指标皆有，则得 0.5 分。

### 2. 正股市场地位和行业前景

行业龙头往往有估值溢价，如果正股是行业龙头，市场占有率高，则可以加分。此外，公司所处的行业是否景气度高，是否有发展潜力，也须考虑在内。两方面都满足，才可得到 1 分。

**3. 转债条款**

针对转债的评级、到期年化利率、下修、回售条件等进行评估。评级高低（AA 为界，高于 +0.5，低于 −0.5）、下修条款宽松程度（85% 为界，高于 +0.5，低于 −0.5）、年化利率（与评级对应利率相匹配，高于 +0.5，低于 −0.5）、下修空间大小（PB1.5 为界，高于不加分，低于 −0.5）、有无回售条款（无回售 −0.5）。基础分 0.5，根据加减分项得出最后得分，最高 1 分，最低 0 分。

**4. 正股题材概念**

结合近期市场热点，如果正股有相关热点题材，更易被炒作，如白酒、医美或军工概念比银行、钢铁、环保行业更优。正股拥有一个或多个热点题材，该维度就可得 1 分。

**5. 转债估值**

转债估值指标结合转债当前溢价情况以及同类转债对比，折价率越高，转股价值越高，上市越可能上涨。同类转债若市场给的溢价高，该转债上市时也可能获得高溢价。该指标具有一定的主观因素，若个人特别看好该转债，可直接打 1 分。

综合评分在 3.5 分及以上的，可认为是优质转债，几乎没有破发风险，可积极申购，上市后也可保持关注，逢低配置。评分在 2 ～ 3 分的，质地相对一般，但也可以申购，破发风险较低，转债上市后若打算投资，需要进一步进行评估。评分小于 2 分的，质地较差，破发风险较高，尽可能回避。

## 2.4.2　模型应用

最后，我们以东财转 3 和锋龙转债为例，使用该模型，进行打分。

**1. 东财转 3**

东财转 3 是东方财富的第三期可转债，2021 年 4 月 7 日进行打新申购。

（1）基本面。

从集思录、宁稳网、股票软件中查到该转债和东方财富的基本信息及财务指标，汇总信息如表 2.5 所示。

表 2.5 东财转 3 基本信息

| 债券简称 | 申购日期 | 申购代码 | 正股简称 | 正股价 | 转股价 | 转股价值 | 年化利率 | 溢价率 | 规模（亿元） |
|---|---|---|---|---|---|---|---|---|---|
| 东财转 3 | 2021/04/07 周三 | 370059 | 东方财富 | 28.61 | 28.08 | 101.89 | 1.70% | -1.85% | 158 |

| 正股财务数据 | 利润 | | | | 资产负债 | | | 现金流量 | |
|---|---|---|---|---|---|---|---|---|---|
| | 毛利率 | 净利率 | 营业收入同比 | 净利润同比 | 资产负债率 | 存货周转率 | 应收账款周转率 | 流动比例 | 经营产生现金流量净额 |
| | 80.64% | 146.96% | 118.33% | 145.24% | 64.68% | — | 4.50 | 1.48 | -39.72 亿元 |

公司主营证券、金融电子商务、金融数据及互联网广告服务。公司运营的"东方财富网""天天基金网"和"股吧"均成为我国用户访问量最大、用户黏性最高的互联网服务平台。公司通过申请或者外延收购积极布局基金代销、证券、公募基金等业务，不断拓展金融服务产业链，丰富产品种类。

东方财富近年来业绩快速增长，毛利率提升，短期现金流紧张。受益于基金热销，2020 年三季报净利润同比增长 145.24%。

从以上数据可以看到，东方财富的成长性突出，财务指标优秀，基本面评分可以给 1 分。

（2）市场地位和行业前景。

公司是互联网券商的龙头企业，在用户数量和用户黏性方面长期保持竞争优势，形成了公司的核心竞争力。随着我国资本市场进入全面发展新阶段，居民理财结构发生变化，凭借广用户流量＋低费率＋全牌照等优势，公司有望充分受益。

东方财富在互联网券商领域是绝对的龙头，市场占有率高，行业前景佳，所以，在行业地位评分上同样可获得 1 分。

（3）转债条款。

东财转 3 债券评级 AA+，到期年化收益率 1.7%，下修条款（85%/30 天交易日 15 天满足），PB7.82，有回售条款。

评级高，下修条款适中，下修空间大，有回售条款，但利率偏低，根据指标权重打分，可以得 1 分。

（4）概念题材。

东方财富具有券商、互联网金融概念，受内外资青睐，题材评分可以得1分。

（5）转债估值。

发行时转债小幅折价，三次发债，运作经验丰富，互联网券商转债有一定稀缺性，市场给的溢价高，从个人角度也比较看好，但正股股价处于历史高位，有一定回调风险，所以评分上得0.5分，若不介意估值高，得1分也没问题，该项指标可包括主观因素。

综合评分4.5分，属于优质转债，可申购，上市后积极关注。

东财转3上市当天，收盘报130元，申购中签的话收益率30%。上市后继续上涨，截至2021年8月6日，最高涨至166.2元，如图2.6所示。

图2.6 东财转3上市后走势图

可以看到，评分模型不仅对打新申购有帮助，对转债上市后的投资决策，也有参考价值。

再看一个破发的例子。

2. 锋龙转债

锋龙转债，2021年1月8日进行打新申购。

（1）基本面。

从集思录、宁稳网、股票软件中查到该转债和锋龙电气的基本信息及财务指标，汇总信息如表2.6所示。

表 2.6　锋龙转债基本信息

| 债券简称 | 申购日期 | 申购代码 | 正股简称 | 正股价 | 转股价 | 转股价值 | 年化利率 | 溢价率 | 规模（亿元） |
|---|---|---|---|---|---|---|---|---|---|
| 锋龙转债 | 2021/01/08 周五 | 072931 | 锋龙股份 | 14.68 | 17.97 | 81.69 | 3.40% | 22.41% | 2.45 |
| 正股财务数据 | 利润 | | | | 资产负债 | | | 现金流量 | |
| | 毛利率 | 净利率 | 营业收入同比 | 净利润同比 | 资产负债率 | 存货周转率 | 应收账款周转率 | 流动比例 | 经营产生现金流量净额 |
| | 33.44% | 15.55% | 29.37% | 13.78% | 23.78% | 2.08 | 3.22 | 2.80 | 4266.18万元 |

公司主营园林机械零部件及汽车零部件的研发生产和销售，产品包括点火器、飞轮、汽缸等，广泛应用于割草机、油锯、绿篱机等园林机械终端产品和汽车传动、制动、调温系统及新能源汽车领域。

近年来业绩稳步增长，毛利率稳定，现金流比较充裕。2020 年三季报净利润同比增长 13.78%。2021 年 4 月 6 日，有 67% 的限售股解禁，有大股东减持的风险。

从以上数据可以看到，锋龙股份业绩尚可，财务指标正常，有大额限购股解禁的风险，基本面评分可以给 0.5 分。

（2）市场地位和行业前景。

公司研发能力较强，技术上有一定优势，产品质量高，性能可靠，赢得了良好的市场口碑及优质的客户资源。虽然盈利能力不错，但行业赛道一般，小市值个股市场关注度很低，股价也容易被庄家操控。

公司市值小，非行业龙头，行业赛道也一般，市场关注度低，行业地位评分只能得 0 分。

（3）转债条款。

锋龙转债评级低仅 A+，到期年化收益率 3.4%，下修条款适中（85%），PB3.87，下修空间大，有回售保护条款。

评级特别低，下修条款适中，下修空间大，有回售条款，利率适应评级，根据指标权重打分，条款分只能得 0 分。

（4）概念题材。

锋龙股份具有迷你转债、园林机械概念、基础机械行业等非市场热点题材，考虑到迷你转债可能被炒作，题材评分可以得 0.5 分。

（5）转债估值。

发行时转债大幅溢价，正股业绩稳健，但所在行业成长性一般，同类转债市场偏好一般，给的溢价低，2021 年 1 月小盘转债表现较差，新债频繁破发，从个人角度并不看好转债上市后的表现，所以估值评分得 0 分。

综合评分 1 分，属于质地较差的转债，破发风险高，放弃申购。

锋龙转债于 2021 年 1 月 29 日上市，由于其迷你转债的特点，上市首日开盘受到资金炒作，最高涨至 120 元，后迅速回落直至破发，收盘时反而大跌了 8.5%，若未及时卖出，单签将亏损 85 元。上市后，最低跌至 87.6 元，经过一月的时间，随着正股反弹，转债价格才慢慢回到面值以上，如图 2.7 所示。

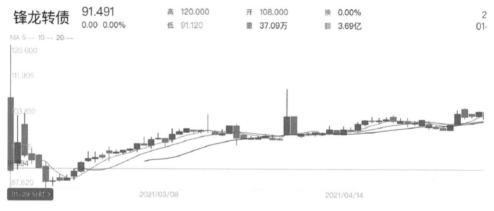

图 2.7 锋龙转债上市后走势图

# 第3章 可转债如何实现"下有保底，上不封顶"?

经过前两个章节的学习，想必你已经入门可转债，并想跃跃欲试了。可转债打新只是开胃菜，收益有限，若资金量较大，想取得稳健收益，还是要把目光放在存量的转债上。投资有风险，在执行操作之前，要把风险的评估放在首位。股神巴菲特曾经说过："投资的第一条准则就是保证本金安全永远不要亏损；第二条，请参考第一条。"

为何股神如此看重本金的安全，看看下面的数据就知道了。任何一种投资产品，跌 10%，需要涨 11% 才能回本，很接近，涨回去不难。跌 20%，需要涨 25% 才能回本，似乎有难度了。跌 30%，需要涨 42% 才能回本，难度大了。如果跌 50%，则需要涨 100% 才行，这就太难了。

　　投资股票，波动很大，无论是优质白马股或题材小盘股，遇到风险事件，跌个 30%，甚至腰斩都是很常见的，一旦没有及时止损，跌幅达到一定程度，能回本的概率就非常低了。

　　而可转债，具有"下有保底，上不封顶"的特点，这个底，能把回撤控制在很安全的范围里，从而保护投资者。跌幅控制住了，假以时日，转债上涨，就到了收获的季节。俗话说，会买的是徒弟，会卖的才是师傅。可转债应该如何买，如何卖，会在本章节说明。

# ● 3.1　可转债的底：建仓可转债的基准线

　　存量的转债中，价格区间很大，低的 70 多元，高的 400 多元，想投资可转债，在保证一定安全边际的前提下，建仓价格应如何确定？下面的几个转债"底"，可供投资者参考和决策。

## 3.1.1　到期底

　　可转债的存续期很长，大部分是 6 年时间，如果在 6 年里，公司都没有提前赎回可转债，那当转债到期时，公司就要以发行公告中约定的价格，向转债持有人归还本金并支付最后一年的利息。

第一章中，举了聚飞转债的例子，它的存续期为 6 年，到期后，以面值的118% 还本。第一年按 0.4% 利率，第二年 0.8%，第三年 1%，第四年 1.5%，第五年 2.5%，最后一年的 3.5% 包含在 118% 里。

不考虑资金的时间价值，在税前单利的情况下，到期价值为：

118+0.4+0.8+1+1.5+2.5=124.2

124.2 元，就可以作为聚飞转债的到期底。只要你的建仓价格在 124.2 元以下，持有到期，就可保本。

不同转债，到期赎回价格、每年的利率都可能不一样，如果每次都去查公告计算，非常浪费时间，并且在每年支付利息后，到期价值又会发生变化。这里教大家一个简单的计算方法。

在集思录页面点击转债详情，可以看到到期赎回价格，根据剩余年限，加上利息就可得出到期价值。如表 3.1 所示。

表 3.1　集思录聚飞转债信息栏

| 聚飞转债 - 123050（正股：聚飞光电 - 300303　行业：电子-光学光电子-LED） | | | | | +自选 |
|---|---|---|---|---|---|
| 价格：116.080 | | 转股价值：100.20 | 税前收益：1.38% | 成交（万）：1066.74 | |
| 涨幅：-0.02% | | 溢价率：15.85% | 税后收益：0.54% | 当日换手：1.30% | |
| 转股起始日 | 2020-10-20 | 回售起始日 | 2024-04-15 | 到期日 | 2026-04-13 | 发行规模（亿） | 7.050 |
| 转股价 | 5.08 | 回售价 | 100.00* | 剩余年限 | 4.789 | 剩余规模（亿） | 7.042 |
| 股东配售率 | 43.22% | 转股代码 | 123050 | 到期赎回价 | 118.00 | 转债占比[1] | 12.03% |
| 网上中签率 | 0.0104% | 已转股比例 | 0.11% | 正股波动率 | 47.57% | 转债占比[2] | 10.83% |
| 折算率 | 0.000 | 质押代码 | 123050 | 主体评级 | AA- | 债券评级 | AA- |
| 担保 | 无担保 | | | | | | |
| 募资用途 | 公司本次拟公开发行可转换公司债券募集资金总额不超过70,468.81万元，扣除相关发行费用后：<br>1、募集资金净额拟54,689.75万元用于惠州LED产品扩产项目；<br>2、15,779.06万元用于惠州LED技术研发中心建设项目。 | | | | | | |
| 转股价下修 | 当公司股票在任意连续三十个交易日中至少有十五个交易日的收盘价低于当期转股价格的85%时<br>注：转股价可以低于每股净资产（以招募说明书为准） | | | | | | |

| 转股价调整历史 | 股东大会<br>生效日期 | 新转股价 | 原转股价 | 调整类型 | 状态 | 说明 |
|---|---|---|---|---|---|---|
| | 2021-06-30 | 5.080 | 5.180 | 其它 | 成功 | 2020年每10股派1元 |
| | 2020-07-10 | 5.180 | 5.280 | 其它 | 成功 | 每10股派1.00元人民币现金 |

| 强制赎回 | 如果公司A股股票连续30个交易日中至少有15个交易日的收盘价不低于当期转股价格的130%(含130%) |
|---|---|
| 回售 | 在本次发行的可转债最后两个计息年度，如果公司股票在任何连续三十个交易日的收盘价格低于当期转股价的70%时 |
| 利率 | 第一年0.40%、第二年0.80%、第三年1.00%、第四年1.50%、第五年2.50%、第六年3.50% |
| 税前YTM<br>计算公式 | 2.50/(1+x)^3.789 + 1.50/(1+x)^2.789 + 1.00/(1+x)^1.789 + 0.80/(1+x)^0.789 + 118.000/(1+x)^4.789 - 116.0800 = 0 |

还有一个更简单的办法，就是看税后年化收益率。税后收益率代表以目前的价格持有到期，每年的年化收益率。如果大于0，则表示当前价格小于到期价值，到期后可以保本，每年还有利息可以拿，转债的价格越低，年化收益率就越高。如表3.2所示。

表3.2　转债年化利率比较

| 转债名称 | 现价 | 正股名称 | 溢价率 | 债券评级 | 剩余年限 | 年化利率 |
|---|---|---|---|---|---|---|
| 亚药转债 | 80.0 | 亚太药业 | 164.13% | BB | 3.71 | 11.61% |
| 搜特转债 | 76.4 | 搜于特 | 52.78% | A | 4.65 | 9.79% |
| 花王转债 | 86.2 | ST花王 | 69.98% | A | 5.01 | 7.95% |
| 侨银转债 | 104.3 | 侨银股份 | 66.89% | AA− | 5.34 | 5.28% |
| 长久转债 | 103.5 | 长久物流 | 72.34% | AA | 3.31 | 4.47% |
| 景兴转债 | 115.05 | 景兴纸业 | 5.16% | AA | 5.12 | 0.01% |
| 东缆转债 | 119.3 | 东方电缆 | 25.18% | AA | 5.19 | −0.7% |
| 中矿转债 | 409.0 | 中矿资源 | 4.76% | AA− | 4.90 | −21.88% |

当转债价格远低于面值时，年化利率会变得很高。若以目前的价格买入亚药转债，3.71年后到期，本金加利息的收益率将达到年化11.61%。当然这也有前提，公司不破产，有能力偿还本息不违约。转债价格特别低的转债，往往正股会存在一些问题，市场担心它存在违约风险，所以价格很低。

景兴转债年化利率为0.01%，当天的价格就可作为到期底。当转债价格远高于面值时，由于到期赎回价远低于当前价，持有到期就会出现大幅亏损。

所以，可转债能保底的前提是公司不破产，并且在保底价内买入。

如何利用好到期底呢？下面就通过国贸转债的例子来说明。

国贸转债2016年1月发行，2022年1月到期，到期赎回价108元。相关指标如表3.3所示。

表3.3　国贸转债相关指标

| 国贸转债 - 110033 (正股: 厦门国贸 - 600755 行业: 商业贸易-贸易Ⅱ-贸易Ⅲ) | | | | | | | +自选 |
|---|---|---|---|---|---|---|---|
| 价格: 120.430 | | 转股价值: 115.48 | | 税前收益: -22.68% | | 成交(万): 3098.97 | |
| 涨幅: -0.95% | | 溢价率: 4.29% | | 税后收益: -25.60% | | 当日换手: 2.22% | |
| 转股起始日 | 2016-07-05 | 回售起始日 | 2020-01-05 | 到期日 | 2022-01-05 | 发行规模(亿) | 28.000 |
| 转股价 | 6.72 | 回售价 | 100.00 * | 剩余年限 | 0.455 | 剩余规模(亿) | 11.494 |
| 股东配售率 | - | 转股代码 | 110033 | 到期赎回价 | 108.00 | 转债占比¹ | 7.98% |
| 网上中签率 | - | 已转股比例 | 58.95% | 正股波动率 | 25.12% | 转债占比² | 7.59% |
| 折算率 | 0.760 | 质押代码 | 110033 | 主体评级 | AAA | 债券评级 | AAA |

国贸转债上市 110 元，后有 2 次短暂超过 130 元，因未到转股期或未满足时间要求，没能达到强赎的标准。经过 5 年，从未跌破过面值，起伏也不大，长期处于 110 ～ 120 元的区间，如图 3.1 所示。

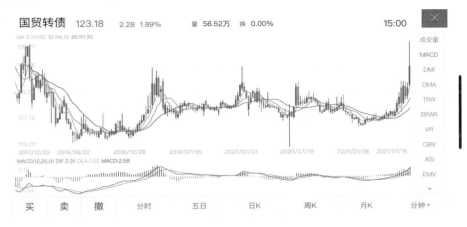

图 3.1　国贸转债历史走势图

国贸转债的正股是厦门国贸，主营三大核心主业。供应链管理主要包括大宗贸易、物流服务及商业零售业务，占比 93%。房地产经营涉及高品质住宅、城市综合体、文旅地产等多元化开发建设。金融服务业务，公司除参股证券、信托、银行等金融机构外，还有期货及衍生品、普惠金融、实体产业金融及投资等业务。

2019 年 5 月，因正股行业地位突出、营收规模快速扩大、经营创现能力大幅改善，国贸转债评级由 AA+ 上调为 AAA 最高级。

公司营收稳步增长，2021 年增速较快，净利润在疫情后恢复较快。ROE 稳定，但毛利率很低，只有 2.41%。估值低，PE 只有 5.36，处于历史低位。现金分红高，年化股息率达 2.77%。机构关注度低，研报数量极少。

公司核心业务比较传统，竞争激烈，题材不多。区域全面经济伙伴关系协定、中欧自由贸易区协定将对国际贸易业务产生积极作用。公司在传统业务的基础上，积极布局新业务赛道，构建战略核心产业、战略发展产业和战略孵化产业三大梯队，寻求新的利润增长点。

可以看到，厦门国贸虽然股性不活跃，但其债权评级高，债务的违约风险很低，到期能顺利实施赎回操作。

2021 年 1 ～ 4 月期间，国贸转债始终处于 107 ～ 109 元的范围内，溢价率

10% 左右，2 月时还跌破 107 元。国贸转债的到期赎回价是 108 元，如果在 108 元以下买入，就可实现一年内"保本，上不封顶"的效果。

最理想情况：厦门国贸受利好刺激，股价不断上涨，转债同步上涨并完成强赎。公司、投资者双赢。收益上不封顶。

较理想情况：厦门国贸股价上涨，但涨幅不大，转债同步上涨，但无法完成强赎。由于转债价格高于强赎价，大部分投资者在获利的同时选择卖出或转股。收益率 0 ～ 20%。

最坏情况：厦门国贸股价不涨或下跌，转债价格最终落在 108 元左右。转债持有人卖出转债或等转债到期，以 108 元拿到债券本息（税后 107.6 元），若买入价低于 107.6 元，则无亏损风险。

从图 3.1 上我们可以看到，国贸转债正朝着较为理想的路线前进。2021 年 6 月，公司将估值较低的房地产业务以 103 亿元的价格进行了转让，手握大量现金，有利于聚集核心业务，该利好也刺激正股和转债同步上涨，转债最高涨至 130 元，投资者收益颇丰。

正是因为有了到期底，转债在跌破 108 元后，很快拉回。也正是因为有了到期底，投资者才有了一个"下有保底，上不封底"的绝佳机会。

## 3.1.2　回售底

如果上一节的到期底能看明白，那回售底也不难理解了。这个底的价格就是面值加上当期应计利息，约 100 元。

回售条款是用来保护投资者权益的，行使权在投资者手中。当正股不断下跌，转债溢价率持续扩大，公司又不肯下修转股价时，投资者便可使用这项权利。当转债价格离面值越远，回售的收益率就越高，从而形成了转债的底。

一般回售触发是在转债存续期的最后 2 年。极少数是上市后 2 年。除了时间条件，还有价格条件，正股价要低于转股价的 70%，并且须连续 30 个交易日满足。所以，回售底常常运用在转债临近到期前 2 ～ 3 年，且转股价值很低、溢价率很高的转债上，如表 3.4 所示。

表 3.4　2021 年 2 月部分转债回售收益统计

| 转债名称 | 转债价格 | 转股溢价率 | 剩余年限 | 回售年限 | 税前收益率 | 税前回售收益 | 税后回售收益 |
|---|---|---|---|---|---|---|---|
| 久其转债 | 94.80 | 108% | 2.35 年 | 0.35 年 | 6.99% | 14.40% | 13.70% |
| 嘉澳转债 | 96.08 | 147% | 2.77 年 | 0.77 年 | 5.54% | 6.37% | 5.96% |
| 众信转债 | 92.46 | 47.30% | 2.83 年 | 0.83 年 | 6.00% | 9.89% | 9.55% |
| 亚太转债 | 94.00 | 89.10% | 2.84 年 | 0.84 年 | 6.23% | 8.28% | 7.89% |
| 特一转债 | 94.20 | 36.40% | 2.84 年 | 0.84 年 | 5.27% | 7.74% | 7.41% |
| 众兴转债 | 95.91 | 30.30% | 2.86 年 | 0.86 年 | 4.75% | 5.97% | 5.61% |
| 铁汉转债 | 95.46 | 19.10% | 2.88 年 | 0.88 年 | 4.72% | 6.12% | 5.81% |
| 吉视转债 | 90.59 | 52.70% | 2.90 年 | 0.90 年 | 6.61% | 11.30% | 11.00% |
| 迪龙转债 | 95.01 | 63.20% | 2.90 年 | 0.90 年 | 4.85% | 6.45% | 6.14% |
| 大业转债 | 91.70 | 52.20% | 3.27 年 | 1.27 年 | 6.73% | 7.65% | 7.37% |
| 德尔转债 | 91.68 | 78.00% | 3.46 年 | 1.46 年 | 7.27% | 7.37% | 6.99% |
| 岭南转债 | 85.98 | 78.30% | 3.53 年 | 1.53 年 | 7.75% | 11.20% | 10.80% |
| 长久转债 | 92.10 | 55.60% | 3.76 年 | 1.76 年 | 7.25% | 5.90% | 5.59% |
| 维格转债 | 80.25 | 73.70% | 3.98 年 | 1.98 年 | 10.70% | 12.30% | 12.00% |
| 亚药转债 | 67.87 | 219% | 4.16 年 | 2.16 年 | 15.00% | 20.00% | 19.60% |

2020 年底至 2021 年 2 月，是可转债深度调整的时段，也是一个黄金坑，最多有 111 只转债跌破 100 元面值，60 只转债跌破 90 元。通过数据整理，筛选出临近回售的转债，可以看到，这些转债都跌破了面值，2 年内很可能触发回售，一旦触发，转债持有人就可以按 100 元多一点的价格把转债卖给公司，赚到的差价就是回售收益，转债价格越低，越临近回售期，年化回售的收益率就越高。收益率高了，投资者纷纷买入，就形成了回售底。

回售一旦触发，对公司来说并不是一件好事，不但无法让投资者变成股东不还钱，还要提前 2 年还投资者钱。突然还一大笔钱，对公司的日常运营也会有影响。为了避免触发回售条件，公司会想一些办法规避回售。

回售触发条件是正股价要低于转股价的 70%，即转债的转股价值低于 70 元。想规避，要么正股涨，要么下修转股价。无论是哪种，对投资者都是有利的。这里就存在博弈回售的机会。

博弈回售，就是选择一只临近回售期、年化收益率高的转债，其间可能因为下修转股价、正股价突发上涨、转债估值回暖等因素，获得超额收益。下面就用几个案例来详细说明。

久其转债为避免触发回售下修转股价，当时的转债数据如表 3.5 所示。

表 3.5　久其转债转债数据

| 久其转债 - 128015 (正股：久其软件 - 002279　行业：计算机-计算机应用-软件开发) | | | | | | +自选 |
|---|---|---|---|---|---|---|
| 价格：94.800 | | 转股价值：45.67 | | 税前收益：6.99% | | 成交(万)：1591.15 |
| 涨幅：0.31% | | 溢价率：107.55% | | 税后收益：6.06% | | 当日换手：2.15% |
| 转股起始日 | 2017-12-15 | 回售起始日 | 2021-06-08 | 到期日 | 2023-06-08 | 发行规模(亿) | 7.800 |
| 转股价 | 9.48 | 回售价 | 100.00 * | 剩余年限 | 2.348 | 剩余规模(亿) | 7.795 |
| 股东配售率 | - | 转股代码 | 128015 | 到期赎回价 | 108.00 | 转债占比¹ | 28.16% |
| 网上中签率 | - | 已转股比例 | 0.06% | 正股波动率 | 48.73% | 转债占比² | 25.31% |
| 折算率 | 0.000 | 质押代码 | | 主体评级 | A+ | 债券评级 | A+ |
| 担保 | 无担保 | | | | | | |

2021 年 2 月，距回售期还有 4 个多月时间。久其转债价格 94.8 元，回售价 100 元，正股久其软件 4.33 元，回售触发价 6.64 元。短期如果正股久其软件无法大涨 53% 以上，就将触发回售，投资者就能以 **100 元 + 当年利息**的价格把转债卖给公司，年化收益率达 14.4%。

当时，久其转债的剩余规模达到 7.795 亿元，对于市值仅 30 亿元的公司来说，这笔资金非常大，如果触发回售，要一下子拿出那么钱给投资者难度不小，势必对日常经营造成影响。避免回售，最简单的方法就是下修转股价，使得回售价格条件不满足，回售触发不了，钱也就不用提前还了。

果不其然，公司在 2021 年 5 月下修了转股价，从 6.97 元调整至 4.83 元，如表 3.6 所示。

表 3.6　久其转债转股价下修记录

| 转债名称 | 股东大会日 | 下修前转股价 | 下修后转股价 | 新转股价生效日期 | 下修底价 |
|---|---|---|---|---|---|
| 久其转债 | 2021/05/07 | 9.480 | 6.970 | 2021/05/24 | 4.830 |
| 久其转债 | 2019/04/24 | 12.860 | 9.480 | 2019/04/25 | 9.480 |

在高年化回售收益率以及转债市场整体回暖的背景下，久其转债的价格缓慢上升，接近面值，当宣布转股价下修时，价格更是上冲到 104.8 元，投资者取得了 10% 的收益，3 个月时间，实际年化收益率达 40%。久其转债走势如图 3.2 所示。

图 3.2 久其转债走势图

众兴转债正股众兴菌业在触发回售前宣布收购白酒企业。

众兴转债在 2 月时价格 95.9 元，由于距回售期还有 8 个月时间，回售的年化收益率为 5.6%，低于久其转债。在后面的几个月内，转债小幅上涨，价格维持在 98 元左右，而正股却不断走低，溢价率不断扩大，随着回售期的临近，公司感受到了压力，但并未选择下修转股价，而是宣布收购白酒企业。

2021 年 6 月 20 日，公司公告拟收购贵州茅台镇圣窑酒业 100% 股权。白酒股在当时可是"集万千宠爱于一身"，股价高高在上。众兴菌业一宣布收购白酒企业，便连获 6 个涨停，而众兴转债，由于无涨停限制，在 6 月 21 日当天便大涨了 44%，收于 144 元，次日更上冲到 152 元。众兴转债走势如图 3.3 所示。以回售底来博弈回售，目标年化 5.6%，却获得了意外的惊喜，收益率高达 50%。

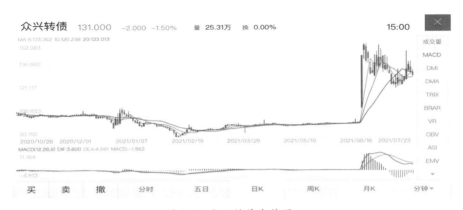

图 3.3 众兴转债走势图

## 3.1.3 利率底

到期底的价格会高一些，一般在 110 ~ 120 元，回售底一般在 100 元左右，而利率底则更低，也更灵活。转债实时利率对比如表 3.7 所示。

表 3.7　转债实时利率对比

| 转债名称 | 现价 | 溢价率 | 债券评级 | 到期年化利率 |
|---|---|---|---|---|
| 花王转债 | 85.78 | 87.85% | A | 8.03% |
| 起步转债 | 91.90 | 120.85% | A | 6.27% |
| 搜特转债 | 92.37 | 75.08% | A | 5.37% |
| 广汇转债 | 91.78 | 35.98% | AA+ | 4.57% |
| 长久转债 | 103.96 | 73.90% | AA | 4.41% |
| 未来转债 | 109.99 | 38.09% | AA− | 4.25% |
| 傲农转债 | 101.97 | 82.44% | AA | 3.18% |
| 游族转债 | 106.36 | 49.04% | AA | 3.01% |
| 新北转债 | 104.75 | 42.78% | AA | 2.19% |
| 特发转 2 | 106.10 | 75.36% | AA | 1.61% |
| 温氏转债 | 107.55 | 45.10% | AAA | 0.90% |

转债的实时到期年化利率差异很大，转债的价格、到期时间、评级、上市公告中约定的利率都会对它产生影响。

100 元的面值是基准价格，当价格低于面值时，实际年化利率就会提高。比如，买入同一个转债，在 100 元时买入，按约定的利率，每年的利息是 2 元，实际利率 2%。如果 90 元买入，按约定的利率，每年的利息依旧是 2 元，但实际利率就是 2.2%。价格越低，利率越高，利率高了，对投资者的吸引力就变大，纷纷买入，从而对转债价格形成支持。实际利率是多少，并不需要手动去算，在集思录、宁稳网或者券商 App 中都可以方便查到。

与回售底、到期底是个固定的值不同，利率底的浮动区间很大，受主观因素控制。优质的转债在利率年化不到 1% 时就会有很强的支撑，如高评级的温氏转债。有些评级低，公司基本面较差的转债，年化 5%，甚至 8% 都无人问津。

利率底本质是一种债性保护，在转债价格下跌中通过利率补偿形成支持，也为配置转债的买入点位提供参考依据。下面的章节，就会利用上面的几类底，帮助大家确定可转债的建仓线。

## 3.1.4  可转债的保本建仓策略

投资者不禁要问，面对几百只存量的转债，如果看好某些转债，想在一定安全边际内买入，应如何确定建仓的价格？

之前的章节中，分别介绍了到期保本价、回售价以及固定年化利率对应的价格。只要公司不破产不违约，在这些价格范围内买入可转债，不仅能做到保本，还有利息收益，如果转债对应的正股走强，还能获得转债价格上涨的收益。

价格从高到低分别是到期保本价（110 ～ 120 元）、低年化利率价（102 ～ 110元）、含当年利息的回售价（100 ～ 102 元）、面值（100 元）、中年化利率价（90 ～ 100 元）、高年化利率价（70 ～ 90 元）。

划分好价格区间后，就要根据具体标的来确定在什么价格建仓和加仓。总体原则就是转债越优质，溢价率越低，建仓的价格可以放高一些甚至略超过保本价。若转债质地一般，业绩差，有一定经营隐患的，建仓的价格就要低一些，年化利率需要很高时才会考虑。当实际价格低于建仓价格一定幅度时，进行分批加仓。

2.4 章节中介绍了通过评分模型来确定转债的质地，如果不记得了，不妨再回过头去复习一下，这很重要，转债的得分决定了它的建仓价格。高评分的，建仓价格在 110 元以上；中等的，100 ～ 110 元；低评分的，就是 100 元以下了。当然，这个值可以根据市场环境做上下浮动。

下面以温氏转债和搜特转债为例，介绍该方法的运用。

温氏转债的正股温氏股份，是肉猪养殖的龙头企业之一，评级 AAA，由于猪肉价格处于下行周期，短期业绩下滑，股价持续下跌，当前转债价格107.55 元，溢价率45.1%，年化利率为正，说明目前的价格到期是保本的。通过查询和计算，到期价格为112 元，年化1%的价格为107 元，年化3%的价格为95.78 元。当时的温氏转债数据如表 3.8 所示。

表 3.8  温氏转债数据

| 转债名称 | 现价 | 溢价率 | 债券评级 | 到期年化利率 |
|---|---|---|---|---|
| 温氏转债 | 107.55 | 45.10% | AAA | 0.90% |

根据评分，温氏转债可获得 3.5 分（满分 5 分，分别在业绩、题材、主观评分项扣了 0.5 分），属于质地还不错的转债，周期性行业股价弹性大，未来猪肉

价格上涨时，正股、转债同样会跟着上涨。

由于转债还不够优秀，如果把建仓价设置为到期价的 112 元就略高了，1 年化 1% 左右即 107 元更合理一些，当前的价格接近，可以建仓。买入后，如果转债下跌，跌至 100 元左右，进行加仓，如果继续跌至 95 元，再次进行加仓。如果计划投入的最大资金比例为 30%，那建仓时买 5%，加仓时买 10%，二次加仓时再买 15%。按这个比例买入后，实际成本降低为 101 元，转债若涨回最初的建仓价，则可获 6% 的收益。最后，将计划填表，如表 3.9 所示。

表 3.9　温氏转债建仓计划

| 转债名称 | 建仓价：年化利率 1% | 加仓价：面值 | 二次加仓价：年化 3% |
| --- | --- | --- | --- |
| 温氏转债 | 107 | 100 | 95 |

再来看一个搜特转债，当时的转债数据如表 3.10 所示。

表 3.10　搜特转债数据

| 转债名称 | 现价 | 溢价率 | 债券评级 | 到期年化利率 |
| --- | --- | --- | --- | --- |
| 搜特转债 | 92.37 | 75.08% | A | 5.37% |

搜特转债正股搜于特，主营品牌服饰运营，属于纺织服装行业，评级只有 A。近年来业绩一般，受新冠疫情影响，库存积压严重，2021 年上半年连续修正上半年业绩，由预亏 0 ～ 1.5 亿元修正为 9 ～ 13.5 亿元，公司还牵扯多桩法院官司，多次收到监管函。8 月初转债价格为 92.37 元，溢价率为 75.08%，年化利率为 5.37%；若价格下降至 90.87 元，年化利率为 6%；降至 76 元，年化利率可达 10%。

由于搜特转债的正股基本面较差，问题重重，且存在债务违约的风险，评分只有 1 分。分数越低，建仓价的设置也要相应降低。如果 100 元都嫌高，可按年化 6% 以上的 90.87 元作为初始建仓价，80 元以下再考虑加仓。若比较保守，甚至可不参与这类转债。最后，将计划填表，如表 3.11 所示。

表 3.11　搜特转债建仓计划

| 转债名称 | 建仓价：年化利率 6% | 加仓价：年化 8% | 二次加仓价：年化 10% |
| --- | --- | --- | --- |
| 搜特转债 | 90.87/ 不参与 | 83/ 不参与 | 76/ 不参与 |

## ◎ 3.2　实现 30% 以上的收益：可转债的强赎

如果公司宣布强赎，那就意味着投资者和公司双赢的时刻到来了。投资者赚到钱，公司也不用还钱。

2017 年 2 月至 2021 年 2 月期间，共发行了 442 只转债，其中 124 只因满足价格条件强赎（118 只 130%，3 只 125%，3 只 120%），即绝大部分宣布强赎的转债涨幅超过了 30%，强赎时的平均价格为 157.96 元，平均年限为 1.34 年，面值买入，年化收益率达 43.25%。

5 只转债因转债未转股余额不足 3000 万强赎，其中包括了 1380 元的债王英科转债。

3 只转债（航信转债、电气转债、格力转债）到期，到期平均价格 106.29 元。

1 只转债（辉丰转债）被暂停上市，退市时价格 99.99 元。

剩余的转债，部分满足强赎条件，但公司未宣布强赎，部分未满足强赎条件，但都到过 130 元以上，总比例超过了 90%。

所以，把可转债的收益目标设为年化 15%，即平均 2 年内达到强赎价 130 元以上，是相对合理，也容易做到的。

公司公告强赎后，投资者应如何操作呢？

1. 卖出转债

触发强赎时，只要是面值或以下买入转债的，至少可赚 30%，若止盈，卖出转债即可。卖出时，要注意溢价率，如果折价超过 1%，做转股操作更好，提交转股操作后，次日就可卖出正股。

2. 转股卖出

当转债出现折价时，转股卖出会比直接卖出转债更优，转股操作界面转股代码就是转债代码，价格无须填写，最后填上数量即可。如果觉得转股操作麻烦，或者担心折价套利的人太多，第二天正股抛压较大，也可直接卖出转债。可转债转股操作界面如图 3.4 所示。

图 3.4　可转债转股操作界面

### 3. 转股持有

强烈看好正股，想继续持有。转股时同样先关注溢价率，转债出现折价或溢价率很低时，转股更好。若溢价率很高，可先卖出转债，再买入正股后继续持有。

# ⊙ 3.3　三条捷径实现强赎目标

根据转债条款规定，转债在上市半年后才可转股，宣布强赎后，还要预留 1 个月左右告知、提醒投资者，所以对公司来说，完成整个强赎流程最快也要 7～8 个月，对投资者来说只要转债价格超 130 元即可，没有时间要求，甚至转债一上市就达成了。强赎是公司和投资者共同的目标，想实现强赎的目标，有三条捷径可走。

**第一条是正股自强之路。**公司本身质地优秀，业绩突出，行业景气度高。在转债上市后，正股不断上涨，转股价值提升，转债很快就涨至 130 元以上甚至更高，半年后进入转股期，公司便可宣布强赎。

下面来看东方财富的例子，如图 3.5 所示。

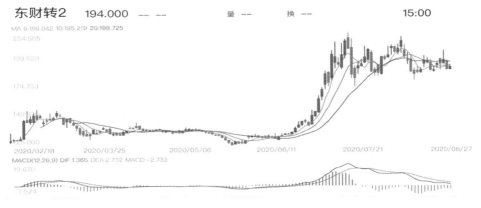

图 3.5　东财转 2 走势图

东方财富第二期可转债于 2020 年 2 月上市，由于正股基本面好，是互联网券商龙头，旗下的天天基金业务爆发式增长，转债价格在上市后不久便突破了 130 元，最高涨至 224 元。半年期过，转债进入转股期，公司便宣布强赎，并于 8 月 27 日退市，转债存续期仅 6 个多月。

东方财富第二期可转债发行了 73 亿元，打新中签率 58.77%，较大概率能以面值成本持有东财转 2。转债上市后大涨强赎，强赎时价格很高，持债人只能选择卖出转债或转股，公司也就不需要大额现金去赎回转债，70 多亿元就不还了。转债涨了那么多，投资者自然也是赚得盆满钵满。

第二期尝到甜头，东方财富又发行了第三期转债，截至 2021 年 8 月，转债价格已超 150 元，进入转股期后，公司又可以宣布强赎了。

上机、紫金、安图、福特等转债，走的都是这条捷径。公司只需安心做好经营，不需要外力，自然而然地就完成了强赎任务。

**第二条捷径是发布利好之路。**公司质地一般，转债上市后由于业绩、市场环境等原因，股价表现较差，未能满足强赎标准。想实现强赎，公司自身就得想想办法。短时间里业绩很难一下子做上去，但蹭市场热点概念，在关键时间点发布利好消息刺激股价，就能助正股一臂之力，以达到强赎要求。下面以蔚蓝转债为例进行说明，其走势如图 3.6 所示。

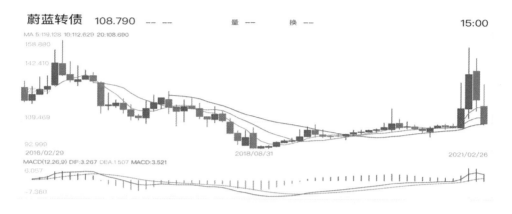

图 3.6　蔚蓝转债走势图

　　蔚蓝转债的正股是蔚蓝锂芯，看名字就知道是锂电池概念的股票，但蔚蓝锂芯这个名字是 2020 年 11 月才改的，公司原名叫澳洋顺昌，主营金属物流配送和 LED 芯片，改名之前业绩平平，股价始终处于低位。

　　2016 年公司发行了可转债，当时正处牛市末期，市场情绪高涨，转债上市后不断走高，价格接近 160 元，可惜当时转债未进入转股期，无法强赎，上市即巅峰。股灾后，转债也随正股大幅回落，连续多年未突破 130 元，最低甚至跌至 92 元。

　　2020 年初，公司公布了 2019 年报，扣非净利润，净利润同比大幅下滑了 87%。眼看转债临近到期，业绩那么差，外部市场指望不上，只得自己想办法刺激股价，促进强赎。2019 年主营业务很差，但锂电业务一直表现强劲，成为利润的主要来源。于是，2020 年 11 月，公司审议通过了改名和修改经营范围的议案，更名为蔚蓝锂芯，增加了电池制造的经营范围。

　　"蔚蓝，是大海，是天空，更是这颗星球的本色，代表了广阔、无垠，并极具前沿科技感。依托科技的进步，还原并保持属于全人类最初的色彩是公司所有伙伴的梦想，也是驱动人们为之不懈奋斗的原动力。"不得不说，这名字改得真好！改名次日，转债就大涨 7%，次日再涨 13.5%，收于 132 元。辛苦了那么多年，还不如改个名字效果好。插上了锂电的翅膀，转债后来又上冲至 155 元，并于 2021 年 1 月 29 日宣布强赎，2 月 26 日收市后退出了转债的舞台。

　　**第三条捷径是下修之路。**可转债的下修条款常被投资者称为"作弊神器"，能在逆境中扭转乾坤，可谓实现强赎的终极武器。

　　在可转债的发行公告中，会明确下修条款。当股票在任意连续 30 个交易日中有 15 个交易日的收盘价低于当期转股价格的 85% 时，董事会有权提出转股价格向下修正方案并提交股东大会审议表决。低于当期转股价格比例一般在 80%～90%，越高，触发下修越容易，公司下修的意愿也越强。

强赎触发的价格条件是正股价高于转股价的 130%，而下修的条件是正股价低于转股价格的 85%，能满足下修条件说明正股走势比较弱，离强赎的目标越来越远，此时通过下修，人为调低转股价，转股价下降了，正股配合反弹一下，强赎也就容易实现了。

先来看下前几年案例。利欧转债 2018 年 3 月发行，正股利欧股份，主营小型水泵制造，通过多次并购跨入互联网数字营销领域，当时子公司还因会计合规问题被证监会警示。2018 年是 A 股的大熊市，利欧股份的股价也没有逃脱下跌的命运，从 3 元一路跌至 1.4 元，走势图如图 3.7 所示。

图 3.7 利欧股份走势图

利欧转债上市时的转股价为 2.75 元，随着正股下跌，转债的价格同样一路下滑，甚至跌至 78.8 元，如图 3.8 所示。

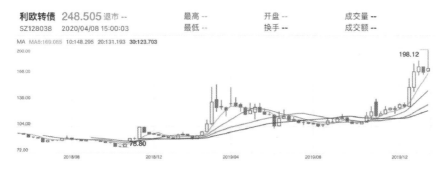

图 3.8 利欧股份走势图

眼看着离强赎的目标越来越远，公司的管理层坐不住了，在 2018 年的 10 月提议下修转股价，并于 11 月 14 日审议通过下修，转股价由 2.75 元大幅下修为 1.72 元，如图 3.9 所示。要知道，股价从 1.72 元回到 2.75 元，需要涨 59.8%，通过下修，居然如此轻松地完成了。公告下修对转债来说，自然是重大利好，提议下修次日，转债大涨 5%，至 87 元，开会审议通过下修后次日，再次大涨 5% 至 98.78 元。

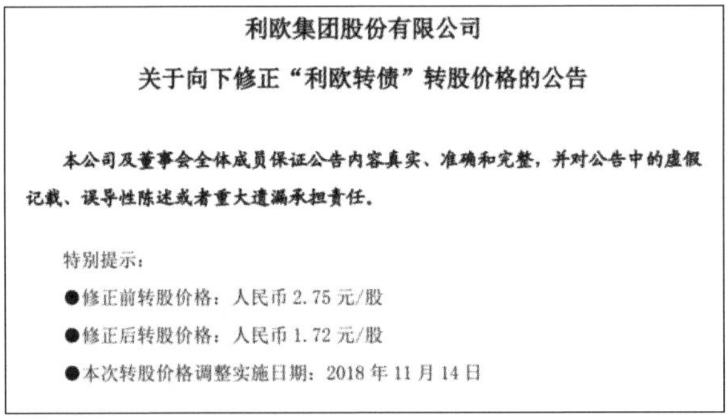

**利欧集团股份有限公司**

**关于向下修正"利欧转债"转股价格的公告**

**本公司及董事会全体成员保证公告内容真实、准确和完整，并对公告中的虚假记载、误导性陈述或者重大遗漏承担责任。**

特别提示：
● 修正前转股价格：人民币 2.75 元/股
● 修正后转股价格：人民币 1.72 元/股
● 本次转股价格调整实施日期：2018 年 11 月 14 日

图 3.9　利欧转债转债下修公告

转股价下修后，正股轻装上阵，随着短视频概念走热，公司的数字营销业务开始蓬勃发展，带动业绩、股价双双反弹，在 2019 年底，股价终于回到了 3 元，而转债的价格已经接近 200 元。如果从 2018 年开始持股，2 年后基本没什么收益。如果以面值价持有转债，收益已翻倍，若在 80 元持有，收益率高达 147.5%，这就是下修神器的威力。

随着利欧股份继续走强，转债最高涨至 288 元，并于 2020 年 4 月强赎退市。

下修转股价绝不是个例，2021 年 1～8 月，就有 23 只转债下修了转股价，下修成功率 100%，其中 18 只转债下修到底，具体数据如表 3.12 所示。

表 3.12　2021 年 1～8 月提议下修的转债

| 提议下修时间 | 转债名称 | 转债价格 | 下修到底 | 下修原因 |
|---|---|---|---|---|
| 2021/1/15 | 岱勒转债 | 98.59 | 是 | 促强赎 |
| 2021/1/20 | 北陆转债 | 99.00 | 是 | 促强赎 |
| 2021/2/2 | 明电转债 | 92.50 | 是 | 促强赎 |
| 2021/2/4 | 海兰转债 | 未上市 | 是 | 避免破发 |
| 2021/2/5 | 洪涛转债 | 95.74 | 是 | 避免回售 |

续表

| 提议下修时间 | 转债名称 | 转债价格 | 下修到底 | 下修原因 |
|---|---|---|---|---|
| 2021/2/8 | 开润转债 | 97.99 | 否 | 促强赎 |
| 2021/2/25 | 景20转债 | 104.94 | 是 | 促强赎 |
| 2021/3/4 | 飞凯转债 | 100.08 | 是 | 促强赎 |
| 2021/3/6 | 华锋转债 | 96.34 | 是 | 促强赎 |
| 2021/3/13 | 华安转债 | 103.40 | 否 | 促强赎 |
| 2021/3/13 | 烽火转债 | 103.23 | 否 | 促强赎 |
| 2021/3/25 | 英特转债 | 93.08 | 是 | 促强赎 |
| 2021/3/30 | 青农转债 | 106.05 | 是 | 促强赎 |
| 2021/4/8 | 海澜转债 | 101.46 | 是 | 促强赎 |
| 2021/4/8 | 孚日转债 | 93.61 | 是 | 债权人压力 |
| 2021/4/17 | 久其转债 | 99.98 | 是 | 避免回售 |
| 2021/4/27 | 胜达转债 | 98.60 | 是 | 促强赎 |
| 2021/4/28 | 天能转债 | 99.98 | 是 | 促强赎 |
| 2021/5/21 | 高澜转债 | 102.40 | 否 | 促强赎 |
| 2021/5/28 | 晶科转债 | 未上市 | 是 | 避免破发 |
| 2021/7/20 | 紫银转债 | 103.69 | 是 | 促强赎 |
| 2021/7/30 | 搜特转债 | 78.20 | 是 | 促强赎 |
| 2021/8/11 | 杭州银行 | 118.00 | 是 | 促强赎 |

绝大部分公司提议下修，是为了降低转股价，降低强赎的难度以便早日强赎。临近到期转债，如洪涛转债、久其转债，下修则是为了避免回售提前还钱，这在3.1.2章节中已有介绍。孚日转债的下修主要系投资者主动与公司沟通后促成的。

最特殊的是海兰转债与晶科转债，在转债未上市时就提议了下修，海兰转债还创造了历史，下面就来说说海兰转债的故事。

海兰转债2020年12月11日发行，正股海兰信，主营海洋观探测和智能航海产品的研发生产和制造，拥有航天军工、航母产业、北斗导航等概念。个股市值小，在2020年大盘抱团股活跃的背景下，非常不受市场待见，从2021年1月开始，股价开始持续下跌，从15元跌至10元，如图3.10所示。

图 3.10　海兰信走势图

通常情况下，转债申购结束后，会在一个月内上市，而海兰转债，一拖就是近 3 个月。2 月初，海兰转债的转股价值已降至 68 元，上市大幅破发没有悬念。或许是担心破发幅度大没面子，或许是股东参与了配售不想亏很多钱，在确定上市日期后的第二天，公司做出了足以载入史册的操作：转债未上市就提议下修转股价。

遗憾的是，下修的决定未能阻止海兰转债上市大幅破发。2021 年 2 月 8 日，海兰转债收于 89.15 元，大跌了 10%，但 3 月初，确定将转股价由 15.16 元下修到底至 10.88 元后，海兰转债就开始走上强赎之路。随着正股反弹、小盘股估值修复以及军工板块走强，转债价格在 8 月时已达到了 158 元。转债走势如图 3.11 所示。

图 3.11　海兰转债走势图

可转债的下修，对转债投资者来说肯定是利好，从之前的图表来看，公司提议下修的原因各不相同，有的是意外之喜，有的却在意料之中，如何通过寻找蛛丝马迹来博弈下修，从而提高转债的收益率，在第 4 章会有详细介绍。

## ◎ 3.4 │ 别让煮熟的鸭子飞了：强赎的风险

强赎，对公司和投资者来说是皆大欢喜的事，但下面这两个风险，投资者若不注意，可能就会让煮熟的鸭子飞了。

我们再来看下可转债的有条件赎回条款：

A. 在本次发行的可转债转股期内，如果公司 A 股股票连续 30 个交易日中至少有 15 个交易日的收盘价格不低于当期转股价格的 130%（含 130%）。

B. 当本次发行的可转债未转股余额不足 3000 万元时。

当满足 A 或 B 条件时，公司有权利赎回转债，即强赎。以什么价格赎回呢？按照债券面值加当期应计利息的价格，例如面值 100，利息往多了算，2～3 元，那就是 103 元左右的价格。触发强赎的价格条件是正股价不低于转股价的 130%，此时，转债在 130 元或以上。价值 130 元的转债被公司以 103 元的价格收回，秒亏 20%，这损失就有点大了。下面来看下福 20 转债的例子，赎回公告如图 3.12 所示。

每张债券当期应计利息=100×0.25%×240/365=0.164 元

赎回价格=面值+当期应计利息=100+0.164=100.164 元/张

3、赎回款发放日：2021 年 7 月 29 日

**二、本次可转债赎回的结果和赎回对公司的影响**

（一）赎回余额

截至赎回登记日（2021 年 7 月 28 日）收市后，"福 20 转债"余额为人民币 13,011,000 元，占"福 20 转债"发行总额人民币 17 亿元的 0.77%。

（二）转股情况

截至赎回登记日（2021 年 7 月 28 日）收市后，累计 1,686,989,000 元"福 20 转债"已转换为公司股票，占"福 20 转债"发行总额的 99.23%；累计转股数

图 3.12 福 20 转债赎回公告

福斯特二期可转债福 20 因满足强赎条件，于 2021 年 7 月 28 日收市后退市。从公告图 3.12 中可以看到，99.23% 的转债选择了转股。而占比 0.77%、价值 17 亿元的转债被公司以每张 100.164 元赎回。当时福 20 转债的收盘价为 181.53 元，被公司以 100.164 元收回，转债持有人将瞬间亏损 44.8%，7.6 亿元的利润就这么没有了。如果投资者是按面值买入的，那最多就是鸭子飞走了，少赚一些，但那些在 150 元甚至 180 元买入的投资者，本金都亏惨了。

现在是不是觉得强赎的风险非常大？为了保护投资者，公司在确定强赎日期后，会多次发布公告，提醒投资者转债即将被赎回，如图 3.13 所示。离强赎日短的，提醒 4 次；时间长的，提醒 10 次都有可能。

| 新闻 | 盘口 | 资金 | 公告 | 简况(F10) | 诊股 |

福斯特：福斯特关于实施"福20转债"赎回的最后一次提示性公告

2021-07-28

福斯特：福斯特关于实施"福20转债"赎回的第三次提示性公告

2021-07-26

福斯特：福斯特2021年第三次临时股东大会决议公告

2021-07-22

福斯特：福斯特关于实施"福20转债"赎回的第二次提示性公告

2021-07-22

福斯特：福斯特2021年第三次临时股东大会的法律意见书

2021-07-22

福斯特：福斯特关于实施"福20转债"赎回的第一次提示性公告

2021-07-20

图 3.13　福 20 转债赎回提示公告

专业投资者或者持股股民，可能会经常关心公司公告，但对于长期持有转债的投资者，或打新后捂着不卖的，未必会去关注，券商客户经理也不一定会提醒你。时间一长，稍不留神，高价值的转债被低价赎回，辛苦赚到的收益可能就会飞走了。

所以，不管是仅参与打新，还是做存量转债的投资，都要对转债的基本条款有所了解，在转债上市半年后进入转股期，当转债价格高于 130 元且保持一段时间后，就要密切关注公司的公告了。通过集思录网站强赎菜单，可以更方便地看到已公告强赎的转债，若你持有的转债就在其中，那就要特别留意了，应在强赎日之前卖出转债或进行转股操作。集思录网站上的转债强赎信息如表 3.13 所示。

表 3.13 集思录网站上的转债强赎信息

| 代码 | 名称 | 现价 | 正股名称 | 规模(亿) | 剩余规模 | 转股起始日 | 转股价 | 强赎触发比 | 强赎触发价 | 正股价 | 强赎价 | 强赎天计数 |
|------|------|------|----------|----------|----------|------------|--------|-----------|-----------|--------|--------|------------|
| 128051 | 光华转债！ | 195.500 | 光华科技 | 2.493 | 0.367 | 2019-06-20 | 12.72 | 130% | 16.54 | 24.70 | 100.730 | 已公告强赎！ |
| 123079 | 运达转债！ | 309.000 | 运达股份 | 5.770 | 0.523 | 2021-06-07 | 15.12 | 130% | 19.66 | 39.43 | 100.230 | 已公告强赎！ |
| 123030 | 九洲转2！ | 220.503 | 九洲集团 | 3.080 | 0.790 | 2020-02-27 | 4.00 | 130% | 5.20 | 8.85 | 100.070 | 已公告强赎！ |
| 123094 | 星源转2！ | 243.200 | 星源材质 | 10.000 | 1.490 | 2021-07-26 | 19.64 | 130% | 25.53 | 48.14 | 100.250 | 已公告强赎！ |
| 113012 | 骆驼转债！ | 152.250 | 骆驼股份 | 7.170 | 0.232 | 2017-10-09 | 9.86 | 130% | 12.82 | 15.07 | 100.670 | 已公告强赎！ |
| 113612 | 永冠转债！ | 167.760 | 永冠新材 | 5.200 | 1.670 | 2021-06-15 | 20.59 | 130% | 26.77 | 34.50 | 100.378 | 已公告强赎！ |
| 113572 | 三祥转债！ | 180.090 | 三祥新材 | 2.050 | 1.617 | 2020-09-18 | 14.09 | 130% | 18.32 | 25.09 | - | 公告要强赎！ |

强赎是公司的权利而非义务，当转债超过 130 元，甚至达到强赎条件时，公司未必会宣布强赎，或想继续低息借款，或现金流充足，因而强赎意愿不强，没必要提前交一大笔保证金应对强赎。

当转债满足强赎条件但公司未立即宣布强赎，过了一段时间公司突然又宣布强赎，若此时转债的溢价率较高，那第二个强赎风险就出现了。

2020 年 10 月，可转债市场受到游资关注，部分转债出现了大幅波动，万里转债就是其中之一。11 月 2 日收盘时，已从高点 500 元回落至 232 元，此时溢价率仍高达 49.67%。当晚，万里转债突然宣布强赎，赎回日为 12 月 1 日。虽然距强赎日还有一段时间，但由于溢价过高，11 月 3 日万里转债大幅低开，当天暴跌 24.56%，持有转债的投资者损失惨重。万里转债走势如图 3.14 所示。

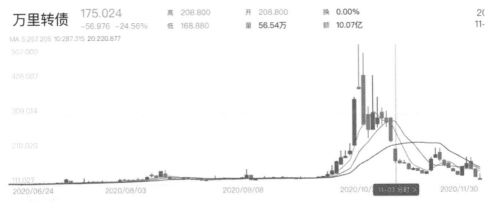

图 3.14 万里转债走势图

高溢价率的转债突然强赎会导致暴跌，那溢价不高的呢？2020 年 11 月 4 日，科森转债宣布强赎，此时溢价率为 5.08%。次日转债依然低开低走，又大跌了5.12%，如图 3.15 所示。

图 3.15　科森转债走势图

　　科森转债的质地一般，价格也高，投资者急于卖出形成了较大抛压。那基本面较好、价格又不高的金牌转债，在强赎公告发布后又会如何？ 11 月 5 日，金牌转债公告强赎，此时溢价率 4.15%，次日依然是下跌，跌幅 4.23%，刚好抹平溢价，如图 3.16 所示。

图 3.16　金牌转债走势图

　　强赎本是公司和投资者双赢的事，现在反而成为风险因素。转债投资者不仅要关注强赎日是哪天，还要时刻紧盯溢价率，计算着满足强赎条件的天数，这就有点难为投资者了。已公告强赎的信息可以在集思录网站上查看，强赎满足情况同样可以在这个页面查询，如表 3.14 所示。

表 3.14 集思录网站上强赎满足情况

| 代码 | 名称 | 现价 | 正股名称 | 剩余规模(亿) | 剩余年限 | 到期税前收益 | 转股价 | 强赎触发比 | 强赎触发价 | 正股价 | 强赎进度 | 强赎条款 |
|---|---|---|---|---|---|---|---|---|---|---|---|---|
| 113014 | 林洋转债 | 156.900 | 林洋能源 | 30.000 | 23.838 | 2018-05-03 | 8.44 | 130% | 10.97 | 12.79 | | 已满足强赎条件 | 如果公司股票在任何连续三十个交易日中至少有十五个交易日的收盘价格不低于当期转股价格的130%（含130%），或本次发行的可转换公司债券未转股余额不足人民币3,000万元时，或本转债持有的人主动要求以满足约定条件触发的回售条款时，公司有权赎回未转股的可转债 |
| 123071 | 天创转债 | 138.080 | 天创时尚 | 7.000 | 6.947 | 2021-04-27 | 7.91 | 130% | 10.28 | 10.02 | | 已满足强赎条件 | 如果公司股票在任何连续三十个交易日中至少有十五个交易日的收盘价不低于当期转股价格的130%（含130%） |
| 113516 | 台华转债 | 174.270 | 台华新材 | 5.330 | 4.684 | 2019-05-21 | 7.79 | 130% | 10.11 | 13.33 | | 3/30 | 在转股期内，如果公司股票在任何连续三十个交易日中至少有十五个交易日的收盘价不低于当期转股价格的130%（含130%） |
| 123086 | 万顺转债 | 138.580 | 万顺新材 | 8.000 | 8.516 | 2021-06-17 | 6.20 | 130% | 7.54 | 7.93 | | 3/30 | 如果公司股票在任何连续三十个交易日中至少有十五个交易日的收盘价不低于当期转股价格的130%（含130%） |
| 123097 | 朝锦转债 | 153.590 | 朝霞科技 | 3.000 | 2.997 | 2020-09-21 | 17.93 | 130% | 23.31 | 23.06 | | 3/30 | 如果公司股票在任何连续三十个交易日中至少有十五个交易日的收盘价不低于当期转股价格的130%（含130%） |
| 128101 | 鸿达转债 | 149.420 | 鸿达兴业 | 18.000 | 15.729 | 2021-04-15 | 43.51 | 130% | 56.56 | 53.97 | | 3/30 | 如果公司股票在任何连续三十个交易日中至少有十五个交易日的收盘价不低于当期转股价格的130%（含130%） |
| 128134 | 鸿途转债 | 142.300 | 鸿途科技 | 6.730 | 4.190 | 2021-05-06 | 16.32 | 130% | 21.22 | 16.40 | | 3/30 | 如果公司股票在任何连续三十个交易日中至少有十五个交易日的收盘价不低于当期转股价格的130%（含130%） |
| 123083 | 剑南转债 | 137.600 | 剑南科技 | 7.996 | 7.996 | 2021-05-15 | 15.45 | 130% | 20.09 | 18.82 | | 8/30 | 如果公司A股股票连续三十个交易日中至少有十五个交易日的收盘价不低于当期转股价格的130%（含130%） |
| 113039 | 中天转债 | 154.860 | 中天科技 | 8.770 | 4.509 | 2021-03-01 | 3.96 | 130% | 5.14 | 7.79 | | 7/30 | 如果公司A股股票连续三十个交易日中至少有十五个交易日的收盘价不低于当期转股价格的130%（含130%） |
| 123051 | 今天转债 | 134.699 | 今天国际 | 2.800 | 2.793 | 2020-12-10 | 9.70 | 130% | 12.61 | 10.93 | | 7/30 | 在本次强赎期内，如果公司A股股票连续三十个交易日中至少有十五个交易日的收盘价不低于当期转股价格的130%（含130%） |
| 120004 | 20华菱EB | 158.000 | 华菱钢铁 | 15.000 | 15.000 | 2021-08-26 | 4.92 | 130% | 6.40 | 7.73 | | 8/30 | 如果标的股票在任何连续三十个交易日中至少有十五个交易日的收盘价格不低于当期转股价的130%（含130%），或本次发行的可转换公司债券未转股余额不足人民币3,000万元 |
| 128103 | 迪森转债 | 173.930 | 迪森股份 | 20.000 | 20.000 | 2021-08-26 | 4.47 | 130% | 5.81 | 7.73 | | 6/30 | 如果公司A股股票连续三十个交易日中至少有十五个交易日的收盘价不低于当期转股价格的130%（含130%） |
| 128105 | 至正转债 | 160.057 | 至正材料 | 18.300 | 18.298 | 2020-12-10 | 8.63 | 130% | 11.22 | 13.19 | | 6/30 | 如果公司A股股票连续三十个交易日中至少有十五个交易日的收盘价不低于当期转股价格的130%（含130%） |
| 123073 | 伟顺转债 | 138.400 | 伟顺科技 | 12.000 | 11.992 | 2021-04-26 | 21.71 | 130% | 28.22 | 29.88 | | 7/30 | 如果公司股票在任何连续三十个交易日中至少有十五个交易日的收盘价不低于当期转股价格的130%（含130%） |
| 123005 | 弘信转债 | 153.690 | 弘信电子 | 5.700 | 3.952 | 2021-04-21 | 15.34 | 130% | 19.94 | 23.35 | | 5/30 | 如果公司股票在任何连续三十个交易日中至少有十五个交易日的收盘价不低于当期转股价格的130%（含130%） |
| 128018 | 时达转债 | 146.140 | 新时达 | 8.625 | 4.054 | 2018-05-10 | 7.36 | 130% | 9.57 | 9.68 | | 8/30 | 如果公司的可转换公司债券持有期内，如果公司A股股票连续三十个交易日中至少有十五个交易日的收盘价不低于当期转股价格的130%（含130%） |
| 123100 | 运机转债 | 126.851 | 运机集团 | 3.800 | 3.790 | 2021-08-23 | 11.61 | 130% | 13.11 | 13.17 | | 4/30 | 如果公司股票在任何连续三十个交易日中至少有十五个交易日的收盘价不低于当期转股价格的130%（含130%） |
| 113009 | 广汽转债 | 141.720 | 广汽集团 | 41.099 | 25.499 | 2016-07-22 | 13.97 | 130% | 16.16 | 19.78 | | 3/30 | 在转股期内，如果公司A股股票任何连续三十个交易日中至少有十五个交易日的收盘价格不低于当期转股价格的130%（含130%） |
| 123030 | 海波转债 | 124.200 | 海波重科 | 2.450 | 2.437 | 2021-06-08 | 11.58 | 130% | 15.05 | 13.58 | | 3/30 | 如果公司股票在任何连续三十个交易日中至少有十五个交易日的收盘价不低于当期转股价格的130%（含130%） |
| 113610 | 道通转债 | 117.130 | 道通科技 | 5.250 | 4.585 | 2021-06-07 | 8.61 | 130% | 11.19 | 8.89 | | 3/30 | 如果公司股票在任何连续三十个交易日中至少有十五个交易日的收盘价不低于当期转股价格的130%（含130%） |

考虑到突然强赎可能对投资者造成的风险，2021 年 1 月 31 日实施的《可转债管理办法》中，规定了上市公司预计可转债可能满足赎回条件时，要提前 5 个交易日发布公告，提示风险。发行人确定本次不行使赎回权的，在证券交易场所规定的期限内不得再次行使赎回权。

如此一来，投资者不必担心公司突然强赎造成损失，因为公司会提前 5 个交易日进行提示，如图 3.17 所示。

**安徽中鼎密封件股份有限公司**
**关于中鼎转 2 可能满足赎回条件的提示性公告**

**本公司及董事会全体成员保证信息披露的内容真实、准确、完整、没有虚假记载、误导性陈述或重大遗漏。**

**特别提示：**

自 2021 年 7 月 15 日至 2021 年 8 月 11 日期间，公司股票价格已有十个交易日的收盘价不低于"中鼎转 2"当期转股价格（即 11.39 元/股）的 130%。若在未来十个交易日内，公司股票有五个交易日的收盘价不低于当期转股价格的 130%（含 130%），将触发"中鼎转 2"的有条件赎回条款，届时根据《安徽中鼎密封件股份有限公司公开发行可转换公司债券募集说明书》（以下简称"《可转债募集说明书》"）中有条件赎回条款的相关规定，公司董事会有权决定按照债券面值加上当期应计利息的价格，赎回全部或部分未转股的"中鼎转 2"。

图 3.17 中鼎转 2 可能满足赎回条件的提示性公告

如果本次公司不行使强赎权利，何时再行使，公告中也会明确说明。2021 年 8 月 23 日至 11 月 22 日期间，即便满足强赎条件，公司也不会行使，投资者

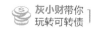
可以安心持有，如图 3.18 所示。

> **四、"中鼎转 2"本次不提前赎回的原因及审议程序**
>
> 公司于 2021 年 8 月 24 日召开第八届董事会第七次会议审议通过了《关于不提前赎回"中鼎转 2"的议案》。公司结合当前市场情况及自身实际情况，公司董事会决定本次不行使"中鼎转 2"的提前赎回权利，不提前赎回"中鼎转 2"。
>
> 同时，公司董事会结合目前股价表现及"中鼎转 2"最新转股情况综合考虑，在未来三个月内（即 2021 年 8 月 23 日-2021 年 11 月 22 日）"中鼎转 2"在触发赎回条款时，均不行使该权利。在此之后若"中鼎转 2"再次触发赎回条款，届时公司董事会将再次召开会议决定是否行使"中鼎转 2"的提前赎回权利。

图 3.18 中鼎转 2 不提前赎回公告

管理层出台办法保护投资者，公司也按照规定及时发布公告，提醒投资者。对投资者来说，要做的就是多留一份心，管理好自己的持仓，关注公司公告，守住来之不易的胜利果实。

# ◎ 3.5 会卖的才是师傅：可转债如何止盈

公众号中粉丝问的最多的问题就是某个转债要不要卖，以什么价格卖？这类问题是无法回答的，投资者的成本、投资者的仓位都会影响买卖决策。俗话说，会买的是徒弟，会卖的才是师傅。能在股市中高位逃顶的毕竟是少数人，对可转债来说也是一样，想卖在最高点，太难了。有没有一种方法，简单可行，又能取得相对较高的收益呢？真有，还特别适合可转债。

130 元是转债的一个非常关键的价格，是强赎标准线。对公司而言，只要天数满足，就能宣布强赎，不用还钱。为了顺利度过这个时段，公司甚至会发布利好消息，参与稳定股价。对投资者来说，收益目标已达成，丰收止盈的时刻即将到来。为避免公司宣布强赎后，转债按照面值加利息被强制收回，卖出转债是最简单、最直接的方法。

转债突破 130 元后，有的一飞冲天到了 200 元，有的在 130 元左右震荡，有的跌回了 120 元。

投资者应该如何操作才能让收益最大化呢？

这里就要介绍一下我的转债启蒙老师安道全，他的《可转债投资魔法书》带我走进了转债的殿堂，从此一发不可收拾。书中的三线理论以及下面要介绍的"复式高价折扣法"，是经典之笔并被广大投资者沿用至今，不仅在转债领域，在股票、基金上也同样适用。

什么是复式高价折扣法？

它是一种以近期最高价为基准价，给予一定折扣后的价格作为卖出价的连续止盈策略。该策略的核心思想是：转债价格超过130元后，每天记录转债的最高价，当任意一天的收盘价低于最高价的10元或90%时，卖出手中全部或部分的转债。

下面就以新凤转债为例，进行该策略的演示，如图3.19所示。

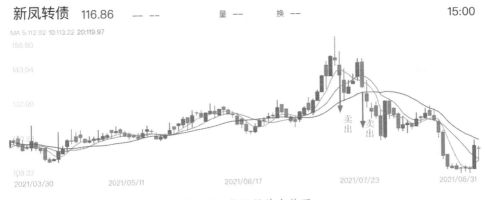

图 3.19　新凤转债走势图

2021年7月后，新凤转债突破130元，进入止盈观察期。我们将策略参数设置为转债价格大于130元后触发，若收盘价低于最高价10元，卖出持仓50%的转债，复式循环一次，即再次触发条件后，卖出剩余50%的转债。

7月8～15日，新凤转债连续上涨，每日分别记录最高价，由于未下跌回落，按律继续持有。

7月16日冲高至155.8元，收盘147.79元。最高价计为155.8元，155.8-10=145.8元，收盘147.79元高于145.8元，按律继续持有。

7月19日周一，转债下跌调整，收盘142.57元，最高价未发生变化，仍然为155.8元，155.8-10=145.8元。收盘142.57元低于145.8元，触发了止盈条件，次日进行止盈，同时最高价调整为142.57元。

7月20日转债继续下跌，收盘136.52元，当日最高价144.83元，高于昨日的 142.57 元，故最高价计为 144.83 元，144.83-10=134.83 元。收盘 136.52 元高于 134.83 元，按律继续持有。

7 月 21 ~ 23 日转债上涨，最高价不断抬升，最高价记为 148.23 元。148.23-10=138.23 元，按律继续持有。

7 月 24 日转债下跌，收盘 138.35 元。当日最高价 148.25 元，最高价计为 148.25 元。148.25-10=138.25 元。由于收盘和触发价很接近，可考虑执行止盈策略。次日若盘间低于 138.25 时，则直接卖出剩余转债。

通过复式最高价折扣法，止盈了全部持仓。可以看到，虽然没有卖在最高点，但至少没在低点卖飞，也躲过了后期转债的大跌，守住了胜利果实。

书面的文字描述，看上去会有点复杂，但只要理解了原理，每日收盘后看看 K 线的最高价和收盘价，然后做出是否需要止盈的决策即可。如果这还觉得麻烦，那在本书的第 5 章中还会有更智能的工具。

对于刚过 130 元且波动还不太大的转债来说，上面的方法很实用。但有些转债短期非常强势，动不动十几甚至二十元的波动，若还以收盘价作为基准，收益可能就会大幅缩水了。如图 3.20 所示的晶科转债，2021 年 9 月 3 日，最高价 211.58 元，收盘价只有 178.18 元，肯定触发了止盈条件，但距高点距离很远，次日再卖出就错过了"相对较高的位置"。

图 3.20　晶科转债 K 线图

对于高价且波动大的转债，可以把原先的复式高价折扣法进行一定优化，把收盘后才比较基准价的动作放到日内交易中，即日内复式折扣法。提前判断，提前止盈。下面就来看看如何运用。还是以晶科转债为例，策略参数设置为转债价格大于 130 元后触发,若盘中价低于最高价 10 元,卖出持仓 50% 的转债,复式循环一次。晶科转债当日的走势如图 3.21 所示。

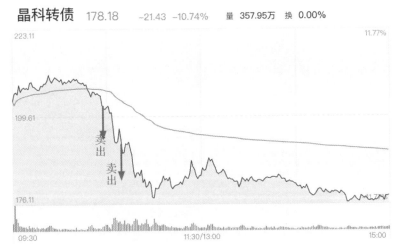

图 3.21 晶科转债日线图

晶科转债开盘后随正股继续大涨,最高触及 211.58 元,最高价计为 211.58 元。211.58-10=201.58 元。由于正股开板,转债快速回落,跌破了 201.58 元,触发日内止盈策略,卖出 50% 的转债。卖出后,最高价调整为 201.58 元。后转债小幅反弹,达到 202.56 元,最高价须再次调整为 202.56 元,202.56-10=192.56 元。

随着正股加速下跌,转债继续回落,跌破 192.56 元,按律止盈剩余 50% 的转债。这样,就在当日的交易时间,完成了日内最高价复式折扣法。后转债继续大跌,若依然看好该转债,想博弈反弹的,可以部分或全部接回。接回后,最高价的基准就可调为 178.18 元。

这个策略,同样适用于中签的新债上市,新债当日的波动往往很大。当然,日内交易,需要有时间去盯盘,对操作有一定要求,若是上班族,就只能用本书第 5 章可转债自动止盈工具来实现这个策略。

最高价折扣法涉及的参数主要是起步价格、折扣系数和止盈比例。起步价一般设为 130 元,这是转债的目标价格。若很看好转债,起点也可抬高,如140、150 元。

折扣系数可以是 5 ~ 10 元,也可以 5% ~ 10%,数值越小,越容易触发。最后就是止盈比例,直接清仓,还是半仓或 1/3。

这些参数可根据市场环境并结合自身的投资风格来确定。比如市场很强，那就设置 150 元以上才卖出，收盘低于最高价 90% 时，只卖出 30%。如果市场转弱，投资风格又比较保守，那也可选择大于 130 元后，收盘价低于最高价 5 元清仓或者破 130 元直接清仓。

最后总结一下，复式高价折扣法的最大优势是防止卖得过早而错失收益，防止卖得太晚而坐电梯。缺点只有一个，永远不可能卖在最高点。理论说得再多也没用，希望广大投资者能经常运用这个策略。能用上这个策略，说明你已经止盈了，收益颇丰了。

# 第4章 可转债投资锦囊：常见的可转债投资策略

"工欲善其事，必先利其器。"通过之前章节的阅读，相信各位读者已具备了充足的可转债理论知识，准备好了资金，打算出击了。行军打仗讲究的是谋略和战术，投资也是一样。在本章，我将为大家献上多条锦囊妙计，助力大家投资成功。

# ○ 4.1　策略概述

在介绍策略之前，重温一下可转债的关键要素，这些参数和变量是用好策略的关键。

转债价格：当前转债的交易价格。

溢价率：相较于转股价值超出或低于的部分，如果溢价大于 0，把转债转成股票，就会亏损，溢价幅度等于亏损幅度，反之亦然。

到期年化收益率：以转债目前的价格买入并持有到期，获得税前利息，折算成年化收益率。如果年化收益率为正，说明当前价格的转债到期保本。

债券评级：衡量正股债务履约能力，AAA 为最高级，AA+ 较高，AA 中性，AA-、A+ 偏低。绝大部分转债在 A+ 以上。

剩余年限：距转债到期的时间。

剩余规模：进入转股期后，投资者可把手中的转债转换成股票，转换后，转债的剩余规模就会降低，规模很小时，市场流通盘小，容易被资金炒作。

转债条款：下修、强赎、回售条款。

可转债的投资策略围绕这些内容制定。有的策略风险低，容易操作，有的收益高但波动很大。没有最完美的策略，只有最适合你的策略。希望下面几节的介绍能帮助你找到它。

## ◎ 4.2 看似保守的选择：低价轮动策略

策略从逻辑最简单的说起。低价轮动策略，顾名思义，筛选出价格最低的几只转债买入，经过一段时间后再次排序筛选，根据排序结果，调出价格高的，调入价格低的，然后不断循环，轮动下去。

这种策略的出发点是考虑到转债价格接近于债底时，债底可以提供支撑，形成债性保护，正股继续下跌，转债不跌或跌幅很少，正股走强后，转债也能跟随上涨获得收益。低价转债的回撤相对于股性活跃的高价转债来说会小一些，在市场波动较大时也相对比较稳健。

低价策略也可称为高年化收益率策略，因为低价转债，一般是 100 元以下，年化到期收益率普遍很高，到期保本（公司不破产的前提下），还有利息收益。但 100 元以下的转债溢价会很高，以债性呈现，波动小，该策略的投资风格相对保守。

100 元以下的转债选择范围广吗？下面就来看下低价转债数量统计，如图 4.1 所示。

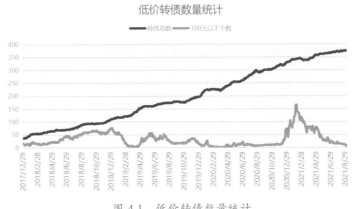

图 4.1 低价转债数量统计

从图 4.1 中可以看到，跌破面值的转债数量并不少，尤其是 2021 年初，达到了 164 只，接近一半的转债跌破面值。跌破面值转债的数量，也直接反映了转债市场的强弱。

有弱自然也有强。2020 年，共有 64 个交易日，面值以下转债数小于 5，2019 年则有 22 个交易日。不过，从 2017 年 12 月底至 2021 年 8 月底，100 元以下还未清零过，总有那么几位差生吊车尾。总体来看，大部分时间里，能够筛选出一些面值以下的转债运用低价策略，若把要求放宽至 105 元以下，那这个策略就可以一直进行下去。

再来看 90 元以下转债个数，如图 4.2 所示。

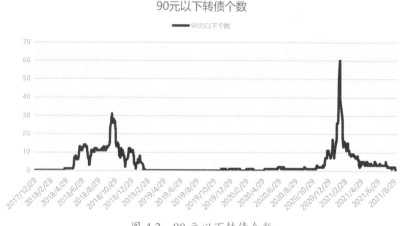

90元以下转债个数

图 4.2　90 元以下转债个数

这个数量就相对较少，只有在 2018 年下半年以及 2021 年初时能筛选到。这两个阶段，也是这几年可转债的黄金坑，若此时开始配置低价转债，收益率会比较高。

接下来说说具体操作。策略的参数设定为每次选 10 只价格最低的转债等份买入，忽略正股的基本面和溢价率。一周后再次进行价格筛选，若持仓中的转债排名超出了最低 10 只，则卖出。新进入最低前 10 的则买入，仍然在前 10 的，则保留。等下一周时再筛选，一直循环下去。

2018 年 1 月 8 日，在集思录或者宁稳网等可转债数据网站，按价格升序排列，选出如下价格最低的 10 只转债。

20180108 买入 128013，洪涛转债，价格 93.7，溢价率 88.7197%。
20180108 买入 127003，海印转债，价格 93.93，溢价率 55.0731%。
20180108 买入 127004，模塑转债，价格 96.032，溢价率 32.0027%。
20180108 买入 128018，时达转债，价格 96.821，溢价率 14.5298%。
20180108 买入 128019，久立转 2，价格 97.652，溢价率 12.1189%。
20180108 买入 123001，蓝标转债，价格 97.79，溢价率 65.01%。

20180108 买入 128023，亚太转债，价格 98.1，溢价率 8.7222%。

20180108 买入 113012，骆驼转债，价格 98.11，溢价率 22.8763%。

20180108 买入 128015，久其转债，价格 98.38，溢价率 22.2641%。

20180108 买入 113502，嘉澳转债，价格 98.71，溢价率 25.0161%。

一周后，1 月 15 日，再次进行价格排序，发现嘉澳转债 98.71 元，超出了最低前 10，而众兴转债 96.63 元，进入了前 10，则进行调仓，其余不变。本周计算收益率 -1.45%，最大回撤 1.45%。

20180115 卖出 113502，嘉澳转债，价格 98.71。

20180115 买入 128026，众兴转债，价格 96.633，溢价率 7.6348%。

再过一周后，价格排序，卖出众兴转债，买入蓝思转债。本周计算收益率 -0.60%，最大回撤 1.45%。

20180122 卖出 128026，众兴转债，价格 99.108。

20180122 买入 123003，蓝思转债，价格 98.6，溢价率 35.7326%。

第三周，价格排序，有两个转债价格超出最低前 10，久其转债和蓝标转债卖出。水晶转债和嘉澳转债调入。收益率 0.34%，最大回撤 1.45%。

20180129 卖出 128015，久其转债，价格 100.45。

20180129 卖出 123001，蓝标转债，价格 99.004。

20180129 买入 128020，水晶转债，价格 98.342，溢价率 43.99%。

20180129 买入 113502，嘉澳转债，价格 98.71，溢价率 25.01%。

第三周之后策略开始盈利，部分转债反复被交易。由于低价转债基本都在面值附近或以下，突然被强赎的风险很低，不用关心公司公告或计算强赎时间之类，每周排序操作即可，步骤非常简单。

读者们肯定想知道，一直按这个策略执行下去，收益率如何？从 2018 年开始，策略的收益统计如图 4.3 所示。

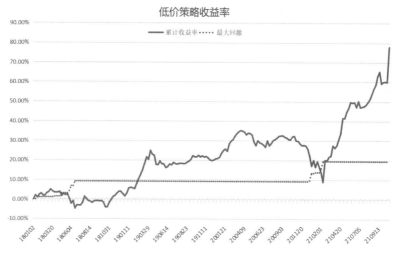

图 4.3　低价策略收益率统计

从图 4.3 上可以看到，从 2018 年 1 月 2 日至 2021 年 10 月 27 日，累计收益率达到 77.87%，年化收益率 20.33%，最大回撤 19.43%。图中的收益未包括利息，低价转债的利率较高，算上利息后，实际年化收益率还能再增加 2% 左右。

然后，再调整下轮动周期和持仓个数等，对比情况如表 4.1 所示。

表 4.1　不同参数下低价策略收益率等对比

| 轮动周期 | 持仓个数 | 累计收益率 | 年化收益率 | 最大回撤 |
|---|---|---|---|---|
| 周 | 5 | 87.43% | 22.83% | 20.62% |
| 周 | 10 | 77.87% | 20.33% | 19.43% |
| 周 | 20 | 80.81% | 21.10% | 15.25% |
| 月 | 5 | 58.87% | 15.37% | 13.23% |
| 月 | 10 | 64.05% | 16.72% | 8.61% |
| 月 | 20 | 62.97% | 16.44% | 8.85% |

周轮动的收益率高于月轮动，但相应的回撤幅度也大。总体来看，低价策略的收益率还是不错的，在市场估值整体提升的情况下，低价转债也会受益于估值的抬升。但该策略在周轮动的条件下，最大回撤依然达到了 20%，看似保守的策略，依然要承担不小的风险。

这一段回撤发生在 2020 年 10 月至 2021 年的 2 月，这段时间是可转债的大熊市，出现了大面积跌破面值甚至 90 元的转债，亚药转债一度跌至 66.6 元，对于保守型的投资者，这个亏损幅度恐怕很难接受。

俗话说，便宜没好货，低价转债之所以跌破面值，正股本身或多或少会有一些问题。如：亚药转债因正股对子公司失去控制，多次被监管部门下发问询函；鸿达转债因正股控股股东实质性债务违约；本钢转债受华晨集团债务违约影响；国城转债、城地转债正股遭遇杀猪盘连续跌停；搜特转债正股业绩暴跌等。

存量可转债中，小盘股的比重较大，在经营环境不佳时，发生业绩暴雷、信用风险的概率更高，虽然目前尚未出现过转债违约或公司破产的案例，但未来一定会有。策略的逻辑和操作很简单，但完全照搬数据也不可取，对于存在明显缺陷的转债，还是回避、剔除为妙。

最后，我们就来给低价策略打个分。满分为五★。

原理理解：★★★★

收益率：★★★

安全性：★★

波动性：★★★

可操作性：★★★★

低价策略的逻辑容易理解，操作非常简单，低于100元的转债也不用考虑强赎、退市风险，不看基本面，不看公告，甚至不需要知道转债是什么，只要会排序、会买卖就行，但难在坚持！看似保守的策略回撤依然很大，一直不涨你能接受吗？不断割肉你能接受吗？正股危机重重感觉就要破产了你能接受吗？

低价轮动的策略没有问题，但有很大的优化空间，比如回避基本面恶化的转债，再比如加上溢价率的参数。如果加上溢价率，就是下一节经典的双低轮动策略了。

## ◎ 4.3 最主流的策略：双低轮动策略

双低轮动策略是在低价轮动策略的基础上，补充了低溢价率这个关键要素，选择价格、溢价率都低的转债，定期轮动。

在转债"下有保底，上不封顶"的特性下，低价格可以保证转债价格接近于债底时债底提供保护，这在上一节中已经讲过。而低溢价率，则使转债在正股上涨时能保持弹性，跟得上正股的步伐。

2021 年 9 月 17 日部分可转债的涨跌幅等情况如表 4.2 所示。天能转债、福能转债、节能转债、蒙电转债溢价率低，均随正股大涨甚至涨跌幅大于正股，但健帆转债、美诺转债、康泰转 2，即便正股涨跌幅超 10%，由于转债溢价率过高，涨跌幅受到了限制。

表 4.2　转债和正股涨跌幅对比

| 债券简称 | 转债现价 | 转债涨跌幅 | 转债溢价率 | 正股简称 | 正股涨跌幅 |
|---|---|---|---|---|---|
| 天能转债 | 178.3 | 26.11% | 9.76% | 天能重工 | 19.98% |
| 健帆转债 | 117.23 | 0.05% | 89.40% | 健帆生物 | 11.01% |
| 美诺转债 | 122.59 | 2.17% | 30.20% | 美诺华 | 10.01% |
| 康泰转 2 | 121 | 1.15% | 56.42% | 康泰生物 | 10.01% |
| 福能转债 | 212.78 | 10.14% | -0.22% | 福能股份 | 9.99% |
| 节能转债 | 162.6 | 8.40% | 2.57% | 节能风电 | 9.93% |
| 蒙电转债 | 144.01 | 9.37% | 0.45% | 内蒙华电 | 9.88% |

如何根据转债价格和转股溢价率来筛选呢？下面介绍几种方法。

双低策略一：双低＝转债价格＋转股溢价率×100（集思录双低），或转债价格＋转股溢价（宁稳网老式双低）。

集思录双低值和宁稳双低值的区别在于溢价选取的方式不同，宁稳考虑的是转股溢价，即转债价格和转股价之差。

经过比较，这两种方法的筛选结果非常接近（前几十名几乎相同），而"转债价格＋转股溢价"的策略，宁稳网认为："转股溢价率这个指标容易出现放大效果，如溢价率超 100%，会加大双低指数的两极分化，隐含的权重变化较快，转股溢价率越高的时候往往转债价格是越低的，这时候价格的权重很低，而溢价率的权重则快速升高。相比"转债价格＋转股溢价"，无论什么时候，价格和转股溢价的权重都是 1 : 1 的关系，权重的变化相对较小。目前，所有可转债转股溢价率的范围在 -11% ～ 167%，而转股溢价的变化范围在 -18 ～ 63 元，可见用后者来加权的话，权重相对更加稳定。所以这次计算方式更加严谨、更加直观，容易理解，更具有参考价值"。

2021 年 9 月 17 日收市后部分可转债双低值对比如表 4.3 所示。相比表 4.2 中的转债，表 4.3 中的新增转债双低值更低，不仅价格低，有一定安全边际，溢价率也低，若正股大涨，转债的涨跌幅也不会低。

表 4.3 可转债双低值对比

| 债券简称 | 转债现价 | 转债溢价率 | 正股简称 | 集思录双低值 | 宁稳老双低 |
|---|---|---|---|---|---|
| 天能转债 | 178.3 | 9.76% | 天能重工 | 188.06 | 194.1 |
| 健帆转债 | 117.23 | 89.40% | 健帆生物 | 206.63 | 172.6 |
| 美诺转债 | 122.59 | 30.20% | 美诺华 | 152.79 | 151 |
| 康泰转2 | 121 | 56.42% | 康泰生物 | 177.42 | 164.6 |
| 福能转债 | 212.78 | -0.22% | 福能股份 | 212.56 | 212.3 |
| 节能转债 | 162.6 | 2.57% | 节能风电 | 165.17 | 166.7 |
| 蒙电转债 | 144.01 | 0.45% | 内蒙华电 | 144.46 | 144.7 |
| 搜特转债 | 105.89 | 5.89% | 搜于特 | 111.79 | 111.8 |
| 洪涛转债 | 111.65 | 0.79% | 洪涛股份 | 112.44 | 112.5 |
| 文科转债 | 98.199 | 16.88% | 文科园林 | 115.079 | 112.4 |
| 孚日转债 | 104.39 | 13.19% | 孚日股份 | 117.58 | 116.6 |
| 利群转债 | 103.3 | 14.58% | 利群股份 | 117.88 | 116.4 |
| 广汇转债 | 99.14 | 27.2% | 广汇汽车 | 126.2 | 120.4 |
| 嘉美转债 | 118.3 | 3.14% | 嘉美包装 | 121.53 | 122 |
| 东湖转债 | 107.87 | 14.09% | 东湖高新 | 121.96 | 121.2 |
| 亚泰转债 | 104.19 | 18.80% | 郑中设计 | 122.99 | 120.7 |

在溢价率不高的情况下，两种双低值的计算结果很接近，当溢价率超 20% 后，差距就开始拉大，双低转债的最终排名就会发生变化。从历史回测数据看，宁稳网老式双低轮动的收率会略高一些。

双低值不需要自己算，集思录、宁稳网都已经有现成的功能了。登入网页后，在"双低"栏做个升序排列，就可以看到双低值最低的转债了。

不过需要注意的是，未上市的新债或即将强赎的转债可能也会包括在内，最后手工第二次筛选时要将其排除。这一点宁稳网就做得更好，默认不显示未上市的转债，即将强赎退市的转债也会用红色 * 符号提醒。鼠标靠近后就会显示最后交易日是几号，剩余多少天退市，！符号说明转债曾经满足过下修或强赎的条件。宁稳网可转债数据信息如表 4.4 所示。

表 4.4 宁稳网可转债数据信息

| 老式双低 | 老式排名 | 新式双低 | 新式排名 | MA20 乖离 | 热门度 | 转债名称 |
|---|---|---|---|---|---|---|
| 111.8 | 1 | 27.8 | 20 | 0.6% | 75 | 搜特转债！ |
| 112.4 | 2 | 21.7 | 3 | -1.0% | 65 | 文科转债！ |
| 112.5 | 3 | 12.2 | 1 | 3.4% | 100 | 洪涛转债！ |

续表

| 老式双低 | 老式排名 | 新式双低 | 新式排名 | MA20 乖离 | 热门度 | 转债名称 |
|---|---|---|---|---|---|---|
| 115.3 | 4 | 26.6 | 16 | -10.5% | 20 | 今天转债！* |
| 116.4 | 5 | 20.1 | 2 | -0.7% | 67 | 利群转债！ |
| 116.6 | 6 | 26.9 | 17 | -0.4% | 72 | 孚日转债！ |
| 120.4 | 7 | 23.8 | 7 | 3.3% | 70 | 广汇转债！ |
| 120.7 | 8 | 26.0 | 14 | 0.5% | 62 | 亚泰转债！ |
| 120.9 | 9 | 31.3 | 37 | -11.8% | 12 | 弘信转债！* |
| 121.2 | 10 | 29.2 | 24 | -1.2% | 26 | 东湖转债 |

双低策略二：双低 = 纯债溢价 + 转股溢价率 =2× 转债价格 – 债底 – 转股价值（宁稳新双低）。

这里涉及了纯债和债底的概念，是比较专业的债券知识，不了解的话也不影响筛选操作，只需知道策略二考虑了转债评级、转债利率和到期时间的因素。某交易日双低策略二的筛选结果如表 4.5 所示。

表 4.5　双低策略二的筛选结果

| 老式双低 | 老式排名 | 新式双低 | 新式排名 | MA20 乖离 | 热门度 | 转债名称 |
|---|---|---|---|---|---|---|
| 112.5 | 3 | 12.2 | 1 | 3.4% | 100 | 洪涛转债！ |
| 116.4 | 5 | 20.1 | 2 | -0.7% | 67 | 利群转债！ |
| 112.4 | 2 | 21.7 | 3 | -1.0% | 65 | 文科转债！ |
| 126.9 | 25 | 21.8 | 4 | 0.2% | 67 | 本钢转债！ |
| 123.5 | 16 | 22.2 | 5 | 3.2% | 52 | 岩土转债！ |
| 130.0 | 43 | 22.9 | 6 | 1.8% | 26 | 国贸转债！ |
| 120.4 | 7 | 23.8 | 7 | 3.3% | 70 | 广汇转债！ |
| 130.5 | 49 | 25.0 | 8 | 2.1% | 28 | 山鹰转债 |
| 132.2 | 68 | 25.3 | 9 | 5.4% | 25 | 九州转债！ |
| 125.8 | 23 | 25.6 | 10 | 1.0% | 28 | 江银转债！ |

双低值同样不用自己算，去网站上查询排序即可。由于这是宁稳网的新式双低，只能在宁稳网上进行查询。可以看到，新式双低下，前 10 的排名出现了一定的变化，但根据回测数据，宁稳网新老式双低的长期收益率非常接近，略高于集思录的双低策略，毕竟在低溢价率的情况下，前 10 的转债变化不会很大，只是排序先后会有差异，具体采用哪种，取决于你平时常用哪个网站去筛选。

双低策略三：转债价格和溢价率分别排序获得各自名次，两者相加获得最终名次取低。

具体来说，就是先将转债价格从低到高进行排序，得到序号 A；再将转股溢价率从低到高进行排序，得到序号 B；令 C=A+B，取 C 最小的前 X 的转债作为持仓，以周或月频进行调仓轮动。

下面就来简单演示一下。获取当日全量的转债数据并导入 Excel，在转债价格旁增加价格排序列，按转债价格升序排列后，价格排序列中从 1 开始编号，如表 4.6 所示。

表 4.6 价格排序结果

| 债券简称 | 转债价格 | 价格排序 | 转股溢价率 |
| --- | --- | --- | --- |
| 亚药转债 | 88.86 | 1 | 217.00% |
| 花王转债 | 89.59 | 2 | 92.50% |
| 城地转债 | 94.09 | 3 | 168.00% |
| 起步转债 | 94.21 | 4 | 120.00% |
| 天创转债 | 95.88 | 5 | 104.00% |
| 文科转债 | 98.19 | 6 | 16.90% |
| 岭南转债 | 98.6 | 7 | 93.00% |
| 广汇转债 | 99.14 | 8 | 27.20% |
| 科达转债 | 100.11 | 9 | 119.00% |
| 家悦转债 | 100.5 | 10 | 151.00% |

再增加一列溢价率排序，按转股溢价率升序排列后，在溢价率排序列中从 1 开始编号，如表 4.7 所示。

表 4.7 溢价率排序结果

| 债券简称 | 转债价格 | 价格排序 | 转股溢价率 | 溢价率排序 |
| --- | --- | --- | --- | --- |
| 华钰转债 | 140.39 | 282 | −5.30% | 1 |
| 华自转债 | 244.00 | 353 | −4.00% | 2 |
| 国泰转债 | 166.94 | 319 | −2.60% | 3 |
| 斯莱转债 | 312.00 | 362 | −2.50% | 4 |
| 清水转债 | 210.00 | 341 | −2.10% | 5 |
| 弘信转债 | 123.09 | 212 | −1.80% | 6 |
| 中钢转债 | 167.66 | 321 | −1.20% | 7 |
| 钧达转债 | 193.60 | 333 | −1.20% | 8 |
| 久吾转债 | 267.03 | 358 | −1.10% | 9 |
| 林洋转债 | 138.33 | 276 | −1.00% | 10 |

最后增加一列排序相加，把价格排序列和溢价率排序列的结果相加，排序

相加列再按升序排序，就得到了该策略的双低排序，如表 4.8 所示。

表 4.8 综合排序结果

| 债券简称 | 转债价格 | 价格排序 | 转股溢价率 | 溢价率排序 | 排序相加 |
|---|---|---|---|---|---|
| 搜特转债 | 105.89 | 52 | 5.90% | 71 | 123 |
| 洪涛转债 | 111.65 | 106 | 0.80% | 28 | 134 |
| 孚日转债 | 104.39 | 32 | 13.20% | 125 | 157 |
| 今天转债 * | 115.99 | 149 | -0.60% | 13 | 162 |
| 利群转债 | 103.3 | 23 | 14.60% | 144 | 167 |
| 文科转债 | 98.199 | 6 | 16.90% | 164 | 170 |
| 亚泰转债 | 104.19 | 30 | 18.80% | 172 | 202 |
| 东湖转债 | 107.87 | 69 | 14.10% | 140 | 209 |
| 弘信转债 * | 123.09 | 212 | -1.80% | 6 | 218 |
| 嘉美转债 | 118.385 | 172 | 3.10% | 49 | 221 |

可以看到，排名前 10 的转债标的和策略一基本一致，和策略二有一定差异，* 标记为即将强赎退市的转债。排序方式的优点在于能解决价格和溢价率权重失衡的问题。

举个简单的例子，一次考试有语文和数学两门课，语文正常难度，数学特别难，满分 100 分，但最高分只有 20 多分，如果最终按总分排序，语文科目的权重就会占比很高，如果分别排序相加，就可以使得两门课权重平衡。

回到转债上，价格 90 元的转债在不同的市场状态下它的排序位置是不同的，可能在某一个时刻转债价格已经是最低，但在 2021 年 2 月初则是一个后 1/4 的位置。溢价率也是有类似的情况，排序有助于屏蔽不同数据之间的一些偏差问题，显得更科学一些。

只要价格或溢价率未明显偏离历史均值，策略三和策略一的收益率是非常接近的，具体采用哪一种，取决于你常用的数据获取和处理方式。

读者们肯定非常关心双低策略的收益率，下面就来进行回测。策略使用双低排序策略，即策略三，根据筛选结果选取 10 只转债，每周轮动。

2018 年 1 月 2 日，从集思录或者宁稳网获取可转债数据，按价格和溢价率分别排序的结果，选出如下排序值相加后最低的 10 只转债。

20180102 买入 128023，亚太转债，价格 95.24 元，溢价率 10.60%。
20180102 买入 128019，久立转 2，价格 95.5 元，溢价率 10.86%。

20180102 买入 128018，时达转债，价格 95.4 元，溢价率 11.84%。
20180102 买入 128025，特一转债，价格 98.202 元，溢价率 9.35%。
20180102 买入 113503，泰晶转债，价格 101.8 元，溢价率 7.28%。
20180102 买入 128022，众信转债，价格 104.2 元，溢价率 5.05%。
20180102 买入 128021，兄弟转债，价格 100.45 元，溢价率 9.62%。
20180102 买入 123002，国祯转债，价格 112.122 元，溢价率 -1.17%。
20180102 买入 128014，永东转债，价格 105.766 元，溢价率 5.50%。
20180102 买入 110039，宝信转债，价格 107.17 元，溢价率 5.51%。

一周后再次导入数据后排序，发现兄弟转债、宝信转债、永东转债排名超出前 10，按律卖出，新进入蒙电转债、众兴转债、小康转债买入。蒙电转债、众兴转债、小康转债进入前 10，则买入。

20180109 卖出 128021，兄弟转债，价格 106.371 元。
20180109 卖出 110039，宝信转债，价格 111.07 元。
20180109 卖出 128014，永东转债，价格 111.387 元。
20180109 买入 110041，蒙电转债，价格 104.18 元，溢价率 2.1%。
20180109 买入 128026，众兴转债，价格 99.742 元，溢价率 6.54%。
20180109 买入 113016，小康转债，价格 100.68 元，溢价率 15.43%。

一周后再次排序，不断循环轮动下去。最终的结果如图 4.4 所示，组合运行

图 4.4 双低策略收益率统计

期内（2018 年 1 月 2 日至 2021 年 10 月 27 日）取得了 182.11% 的累计收益率，年化收益率 47.55%，远超中证转债指数，最大回撤 14.84%。

接下来，再调整下轮动周期和持仓个数，对比情况如表 4.9 所示。

表 4.9　不同参数下双低策略收益率对比

| 轮动周期 | 持仓个数 | 累计收益率 | 年化收益率 | 最大回撤 |
|---|---|---|---|---|
| 周 | 5 | 130.32% | 34.03% | 11.16% |
| 周 | 10 | 182.11% | 47.55% | 14.84% |
| 周 | 20 | 181.12% | 47.29% | 15.19% |
| 月 | 5 | 39.15% | 10.22% | 29.02% |
| 月 | 10 | 74.32% | 19.41% | 17.04% |
| 月 | 20 | 99.36% | 25.94% | 12.75% |

周轮动的收益率明显高于月轮动，回撤幅度控制得也很好，作为最主流的策略不无道理。

双低转债为何能取得不错的收益？下面就以长期出现在榜单的雷迪转债为例进行说明。

图 4.5 是从集思录获取的雷迪转债价格和溢价率的对比图。起点在左上的曲线代表溢价率，左下代表转债价格。2020 年 4 ~ 6 月市场较弱，正股在低位盘整，对应的转债在 103 ~ 110 元波动，溢价率在 13% ~ 18%，是典型的"双低"转债。7 月后市场强势，正股累计上涨 17%，转债涨幅也达到了 10%，同时溢价率进一步缩小。

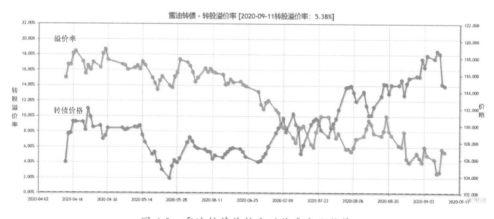

图 4.5　雷迪转债价格和溢价率变化趋势

雷迪转债在 104 元时，年化利率超过 2%，溢价不到 20%，有一定债性保护，即便正股继续下跌，转债的回撤空间也十分有限。正股走强后，由于溢价率低，转债能跟上正股的涨幅，2 个月时间，也收获了超 10% 的涨幅。

随着转债价格上升，它的排名在老式双低里已经很靠后，新双低里更是不见踪影，根据轮动策略，就可将其调出了。雷迪转债正股的走势如图 4.6 所示。

图 4.6　雷迪转债正股的走势图

双低策略和低价策略一样，同样在 2020 年 10 月至 2021 年的 2 月时出现了较大的回撤，这段时间是可转债的大熊市，很多转债跌破面值甚至 90 元，根据回测交易数据，12 月 25 日以 88 元买入搜特转债，2 月 8 日又以 72.2 元的价格卖出，若严格执行策略，在市场走弱的环境下，高买低卖的情况会经常出现，双低转债更容易受到市场因素、违约风险、国债收益率和正股质地的共同影响。

双低策略是转债投资者津津乐道的投资方法，但是，有些转债披着"双低"的外皮给投资者挖坑。接下来，我们就来把这些陷阱找出来。

下面这几类转债属于伪"双低"，若把它们轮动到组合里，可能就会踩坑。

1. 即将强赎的转债

宁稳网的数据默认不显示即将强赎的转债，但集思录仍然会出现，2020 年 9 月 14 日双低排名前 6 中，有 3 个是即将强赎退市的转债，如表 4.10 所示。

表 4.10　集思录双低转债排序结果

| 转债名称 | 现价 | 涨跌幅 | 正股名称 | 正股价 | 正股涨跌 | PB | 转股价 | 转股价值 | 溢价率 |
|---|---|---|---|---|---|---|---|---|---|
| 唐人转债！ | 107.903 | 0.04% | 唐人神 R | 9.33 | 0.86% | 2.29 | 8.63 | 108.11 | -0.19% |
| 环境转债！ | 116.070 | 0.83% | 上海环境 | 12.07 | 1.26% | 1.78 | 10.36 | 116.51 | -0.37% |
| 花王转债 | 115.000 | 0.43% | 花王股份 | 7.88 | 2.60% | 2.36 | 6.94 | 113.54 | 1.28% |
| 电气转债 | 110.370 | -0.34% | 上海电气 R | 5.31 | 0.19% | 1.27 | 5.13* | 103.51 | 6.63% |
| 今飞转债 | 113.100 | 1.34% | 今飞凯达 | 7.34 | 0.41% | 2.62 | 6.76 | 108.58 | 4.16% |
| 桃李转债！ | 118.010 | 0.88% | 桃李面包 R | 55.11 | -0.29% | 9.22 | 46.54 | 118.41 | -0.34% |

唐人转债，基本面很好，评级不低，107 元的价格居然还折价。按双低的筛选标准，无论哪种双低策略，都应该调入。但唐人转债已经公布了强赎日期，2020 年 9 月 17 日是最后交易日，10 月 9 日是最后转股日，强赎价格是 100.31 元。

按目前的价格买入，正股涨，那转债一定同步涨，正股跌，转债也会同步跌，只是由于强赎价是 100.31 元，下限不会跌破这个价格，最大跌幅在 7%。

此外，如果按月轮动，又没注意到强赎，按"双低"转债调入并持有一个月，按律期间不会进行卖出或者做转股操作。当下一次轮动时，会发现转债已经按 100.31 元的价格被赎回，最终该转债出现了大幅的亏损。表 4.10 中的环境转债和桃李转债同样有这个风险。

已经公告要强赎的转债不适合作为"双低"转债配置，若出现在轮动排序范围里，最好将其排除在外。已经满足强赎条件，可能会公布强赎的转债，出现在轮动排序范围里，若想配置，需要做好标记，并留意近期公司的公告；若公告要强赎，需要及时调出组合。

2. 即将到期的转债

转债的生命周期平均在 2 年以内，但确实有那么些钉子户，转债快到期，还没完成强赎任务。转债由纯债＋正股看涨期权组成。对期权而言，到期时间越短，向上表现的机会就越少，其隐含的价值就越低，反映在转债上就是溢价率会逐渐收窄。如果此时转债价格又不高，就会形成"双低"转债的假象。

我们看看在几种双低策略下都排在前列的电气转债。表 4.11 为 2020 年 9 月 14 日的电气转债的数据。

表 4.11 电气转债到期数据

| 电气转债 - 113008 (正股：上海电气 - 601727 行业：电气设备-电源设备-综合电力设备商) | | | | | | +自选 |
|---|---|---|---|---|---|---|
| 价格：110.37 | | 转股价值：103.51 | | 税前收益：-8.65% | | 成交(万)：4742.45 |
| 涨幅：-0.34% | | 溢价率：6.63% | | 税后收益：-11.68% | | 剩余年限：0.395 |
| 转股起始日 | 2015-08-03 | 回售起始日 | 2019-02-01 | 到期日 | 2021-02-02 | 发行规模(亿) | 60.000 |
| 转股价 | 5.13 | 回售价 | 103.00 | 赎回价 | 106.60 | 剩余规模(亿) | 44.136 |
| 股东配售率 | - | 转股代码 | 191008 | 质押代码 | 105824 | 债券评级 | AAA |
| 网上中签率 | - | 已转股比例 | 26.44% | 折算率 | 0.720 | 主体评级 | AAA |

电气转债 2021 年 2 月到期，还剩 4 个月。电气转债为了强赎，不能说不努力，AAA 国企转债，罕见大幅下修转股价，如表 4.12 所示。

表 4.12 电气转债下修记录

电气转债 [113008] 转股价下修记录

| 转债名称 | 股东大会日 | 下修前转股价 | 下修后转股价 | 新转股价生效日期 | 下修底价 |
|---|---|---|---|---|---|
| 电气转债 | 2018-12-10 | 10.280 | 5.190 | 2018-12-12 | 5.190 |

但正股上海电气偏偏不给力，始终难以突破强赎价。随着转债临近到期，溢价率始终维持在低位。即便转债有所反弹，依然会出现在双低榜单中，无法"轮动"出去，始终占据了一个席位。电气转债价格和溢价率变化趋势如图 4.7 所示，上方曲线代表转债价格，下方曲线代表溢价率。

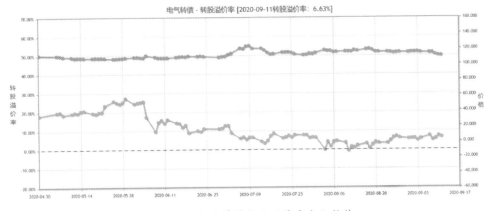

图 4.7 电气转债价格和溢价率变化趋势

到期赎回价 106 元，如果在 110 元以下配置，回撤可控，亏不了多少，但占着位置波动又很小，会影响策略的整体收益。如果在 110 元以上按双低策略买，到期时可能就会出现实打实的亏损。

2020 年 9 月临近到期的转债信息如表 4.13 所示。随着到期时间临近，转债估值下行，债性保护降低，转债走势会弱于正股。若它们出现在双低榜单中，就要仔细分析是否需要保留。

表 4.13　临近到期的转债信息

| 转债名称 | 现价 | 涨跌幅 | 正股名称 | 正股价 | 正股涨跌 | PB | 转股价 | 转股价值 | 溢价率 | 转债价值 | 评级 | 期权价值 | 回售触发价 | 强赎触发价 | 转债占比 | 机构持仓 | 到期时间 | 剩余年限 |
|---|---|---|---|---|---|---|---|---|---|---|---|---|---|---|---|---|---|---|
| 电气转债 | 110.370 | -0.34% | 上海电气 | 5.31 | 0.19% | 1.27 | 5.13* | 103.51 | 6.63% | 105.35 | AAA | 购买 | 3.59 | 6.67 | 5.5% | 15.90% | 21-02-02 | 0.395 |
| 航信转债 | 109.500 | 0.42% | 航天信息 | 16.43 | 0.43% | 2.65 | 21.56* | 76.21 | 43.69% | 104.37 | AAA | 购买 | 15.09 | 28.03 | 7.9% | 17.99% | 21-06-12 | 0.751 |
| 国贸转债 | 113.240 | 0.39% | 厦门国贸 | 7.02 | 1.01% | 0.52 | 7.19* | 97.64 | 15.98% | 105.11 | AAA | 购买 | 5.03 | 9.35 | 9.3% | 10.04% | 22-01-05 | 1.318 |
| 九州转债 | 112.220 | -1.42% | 九州通 | 15.97 | -0.87% | 1.64 | 18.32 | 87.17 | 28.73% | 104.76 | AA+ | 购买 | 12.82 | 23.82 | 5.0% | 28.47% | 22-01-15 | 1.345 |
| 广汽转债 | 107.990 | 0.05% | 广汽集团 | 10.14 | -0.88% | 1.30 | 14.26 | 71.11 | 51.87% | 102.83 | AAA | 购买 | 9.98 | 18.54 | 2.5% | 12.52% | 22-01-22 | 1.364 |
| 顺昌转债 | 106.123 | -0.21% | 澳洋顺昌 | 4.96 | 0.40% | 2.32 | 9.25 | 53.62 | 97.91% | 104.52 | AA | 购买 | 6.47 | 12.03 | 10.5% | 22.51% | 22-01-22 | 1.364 |

### 3. 基本面差的转债

排除已公布强赎和临近到期的转债外，其他"双低"转债的共同特点就是评级低，规模小，基本面一般或较差。辨别这一点就需要对转债的基本面有一定了解，这在第二章可转债打新的评估系统中已有介绍。

便宜自然有便宜的道理，同样 115 元，券商转债为什么能给 30%+ 的溢价，汽车配件、纺织服装或化工类的转债给的溢价就较低？市场已经给出了答案。

优质转债，115 元有 30%+ 溢价，到了 130 元，可能还有 20%+ 溢价。而基本面差的转债，超过 120 元可能就会出现折价。溢价低，未必 100% 同步跟涨。

优质转债，在 110 元就会有强支撑，而基本面差的转债，可能会跌到 100 元甚至 90 元以下。低价 + 低溢价并不能保证不发生回撤，回撤的幅度也未必小。

最典型的就是维格转债。纺织服装类转债市场本身给的溢价就低。正股商誉高，业绩大幅下滑，PB<1，无下修空间，但它经常出现在"双低"榜单中。因为价格"低"，行情好，超 100 元，行情差回到 90 元。从 107 元跌到 87 元，近 20% 的回撤，对于可转债的投资来说，已经是相当大了。

2020 年 9 月初的双低榜单中，111 元的国城转债、107 元的起步转债、106 元的搜特转债经常出现，但从基本面角度看，这样的价格还称不上"低"，在 2020 年 10 月至 2021 年 2 月的转债熊市中，这些转债都跌到 90 元甚至 80 元以下，是双低策略回撤的主要来源。

最后，我们给双低策略打个分。满分为五★。

原理理解：★★★

收益率：★★★

安全性：★★★

波动性：★★★

可操作性：★★★

双低策略的逻辑也不难理解，在低价的基础上增加了低溢价率的因子，使得筛选标的不仅下有保底，回撤可控，而且更具弹性，能跟上正股的上涨，收益率获得了明显的提升。

轮动操作也并不复杂，数据可以直接从相关网站上获取，只是与低价策略相比，对结果的二次筛选很有必要。是否已公告强赎、是否临近到期、正股基本面是否恶化等因素都要考虑在内，若单看榜单任性买入，可能会踩坑，市场严重高估时，可能会筛选出 130 元甚至 140 元以上的转债作为双低，这就很不合理了。多学习、多研究基本面，就能找出物美价廉的真"双低"。

低价和低溢价率权重 1：1 是双低策略，如果把重心放到低溢价率上，就是下一节要说的折价（低溢价率）轮动策略了。

# ⦿ 4.4 玩的就是心跳：低溢价率轮动策略

低溢价率轮动策略，就是筛选出溢价率最低的几只转债买入，经过一段时间后再次排序筛选，根据排序结果，超出排序范围的调出，进入排序范围的则调入，然后不断循环轮动下去。这个策略自 2018 年的累计收益率要比低价和双低轮动策略高出很多。

与低价、双低轮动策略不同的是，低溢价率轮动策略筛选出的转债价格往往很高，会超过 130 元的强赎价，有的甚至超过 200 元，以这个价格买入肯定是不保本的，也就放弃了可转债"下有保底"这个重要的保护工具。2021 年 9 月 17 日收盘后，溢价率最低的 10 只转债如表 4.14 所示。

表 4.14　溢价率最低的 10 只转债

| 债券简称 | 正股简称 | 转债现价 | 转债溢价率 | 到期年化利率 |
| --- | --- | --- | --- | --- |
| 华钰转债 | ST 华钰 | 140.39 | −5.30% | −5.44% |
| 华自转债 | 华自科技 | 244.00 | −4.00% | −11.50% |

续表

| 债券简称 | 正股简称 | 转债现价 | 转债溢价率 | 到期年化利率 |
|---|---|---|---|---|
| 国泰转债 | 江苏国泰 | 166.94 | −2.60% | −6.66% |
| 斯莱转债 | 斯莱克 | 312.00 | −2.50% | −17.50% |
| 清水转债 | 清水源 | 210.00 | −2.10% | −13.90% |
| 弘信转债 * | 弘信电子 | 123.09 | −1.80% | −0.31% |
| 中钢转债 | 中钢国际 | 167.66 | −1.20% | −6.34% |
| 钧达转债 | 钧达股份 | 193.60 | −1.20% | −13.40% |
| 久吾转债 * | 久吾高科 | 267.03 | −1.10% | −15.20% |
| 林洋转债 * | 林洋能源 | 138.33 | −1.00% | −10.80% |

表 4.14 中带有 * 符号，表示该转债已公告强赎。到期年化利率为负说明以目前的价格买入肯定是到期不保本的，表中的 10 只转债都是这样的情况。价格最高的斯莱转债现价为 312 元，而最低的弘信转债现价为 123.09 元，主要是因为公告强赎，转债失去债性保护，随正股下跌导致。

如果买入这样价格的转债是不是风险很高？为何会有这样的策略呢？下面就以其中的中钢转债为例进行说明。

如图 4.8 所示，左上起点的曲线代表转股溢价率，左下起点的曲线代表转债价格。中钢转债在 2021 年 4 月上市，由于新上市的转债要半年后才能转股，即便折价，也无法做转股套利，加上正股中钢国际在转债上市前大幅上涨，市场认为其会调整，所以中钢转债上市后长期保持着折价状态。

图 4.8　中钢转债溢价率变化趋势

根据低溢价率轮动策略，4 月初中钢转债折价近 20%，肯定会进入轮动榜单调入，随后转债大幅上涨，折价率缩小，此时跌出榜单调出。后转债下跌，折价率又一次扩大，再次进入轮动榜单。从图 4.8 中可以看到，溢价低时买入，溢价回归后卖出。从 K 线上看的话，具体的交易买卖点如图 4.9 所示。

图 4.9　中钢转债 K 线图

低溢价率轮动策略在中钢转债上取得了不错的收益，虽然其间也出现了不小的回撤（160 ~ 141 元），但最终都随正股的上涨化解。看似在高价追涨，实则隐藏了安全垫，低溢价率轮动策略收益率看上去挺高，回撤幅度似乎也能接受，它究竟有何神奇之处？

第一，低溢价率轮动策略可以为转债提供安全垫。转股溢价率为负时转债处于折价状态，若此时将转债转成股票后有的赚，因为转债的实际价值比正股的价值更高，买转债相当于打折买股票，折价率相当于隐含的安全垫。

当转债进入转股期后，由于投资者可进行转股套利，折价要么通过转债涨而正股不涨消除，要么通过转债不涨而正股下跌消除，要么通过正股下跌、转债小跌或不跌消除。无论哪种情况，转债持有人都比股票持有人更有利。

新上市的转债半年后才能转股，若正股基本面一般，市场并不看好它，折价可能会保持很长一段时间，类似中钢转债、华自转债，但随着转股期的到来，折价迟早会被消除。

第二，溢价率较低时，正股涨，转债能跟涨；转债处于折价时，更是如此，转债的涨速甚至会快于正股的涨速。集思录 2021 年 8 月 30 日涨幅前 8 的转债如表 4.15 所示。

表 4.15 集思录 2021 年 8 月 30 日涨幅前 8 的转债

| 转债名称 | 现 价 | 涨跌幅 | 正股名称 | 正股价 | 正股涨跌 | 正股PB | 转股价 | 转股价值 | 溢价率 |
|---|---|---|---|---|---|---|---|---|---|
| 石英转债! | 345.430 | 19.53% | 石英股份 R | 44.48 | 9.99% | 7.82 | 14.93 | 297.92 | 15.95% |
| 华自转债 | 271.200 | 13.94% | 华自科技 | 28.00 | 11.38% | 3.79 | 9.25 | 302.70 | -10.41% |
| 齐翔转2! | 188.201 | 10.40% | 齐翔腾达 | 14.63 | 10.00% | 2.74 | 7.97 | 183.56 | 2.53% |
| 晶科转债 | 165.000 | 10.03% | 晶科科技 | 9.57 | 10.00% | 2.27 | 5.48* | 174.64 | -5.52% |
| 钧达转债! | 240.200 | 9.32% | 钧达股份 | 35.19 | 7.45% | 4.28 | 14.80* | 237.77 | 1.02% |
| 楚江转债 | 165.100 | 7.90% | 楚江新材 R | 13.37 | 10.04% | 3.06 | 8.63 | 154.92 | 6.57% |
| 未来转债 | 125.849 | 7.79% | 德尔未来 | 10.09 | 10.03% | 3.74 | 8.60 | 117.33 | 7.26% |
| 鸿达转债 | 160.438 | 7.58% | 鸿达兴业 R | 6.35 | 8.92% | 1.99 | 3.91 | 162.40 | -1.21% |

大幅折价的华自转债涨幅大于正股，若正股涨停，折价转债的涨幅会更大。同步跟涨的优点和双低转债是类似的，只是折价转债会进一步强化这个优势。

第三，自动筛选强势股。低溢价转债的正股近期走势往往很强，由于涨幅很大，转债投资者出于保守考虑，觉得正股要调整，不敢继续买入转债，造成了转债折价或低溢价。但事实上强者可能恒强，会继续受到资金的追捧而上涨。一旦正股走弱下跌，溢价率可能就会上升，在轮动时被调出，换入新一批强势股的转债。可以说，低溢价率轮动策略不断在追热点，持仓组合中始终是强势股。

第四，低溢价率轮动策略在熊市依然有效，可以穿越牛熊市。对该策略来说，进攻就是最好的防守。自 2016 年股灾后，A 股市场以结构性行情居多，全市场大涨大跌的情况很少出现，每个阶段总会有强势板块领涨，如 2018～2020 年的大消费、医疗，2021 年的新能源汽车、光伏、原材料等，只要低溢价率轮动策略能选出强势转债，收益就不会差。

读者们肯定非常关心低溢价率轮动策略的收益率，下面就来进行回测。根据策略选取溢价率最低的 10 只转债，每周轮动。

时间从 2018 年 1 月 2 日开始，从集思录或者宁稳网获取可转债数据，按转股溢价率升序排列，选出前 10 的转债。

20180102 买入 123002，国祯转债，价格 112.122 元，溢价率 -1.17%。
20180102 买入 110032，三一转债，价格 126.64 元，溢价率 -0.74%。
20180102 买入 113009，广汽转债，价格 117.2 元，溢价率 -0.02%。

20180102 买入 110033，国贸转债，价格 118.08 元，溢价率 1.88%。

20180102 买入 110040，生益转债，价格 111.53 元，溢价率 4.64%。

20180102 买入 113014，林洋转债，价格 117.73 元，溢价率 4.96%。

20180102 买入 128022，众信转债，价格 104.2 元，溢价率 5.05%。

20180102 买入 128014，永东转债，价格 105.766 元，溢价率 5.50%。

20180102 买入 110039，宝信转债，价格 107.17 元，溢价率 5.51%。

20180102 买入 110034，九州转债，价格 110.44 元，溢价率 5.97%。

一周后再次获取数据排序筛选，发现宝信转债、林洋转债、众信转债、生益转债、九州转债排名超出前 10，按律卖出，新进入蒙电转债、众兴转债、雨虹转债、隆基转债、蔚蓝转债则买入。

20180109 卖出 110039，宝信转债，价格 111.07 元。

20180109 卖出 113014，林洋转债，价格 116.21 元。

20180109 卖出 128022，众信转债，价格 106.3 元。

20180109 卖出 110040，生益转债，价格 111.61 元。

20180109 卖出 110034，九州转债，价格 114.48 元。

20180109 买入 110041，蒙电转债，价格 104.18 元，溢价率 2.1%。

20180109 买入 128026，众兴转债，价格 99.742 元，溢价率 6.5%。

20180109 买入 128016，雨虹转债，价格 118.85 元，溢价率 6.58%。

20180109 买入 113015，隆基转债，价格 121.7 元，溢价率 7.15%。

20180109 买入 128010，蔚蓝转债，价格 120.668 元，溢价率 7.61%。

一周后再次排序，不断循环轮动下去。最终的结果如图 4.10 所示。

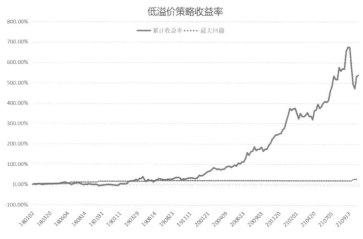

图 4.10　低溢价率轮动策略收益率统计

组合运行期内（2018 年 1 月 2 日至 2021 年 10 月 27 日）取得了 537.71% 的累计收益率，年化收益率 140.4%，远超中证转债指数及低价、双低轮动策略下的收益率，最大回撤 26.15%。按年细分的话，收益的增长集中在 2020 年和 2021 年，2018 年还是亏损的。

截至 2018 年底累计收益率 –5.07%，最大回撤 15.23%。
截至 2019 年底累计收益率 44.09%，最大回撤 18.59%。
截至 2020 年底累计收益率 340.02%，最大回撤 18.59%。
截至 2021 年 10 月 27 日累计收益率 537.71%，最大回撤 26.15%。

部分收益较高的转债交易记录如下：

20200205 买入 113555，振德转债，价格 183.14 元，溢价率 –8.42%。
20200325 卖出 113555，振德转债，价格 208.6 元。
20200401 买入 113555，振德转债，价格 194.06 元，溢价率 –0.05%。
20200602 卖出 113555，振德转债，价格 246.28 元。
20200609 买入 113555，振德转债，价格 254.26 元，溢价率 –3.14%。
20200702 卖出 113555，振德转债，价格 421.87 元。

20210507 买入 128093，百川转债，价格 124.27 元，溢价率 -1.02%。

20210514 卖出 128093，百川转债，价格 126.65 元。

20210705 买入 128093，百川转债，价格 135.18 元，溢价率 -1.26%。

20210719 卖出 128093，百川转债，价格 174.0 元。

20210726 买入 128093，百川转债，价格 200.88 元，溢价率 -0.84%。

20210802 卖出 128093，百川转债，价格 335.0 元。

20210413 买入 123102，华自转债，价格 102.027 元，溢价率 -0.02%。

20210420 卖出 123102，华自转债，价格 102.9 元。

20210604 买入 123102，华自转债，价格 128.8 元，溢价率 -2.71%。

20211020 卖出 123102，华自转债，价格 250.5 元。

华自转债自 2021 年 6 月后始终大幅折价，至 9 月都未轮动调出组合，而转债价格最高已达 362 元，如图 4.11 所示。

图 4.11　华自转债走势图

接下来调整轮动周期和持股的个数，对比情况如表 4.16 所示，周轮动的收益率明显高于月轮动，回撤幅度也更小。持仓个数若调至 5，在周轮动下，收益率高达 740.19%，但回撤同样很大，大涨大跌是常态，收益率上下剧烈波动。

表 4.16　不同参数下低溢价率轮动策略收益率对比

| 轮动周期 | 持仓个数 | 累计收益率 | 年化收益率 | 最大回撤 |
| --- | --- | --- | --- | --- |
| 周 | 5 | 740.19% | 193.26% | 35.60% |
| 周 | 10 | 537.72% | 140.40% | 26.15% |

续表

| 轮动周期 | 持仓个数 | 累计收益率 | 年化收益率 | 最大回撤 |
|---|---|---|---|---|
| 周 | 20 | 369.84% | 96.56% | 23.50% |
| 月 | 5 | 23.61% | 6.16% | 59.11% |
| 月 | 10 | 26.39% | 6.89% | 48.02% |
| 月 | 20 | 10.76% | 2.81% | 43.08% |

低溢价率轮动策略的收益如此之高，确实令人叹为观止，有没有局限性呢？风险又有哪些？

第一，回测数据只代表过去，不能预知未来。当前看似有效的策略，用的人多了就可能失灵，这对任何策略都是如此，包括前面介绍的低价和双低轮动策略，不能直接套用，需要在充分理解原理的基础上使用，并定期观察，当策略失效时，及时做出调整。

第二，强赎风险。通过双低轮动策略会筛选出部分即将强赎的转债，但数量不多，而使用低溢价率轮动策略，所筛选出的数量就多了。进入转股期的高价转债，随时可能发布强赎公告。已经发布强赎公告的转债，溢价率往往很低，在轮动时也非常有可能调整到组合中。仅 2021 年 8 月至 9 月，就有 5 只（双环转债、赛意转债、道氏转债、新泉转债、新凤转债）轮动进入组合的转债因强赎退市，部分转债价格超过 200 元，若忘记卖出或转股，被低价赎回后的损失就相当大了。

第三，正股波动风险。低溢价率轮动策略筛选出的转债往往强势，短期涨幅大，所以正股调整的风险、大股东减持的风险或监管的风险都可能存在。华自转债自 2021 年 6 月 4 日后始终保持大幅折价，之后的每次策略筛选都未将其轮动出组合，正股也因锂电池、光伏概念持续走强。9 月 15 日晚，公司突然宣布公司与宁德时代大单被取消，次日正股封死 20% 的跌停，转债更是暴跌 30%，策略组合受其影响，出现了较大的回撤。这样的风险无法预知，只能通过分散持有来降低影响。华自转债当日的 K 线如图 4.12 所示。

图 4.12　华自转债 K 线图

第四，市场走弱风险。遇到系统性风险，或类似 2018 年的熊市，全市场都走弱的话，低溢价率轮动策略的表现也会比较差，回撤也会比低价、双低轮动策略更大。2018 年低溢价率轮动策略的收益率为 -5.07%，双低轮动策略的收益率为 -1.05%，低价轮动策略的收益率则是 1.58%。

最后，我们给低溢价率轮动策略打个分。满分为五★。

原理理解：★★

收益率：★★★★★

安全性：★★

波动性：★★★★★

可操作性：★★

低溢价率轮动策略收益率高，波动大，玩的就是心跳。虽然只有一个关键参数，但要真正理解其逻辑并不容易。策略不断追高，不停止损，回撤大，和可转债的保守稳健特征背道而驰。亏损次数多了，很容易对策略失去信心。

不过回测数据已证明其有效，选择转股溢价率低、向上弹性好的标的，收益高。想用好低溢价率轮动策略，仅仅入门可转债是不够的，对正股的分析、转债强赎概念的掌握、强赎时间的关注以及持之以恒地把策略执行下去才是取得理想收益的关键。

## ◎ 4.5　T+0 的特权：正股替代策略

前面几个章节介绍的低价、双低、低溢价率策略都是需要不断轮动的，凭借高频次的交易，日积月累，收益会像滚雪球一样不断增长。它们关注的主要是所有转债的数据排名，单只转债的基本面、条款等都不是重点，而本节介绍的正股替代策略则针对某一只转债。

正股替代策略，就是看好某只股票，但不买入股票，而是买入其转债来替代持有。

转债"下有保底"，正股再怎么跌，转债回撤也有限，若正股大涨，转债也能跟涨并且"上不封顶"。股票是 T+1 交易制度，当天买进当天不能卖出，但转债是 T+0 交易，一天之内可与多次买卖，止损方便，手续费也低。转债的涨跌停幅度大于正股，正股涨停无法买入时，可通过买入转债作为替代。

4.3 章节中曾展示过转债溢价率和转债涨跌幅的关系，如表 4.17 所示。

表 4.17　转债和正股涨跌幅对比

| 债券简称 | 转债现价 | 转债涨跌幅 | 转债溢价率 | 正股简称 | 正股涨跌幅 |
| --- | --- | --- | --- | --- | --- |
| 天能转债 | 178.3 | 26.11% | 9.76% | 天能重工 | 19.98% |
| 健帆转债 | 117.23 | 0.05% | 89.40% | 健帆生物 | 11.01% |
| 美诺转债 | 122.59 | 2.17% | 30.20% | 美诺华 | 10.01% |
| 康泰转 2 | 121 | 1.15% | 56.42% | 康泰生物 | 10.01% |
| 福能转债 | 212.78 | 10.14% | −0.22% | 福能股份 | 9.99% |
| 节能转债 | 162.6 | 8.40% | 2.57% | 节能风电 | 9.93% |
| 蒙电转债 | 144.01 | 9.37% | 0.45% | 内蒙华电 | 9.88% |

有一定价格安全边际的优质转债，溢价率往往很高，如健帆转债和康泰转 2，正股大涨时，转债受到溢价率的限制，无法跟上正股涨幅，这样的正股替代作用就很差。天能转债、福能转债、节能转债、蒙电转债的确可以作为正股替代的标的，只是价格略高了一些，回撤的风险比较大，在"保本"方面就弱了。

想马儿跑得快，又想马儿不吃草，真正适合作为正股替代的转债实际上并不多，主要是下面三类。

第一类是 130 元左右，小幅溢价的优质转债。正股如果很优质，上市时可能直接是 120 元甚至 130 元以上，120 元以下或许也有，但溢价率肯定是很高的。所以在筛选时，价格可放宽到 130 元左右，溢价率在 20% 以内。

130 元的价格肯定是不保本的，但由于优质转债在 120 元附近会有强支撑，所以回撤空间有限，而低溢价率又能使转债跟上正股涨幅。

130 元左右、小幅溢价的转债，转股价值低于 130 元，短期无强赎风险，但如果正股和转债同步上涨，转股价值超过 130 元，且进入了转股期，这时就要关注溢价率了，一旦公告强赎后，溢价率会消失，转债就有突然大跌的风险。

下面就以东财转 3 为例进行说明。东财转 3 在 2021 年 4 月 23 日上市，上市首日收于 130 元，后在 130 元附近震荡，溢价率不到 20%，作为互联网券商龙头，下有 120 元的强支撑，上可随正股拉升，符合第一类正股替代标准。

东财转 3 和东方财富的走势如图 4.13 所示，上方 K 线表示正股东方财富的走势，下方 K 线则是东财转 3，两者走势基本同步，通过持有转债替代持有正股，控制了回撤，降低了风险，而收益率并不比正股低。

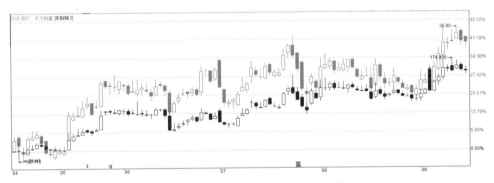

图 4.13　东财转 3 和东方财富的走势图

再列一下东财转 3 价格和溢价率的对比，如图 4.14 所示。左上方起点的曲线为转股溢价率，左下方起点的曲线为转债价格。优质转债刚上市时，通常会有一些溢价，随着转股期的临近，溢价率会逐渐缩小。如果转债价格在 130 元以上，且溢价率始终很高，那对转债的涨幅就会有所抑制，东财转 3 在 8 月的表现就明显弱于正股，此时正股替代的效果就会差一些。

图 4.14　东财转 3 价格和溢价率的对比

第二类是未进入转股期的折价转债。优质转债未进入转股期时，即便价格高于 130 元甚至 150 元，也会有溢价，但对于基本面略逊色或短期涨幅过大的转债，市场只能给予折价，如 2021 年上市的华自转债、中钢转债。

折价转债作为正股替代持有不难理解，折价时转债的价值要比正股高，只是因为尚未进入转股期，折价暂时不能修复。折价提供了额外的安全垫，随着转股期的临近，折价会以转债涨正股不涨或转债不涨正股跌的方式修复，无论哪种，对转债投资者都是有利的。

中钢转债在 2021 年 4 月上市，由于正股中钢国际在转债上市前已经大幅上涨，市场并不看好其继续上涨，所以转债始终保持了很高的折价率。此时，若看好中钢国际，可持有折价的中钢转债来替代。其转债价格和转股溢价率的对比，如图 4.15 所示，左上方起点的曲线代表转股溢价率，左下方起点的曲线代表转债价格。

图 4.15　中钢转债价格和溢价率的对比

高折价随着转股期的临近，折价率会逐渐收敛，折价并不能保证转债稳步上涨，中钢转债自高位 190 元回落至 140 元，波动非常大。选择这类转债做正股替代时，首先，你要坚定看好正股，即使基本面一般或短期涨幅很大。其次，配置的价格越低，安全性就越高。

如何寻找这类可转债？打开集思录网站，按溢价率升序排列，溢价率为负且数值显示是灰色的，就说明其未到转股期。

最后一类是进入转股期的低溢价率的转债。看好正股，同时持有转债和正股，动态调整股债比例，并把握折价转股套利的机会。

转债上市半年后进入转股期，投资者可自由地把转债转换成股票，由于转债、股票价格的波动，转债存在折溢价的情况。转债溢价较高时，可卖出转债买入正股；转债折价时，可通过卖出正股同时买入转债转股的方式，实现无风险折价转股套利。这种策略适用于长期持有的股票有对应可转债的情况，转债提供了降低成本、获取额外收益率的机会。

什么是折价转股套利呢？通俗点理解，能做折价套利的可转债相当于一张兑换折扣券，用折扣价买到原价股票。以折扣价买入股票，第二天以原价卖出，其中差价就是套利收益。下面以顺丰转债为例，演示下整个套利过程。

转股数计算公式：

可转成的股票数 = 转债张数 ×100（面值）÷ 转股价

不足 1 股的债券面值，会按不能转股部分的面值进行现金偿付。

2020 年 6 月 15 日，顺丰转债收盘时 135.521 元，溢价率 -1.09%，转股价 40.14 元，正股股价 55 元。

若收盘前买入 10 手（100 张）顺丰转债，价值 13552.1 元。

根据公式，100（张）×100÷40.14（转股价）=249.1 股（最多可转成 249 股）

在交易软件输入转股代码 128080，填上数量转股，晚间清算后持仓中就会多出 249 股顺丰控股。

249×55（正股现价）=13695 元，次日直接卖出。

套利收益：13695-13552=143 元，收益率 1.06%，与折价率基本一致。

读者可能会有疑问，折价转股套利不持有正股也可以做，为何要把它放在正股替代的策略里呢？

未持有正股，看到转债折价就买入转股，称为裸套，需要承担次日正股低开的风险。如果顺丰控股第二天低开超过 1.06%，折价转股套利就失败了。

但对于长期持股的投资者，先卖出正股，后买入转债再转股，总的持仓股数没有发生变化，但转股后持仓成本降低了 1.06%，这是 100% 确定的、无风险的。虽然每次只有 1% 左右的套利空间，但如果经常出现，累计的收益并不会低，顺丰转债价格和溢价率的对比，如图 4.16 所示。左上起点的曲线代表转股溢价率，左下起点的曲线代表转债价格。

图 4.16　顺丰转债价格和溢价率的对比

2020 年 6 月 10 日至 8 月 3 日，顺丰转债累计折价了 12.67%，正股累计上涨了 32.67%，持有正股的同时进行折价转股套利的话，总的收益就达到了 45.34%。通过正股替代策略中的折价转股套利，增强了持股收益。类似的常熟转债、平银转债、福特转债等正股优质的转债都可通过该策略实现收益增强的效果。

下面就来给正股替代策略打分，满分为五★。

原理理解：★★★

收益率：★★

安全性：★★

波动性：★★★

可操作性：★★

正股替代策略的逻辑不难理解，其收益情况依赖正股，所以波动会比较大，买入转债的转股价格会高于保本价，所以会有一定的回撤风险。由于此策略要经常关注转债强赎公告、折溢价情况，频繁操作，更适合有时间盯盘的投资者使用。

最后再给几点策略使用的小技巧。

第一，转债折价转股套利的机会可能转瞬即逝，更适合有时间看盘的投资者。有的券商 App、股票软件，有价格智能提醒功能，可以辅助利用。

第二，谨慎参与未持有正股时的折价转股套利（裸套），根据历史数据测算，每次都参与但总收益为负，说明风险很高。需要结合折价率、正股流通市值、正股走势和技术指标等综合判断，总体难度较大。

第三，优质转债进入转股期后才会出现折价，若手中的持股发行了转债，可密切关注转债溢价率的变化。

第四，正股替代的标的尽量选择高评级的优质成长股，价值投资的同时能获得打新市值，参与 A 股打新，折价转股套利又可提供安全垫并取得超额收益。

第五，转股代码和转债代码一致，如果券商 App 有转股功能，会更方便。如果无法精确计算出可转股的数量，可直接输入一个特别大的值，最终会以实际可转股的数量进行转股。可转债转股操作界面如图 4.17 所示。

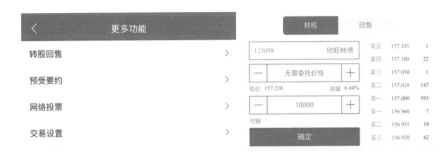

图 4.17　可转债转股操作界面

# ◎ 4.6　捕捉妖债：低市值策略

低市值策略是选择剩余规模小于 3 亿元的转债进行配置，剩余规模小的转债流通市值小，容易被游资炒作而大涨，提前埋伏好后静待拉升后止盈。

截至 2021 年 9 月 17 日收盘，剩余规模最小的 10 只转债，如表 4.18 所示。

表 4.18　剩余规模最小的 10 只转债

| 债券简称 | 转债现价 | 转债溢价率 | 剩余规模（亿元） |
|---|---|---|---|
| 横河转债 | 333.367 | 277.00% | 0.38 |
| 康隆转债 | 248.66 | 187.00% | 0.41 |
| 晶瑞转债 | 498.892 | 13.20% | 0.53 |
| 盛路转债 | 284.9 | 242.00% | 0.53 |
| 溢利转债 | 206.253 | 60.80% | 0.54 |
| 天铁转债 | 376 | 1.60% | 0.62 |
| 广电转债 | 215.15 | 165.00% | 0.71 |
| 三祥转债 | 164.01 | −0.20% | 0.78 |
| 通光转债 | 232.704 | 49.80% | 0.78 |
| 天康转债 | 235.94 | 95.50% | 0.89 |

可以看到，在转债价格非常高的情况下，依然有着非常高的溢价率。横河转债，转股价值只有 88.38 元，但转债现价高达 333.367 元，溢价率 277.00%。

高溢价率一般常见于低于面值的转债。转债属于债券，每年有利息拿，价格越低年化收益率越高，从而形成债性保护。虽然正股持续下跌，但转债不会，只是溢价率会不断扩大。而高价转债显然没有利息上的优势，为何可以维持那么高的溢价率呢？

从剩余规模上就可以看到，只剩几千万元的余额，游资不需要很多资金，就能影响价格，为所欲为。此外，转股价值只有 88.38 元，不满足强赎要求，就不会触发强赎，也就不会因为溢价收敛而造成转债价格下跌。最后，虽然剩余规模很接近 3000 万元的退市要求，但几乎不会有人用价值 333.36 元转债的价格去换价值 88.38 元的股票，因此这个规模很难下降。

对于这类转债，我们就称之为"妖债"，它到底有多妖？下面就来看一看。

2020 年 10 月 22 日，长期在 110 元以下徘徊的正元转债和银河转债突然暴涨，银河转债从 120 元涨至 207 元，正元转债更是涨至 353 元，涨幅高达176.41%，一天时间翻了 1.7 倍，非常惊人，如图 4.18 所示。银河转债次日最高涨至 449 元，再次诠释了可转债的"上不封顶"。

图 4.18　正元转债转债走势图

正元转债当时剩余规模 1.66 亿元，当日成交额 101.24 亿元，换手率 6095.31%，成交额甚至超过了大盘股中国平安。而银河转债，剩余规模同样是 1.66 亿元，当日成交 74.93 亿元，换手率 4497%，当日 K 线如图 4.19 所示。

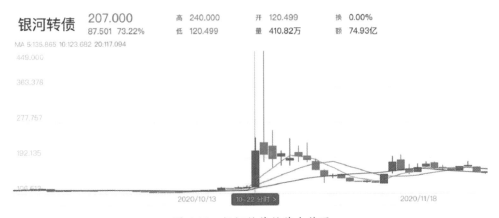

图 4.19　银河转债转债走势图

从当日转债的涨幅榜看，涨幅居前的都是剩余规模小于 3 亿元的转债。2020 年 10 月 22 日前后，是妖债最疯狂的几天，当日可转债涨幅榜如表 4.19 所示。

表 4.19　2020 年 10 月 22 日可转债涨幅榜

| 名称 | 最新 | 涨跌幅 ▼ | 成交量 | 成交金额 | 换手率 |
|---|---|---|---|---|---|
| 正元转债 | 353.805 | 176.41% | 45.26 亿 | 101.24 亿 | 6095.31% |
| 银河转债 | 207.000 | 73.22% | 41.08 亿 | 74.93 亿 | 4497.05% |
| 智能转债 | 145.000 | 31.30% | 11.03 亿 | 13.55 亿 | 589.69% |
| 久吾转债 | 166.990 | 29.76% | 12.11 亿 | 17.98 亿 | 728.92% |
| 同德转债 | 210.000 | 27.50% | 8.47 亿 | 14.73 亿 | 1021.42% |
| 英联转债 | 155.000 | 17.15% | 13.53 亿 | 20.07 亿 | 1312.76% |
| 哈尔转债 | 158.000 | 17.04% | 45.61 亿 | 79.84 亿 | 2670.76% |
| 飞鹿转债 | 155.000 | 15.09% | 7.87 亿 | 12.07 亿 | 682.17% |
| 联得转债 | 148.000 | 14.29% | 5.67 亿 | 7.97 亿 | 540.41% |
| 蕾迪转债 | 145.490 | 13.32% | 13.12 亿 | 19.70 亿 | 1151.66% |

从图 4.19 的 K 线也可以看到，非理性的炒作后，就是一地鸡毛，一天可以翻 2 倍，一天也可以腰斩，高位买入的投资者损失惨重。

出于对投资者的保护，监管层在 2020 年 10 月 30 日发布了完善可转债盘中临时停牌制度的通知。沪深转债，在涨幅达到 20% 时停牌半小时，涨幅达 30% 时停牌至 14:57，临停制度起到了抑制投机炒作的作用，希望投资者在交易时保持冷静。详细的停牌规则，在第 1 章 1.3 节中已有介绍，可再次翻阅查看。

交易制度完善了，一天翻倍的涨幅就很难再出现，但妖债时不时地也会有所表现，特别是在大盘低迷的时候，2021 年 5 月 11 日，剩余规模很小的妖债又开始起舞，久吾、正元、银河、同德转债都是老面孔了，如表 4.20 所示。

表 4.20　2021 年 5 月 11 日妖债涨跌排名

| 转债名称 | 现价 | 涨跌幅 | 正股名称 | 正股价 | 正股涨跌 | PB | 转股价 | 转股价值 | 溢价率 |
|---|---|---|---|---|---|---|---|---|---|
| 久吾转债 | 180.000 | 53.98% | 久吾高科 | 18.79 | 5.03% | 2.46 | 17.61 | 106.70 | 68.70% |
| 正元转债 | 198.000 | 40.64% | 正元智慧 | 16.26 | 3.90% | 3.05 | 15.41 | 105.52 | 87.65% |
| 溢利转债! | 252.000 | 26.70% | 溢多利 | 9.48 | 2.82% | 1.54 | 8.32 | 113.94 | 121.16% |
| 蓝晓转债! | 368.000 | 24.75% | 蓝晓科技 | 50.15 | 5.25% | 5.91 | 29.22 | 171.63 | 114.42% |
| 银河转债 | 157.010 | 20.31% | 金银河 | 18.42 | 1.71% | 2.67 | 24.40 | 75.49 | 107.98% |
| 同德转债! | 197.000 | 18.75% | 同德化工 | 8.06 | 3.20% | 2.50 | 5.18 | 155.60 | 26.61% |
| 中矿转债! | 248.200 | 16.92% | 中矿资源 | 34.64 | 10.00% | 3.23 | 15.47 | 223.92 | 10.84% |
| 蓝盾转债 | 234.000 | 14.15% | 蓝盾股份 | 3.50 | 6.06% | 1.67 | 5.79* | 60.45 | 287.10% |
| 时达转债 | 117.990 | 13.92% | 新时达 | 6.64 | 9.93% | 1.52 | 7.42* | 89.49 | 31.85% |
| 凯发转债 | 133.330 | 12.51% | 凯发电气 | 6.49 | -2.55% | 1.42 | 8.12 | 79.93 | 66.82% |
| 晶瑞转债! | 258.000 | 12.44% | 晶瑞股份 | 18.57 | -1.80% | 4.70 | 10.13 | 183.32 | 40.74% |

妖债具有高价、高溢价率、剩余规模小、短期没有强赎风险、有一定题材、经常暴涨熔断的特点，如何在风险可控的前提下，捕捉妖债呢？

首先远离高价且高溢价率的转债，转债价格调整和强赎风险都非常大，但可以把它作为妖债炒作的参考风向标。

其次，选择曾经有所表现的妖债低价埋伏。曾经有所表现说明它已经具备了妖债基因，未来卷土重来的概率会更高。妖债大多脱离基本面指标、质地较差，没有资金炒作时转债走势会比较弱，最好是等妖债风向标开始活跃时，在价格较低的转债中埋伏几个，如 103 元的宝莱转债、105 元的哈尔转债。一来价格低，回撤可控；二来到期保本，可以继续持有，万一这次没轮到，还可继续等下一次。

可按 115 元以下、剩余规模 3 亿元以下、高溢价率、高换手率等标准筛选，下一个妖债可能就在里面。集思录、宁稳网都提供了这些参数的筛选功能。此外，新债刚上市，大股东参与优先配售的份额将被禁售半年，此时转债的剩余规模会比数据网站显示的更小，如果扣除后不足 3 亿元，同样可作为妖债看待。

最后，比筛选妖债更重要的是止盈。妖债的炒作时间很短，可能是一天，也可能只有几分钟，久吾转债冲高后就立刻回落了。如果没时间看盘，可使用软件设置涨跌幅异动提醒，或设好券商提供的回落条件单交易功能实现自动止盈，这个工具会在第 5 章中重点介绍。久吾转债当日走势如图 4.20 所示。

图 4.20　久吾转债日线图

下面就来给低市值策略打个分，满分为五★。

原理理解：★★★

收益率：★★★

安全性：★★

波动性：★★★

可操作性：★★★

策略原理很简单，选择剩余规模低的转债，潜伏后等待游资炒作。只要买入的价格在保本价内，回撤可控，一旦被游资关照，收益率也很可观，但需要及时止盈，可能得借助一些技术工具来实现。

潜伏妖债毕竟只是个娱乐项目，小仓位，好心态，见好就收，适合有一定转债投资经验的投资者参与。

# ◎ 4.7　小小预言家：条款博弈策略

这几年，监管层鼓励上市公司通过发行可转债的方式进行融资，特别是在条款设置上，下修条款、回售条款、强赎条款等方面，对投资者来说都是有利的。投资者如何利用好这些条款并提前进行博弈呢？这就是本节要介绍的条款博弈策略。

什么是博弈？在一定条件下，遵守一定的规则，对选择的行为或策略加以实施，并从中取得相应的结果或收益。简而言之，就是利用条款规则，从中获益。

## 4.7.1　下修条款博弈

第一个条款博弈策略是关于下修转股价的博弈。

转债的成功下修需要经过以下几个过程：第一，股价下跌触发下修条款；第二，董事会提出下修议案并提交至股东大会审议，确定审议时间后发布公告；第三，股东大会决议，确定下修是否通过、下修时间、下修价格等后发布公告；最后，转股价正式下修。

我们知道，转股价决定了可转债能转换成股票的数量，如果人为调低了，能转成股票的数量就多了，转债价格会上涨，这对转债的持有人来说是非常有利的。所以，上市公司公布要下修以及确定能下修到底这两个时间点，都利好转债，会使转债高开上涨。如果能预知公司将要下修转股价，提前埋伏进去，就可获利。

下修转股价后，转债达到强赎条件更容易，公司是乐意去做的，但下修是公司的权利，满足条件后，公司可以提出方案，也可以不作为。即便公司打算要下修，也不能对外说，这属于内幕交易，对外说是违规的。投资者如何根据公司的实际情况去揣测管理层的意愿呢？如果能找到蛛丝马迹，博弈下修的成功率就会高很多。

博弈下修按时间段可分为提议下修前和公布下修议案后，即博弈的是，公司会不会提议下修以及下修能不能到底。大部分提议下修的转债都能下修到底，所以后者更多的是一种风险预防。我们关注的重点在于会不会提议下修。哪些情况下，公司更愿意下修转股价呢？

1. 大股东出于变现需要，主动下修转股价

已满足触发下修的条件，大股东仍持有较大比例转债，出于保本变现或提高收益的需求，借下修转股价利好来抬升转债价格，此时主动下修意愿可能相对较大。

在转债弱势环境下最容易发生这类下修。明电转债 2021 年 1 月 5 日上市，上市当日就破发，后随正股继续下跌至最低 91.99 元。转债申购时，原始股东配置比例达到了 84.4%，显然公司大股东高比例参与了配售，手中持有了相当一部分的明电转债。

上市即破发意味着大股东也被套住了，亏损幅度还不小。由于正股持续下跌，早就满足了条款规定的下修条件，因此在 2 月 2 日，公司就提议下修转股价，次日开盘受下修利好，转债大涨了 3.5%，最高涨至 98.5 元。随后 2 月 22 日确定转股价下修到底，转债价格重新回到面值以上，大股东顺利上岸。明电转债走势如图 4.21 所示。

图 4.21　明电转债走势图

同期下修转股价的同和转债、北陆转债都符合大股东持有大量转债、转债价格低,急需提升价格的情况。

根据交易所规定,2021年1月31日后,持股比例超5%的股东、董事、监事、高级管理人员,买入(含申购)后卖出或先卖出后买入转债的,且不足半年的,构成短线交易行为,收益归公司所有。因此,参与配售的大股东就有了半年禁售转债的要求。博弈这类下修,就要延后半年了。

利民转债在2021年3月发行,9月大股东限售解禁,在8月25日,公司提出了下修提议,转债当时不到110元,所以这次的下修,大股东很可能是出于提高变现收益的考虑。提议下修后次日,转债大涨了6.47%,如图4.22所示。

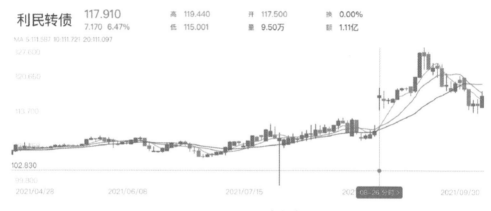

图4.22　利民转债走势图

2. 即将进入回售期,避免触发回售主动下修

当正股收盘价格低于当期转股价格的70%时,转债的价格往往很低,大多在面值以下,所以博弈的标的选择主要集中在半年内进入转股期且转债价格在100元或以下。

2021年2月初,久其转债94.8元,溢价率107.55%,转股价值仅45.67元,转债剩余规模7.79亿元,2021年6月久其转债就将进入回售期,以当时的价格,已满足回售的价格条件,6月后就将触发回售,由于转债价格低于100元,理性的投资者都会选择回售,取得13.7%的年化回售收益。但对于市值仅30亿元的公司来说,要偿还近8亿元难度不小,正股要涨53%才能避免回售,这样难度更大。久其转债的回售信息如表4.21所示。

表 4.21　久其转债的回售信息

| 久其转债 - 128015 (正股：久其软件 - 002279　行业：计算机-计算机应用-软件开发) | | | | | | +自选 |
|---|---|---|---|---|---|---|
| 价格：94.800 | | 转股价值：45.67 | | 税前收益：6.99% | | 成交(万)：1591.15 |
| 涨幅：0.31% | | 溢价率：107.55% | | 税后收益：6.06% | | 当日换手：2.15% |
| 转股起始日 | 2017-12-15 | 回售起始日 | 2021-06-08 | 到期日 | 2023-06-08 | 发行规模(亿) 7.800 |
| 转股价 | 9.48 | 回售价 | 100.00 | 剩余年限 | 2.348 | 剩余规模(亿) 7.795 |
| 股东配售率 | - | 转股代码 | 128015 | 到期赎回价 | 108.00 | 转债占比¹ 28.16% |
| 网上中签率 | - | 已转股比例 | 0.06% | 正股波动率 | 48.73% | 转债占比² 25.31% |
| 折算率 | 0.000 | 质押代码 | - | 主体评级 | A+ | 债券评级 A+ |
| 担保 | 无担保 | | | | | |

　　想避免回售，那只有下修转股价这一条路了。果然，公司召开董事会，并于 4 月 16 日晚公告提议下修转股价。下一交易日，久其转债高开，小幅上涨了 1.18%，涨幅不大的原因主要是市场对其下修的预期很强，随着回售期的临近，在转债价格上已经有所体现。久其转债宣布下修后的 K 线如图 4.23 所示。

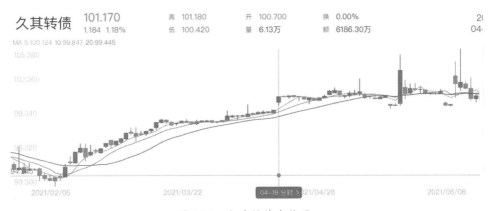

| 久其转债 | 101.170 | | 高 101.180 | 开 100.700 | 换 0.00% | 20 |
|---|---|---|---|---|---|---|
| | 1.184 1.18% | | 低 100.420 | 量 6.13万 | 额 6186.30万 | 04- |
| MA 5:100.124 10:99.847 20:99.445 | | | | | | |

105.380

102.360

99.340

96.320

93.300

2021/02/05　　　　2021/03/22　　　04-19 分时 > 2021/04/28　　　　2021/06/08

图 4.23　久其转债走势图

　　能够博弈回售的转债，正股基本面都比较一般甚至很差，所以需要注意信用风险、大股东股权质押比例、货币资金是否充足、企业性质和下修后的股权稀释情况等。下修前，市场可能会提前打满预期，价格已经上涨了。当公司公告提议下修时，次日高开幅度可能就不大了。所以，打算进行下修博弈，时间点需要打个提前量。最后，这类下修也许仅是为了避免回售，这种情况下由于促转股的意愿可能不强，存在下修不到底的风险，类似久其转债，下修幅度不大，未到底，这就会影响转债后续的走势。

**3. 有补充资本金、降低财务费用等需求，促转股意愿强**

这类情况在银行转债中特别多。对银行来说，核心一级资本金会影响放贷规模，需要不断补充以支持银行自身和社会经济发展，而可转债是可行的外援补充手段之一。可转债具有股债双重属性，发行时债底部分计入应付债券，期权部分价值计入权益，直接补充核心一级资本。如果转股，将全部补充核心一级资本。所以这几年银行发行的转债数量很多，促转股的意愿也很强。

近几年江银转债（2次）、无锡转债（2次）、常熟转债、青农转债、紫银转债、杭银转债均提议了下修转股价并下修到底。由于促转股意愿很强，只要满足下修条件，都会很快公告下修提议，有过一次，很可能会有第二次甚至第三次，参与这类博弈可以从即将满足下修的价格条件开始。

杭银转债2021年4月23日上市，后因分红转股价被动调整至16.71元。下修的触发需要满足连续30个交易日股价低于转股价的80%，即低于13.37元，正股杭州银行自2021年7月12日开始，收盘价首次低于13.37元，如图4.24所示。

图 4.24　杭州银行走势图

后一个月内，收盘价在大部分时间内都低于13.37元，在满足15天后，公司于8月11日晚发布了提议下修转股价的公告。

不过，对于杭银转债而言，下修提议公告有点利好兑现的意味。8月12日收盘，杭银转债还下跌了0.42%，这是因为银行转债的下修预期太强，参与博弈的投资者已提前介入，等满足下修条件再去博弈，就有点晚了。下修次日的K线如图4.25所示。

图 4.25 杭银转债走势图

博弈银行转债的下修还有一点需要关注。在发行公告中，会有下修后的转股价不得低于最近一期经审计的每股净资产，而银行股的股价普遍有跌破每股净资产的情况。若小幅低于只是影响下修幅度，但至少能够下修，如紫银转债；若大幅低于，则连下修的机会都没有。如浦发转债，截至 2021 年 9 月 30 日，浦发转债的转股价 13.97 元，正股浦发银行股价 9 元，2020 年经审计后的每股净资产高达 18 元，这就意味着即便满足了下修条件，也没有下修空间，这样的银行转债就没必要去博弈下修了。

如何判断转债有没有下修空间？看 PB 这个指标就行了，大于 1 的肯定有，小于 0.7 的基本就无望了。

### 4. 在互动平台上寻找蛛丝马迹

对可转债运作经验丰富的公司，会选择在恰当的时间进行转股价的下修。但有些民企，公司的管理层未必能认识到转股价下修对于公司可能带来的好处。此时，热心的投资者会通过互动平台、邮件或直接电话的方式与公司进行沟通，力求影响公司决策。这时候，可通过公司的回复内容来辅助判断博弈下修的可能性。

搜特转债 2020 年 3 月上市，正股是搜于特，由于上市前大涨，后因业绩下滑，正股持续下跌，负债累累，还多次收到监管部门的问询函，而转债最低跌至 71.43 元。转债投资者自然坐不住了，多次在互动平台上建议公司考虑下修转股价，并罗列了诸多下修转股价的好处，如图 4.26 所示。

搜于特 [002503]　互动问答　　　　　　　　　　　　　　　　　　　　　2021-07-19

**问** 公司担心下修导致股价继续下跌完全是错误的。目前下修这么多当中，有哪几个会导致下跌？正因为公司目前困难，所以下修是利好，可以解决债务，提升公司利润，提升公司股价。

**答** 感谢您的关注和建议！公司会根据实际情况适时作出相应的决策。如公司决定向下修正转股价格，公司将及时披露，请关注公司公告。

搜于特 [002503]　互动问答　　　　　　　　　　　　　　　　　　　　　2021-07-19

**问** 公司现在困难重重，建议终止可转债募投项目，变更为偿还贷款或者补充流动资金，同时下修转股价，请董秘把此意见反馈给董事会。如公司放任不管转债投资者的利益，投资者将积极维权。

**答** 感谢您的关注和建议！公司会根据实际情况适时作出相应的决策。如公司决定向下修正转股价格，公司将及时披露，请关注公司公告。

图 4.26　搜于特在互动平台上答复

除了 7 月的提问，6 月也有多条关于下修转股价的问答，公司均一一正面回应。而搜特转债本身已经符合了下修价格、时间条件，有下修空间；股东也持有了一定比例的转债，有回本需要；公司经营不善，现金流紧张，早日转股强赎符合公司的利益。果然，在 7 月 31 日晚，公司提议下修转股价。低价转债下修的利好非常大，下个交易日搜特转债大涨了 14%，如图 4.27 所示。

图 4.27　搜特转债走势图

下修转股价的好处是显而易见的，特别是下修到底。转债之后又继续上涨，在正股的配合下，最高涨至 121.9 元，投资者和公司股东又一次实现了双赢。

除了互动平台，集思录上的卡神（ID：小卡）也是一位热心且专业的投资者，他利用电话、投票、提案等方式积极与公司沟通，多次为转债投资者争取利益。其中时达转债、洪涛转债、孚日转债的成功下修都离不开他的不懈努力。具体的来龙去脉可查看他发布的历史帖子，特别是《充满曲折的孚日转债下修到底是如何完成的？（上、中、下篇）》。

他与公司的沟通进展可以作为参考，有公司积极表态的，也有表示下修意愿不强的，对博弈下修会很有帮助。如果你也有这方面的专业知识，可加入可转债的"维权"阵营，为可转债的健康发展尽一份绵薄之力。

5. 提议下修后的博弈

从董事会提议下修到最终审议下修并确定下修后的转股价会有 2～3 周的时间，由于存在下修未通过或下修不到底的可能，所以公司提议下修转股时转债价格会上涨，但离下修到底的价格会有一定差距，如果很确信转债会下修到底，并看好转债下修后的走势，就可参与博弈。

假设董事会提议下修公告日买入，股东大会决议公告日卖出，根据历史数据统计，自 2018 年至 2021 年 7 月，平均的每只转债的收益率为 1.83%，取得正收益的概率为 74%，如果考虑众兴和蓝思下修失败的影响，平均收益率会下降。

例如：搜特转债（图 4.27）从提议下修至审议下修取得正收益，审议下修后又获得了 20% 的收益；杭银转债（图 4.25）虽然在提议下修至审议下修期间几乎没有上涨，但审议下修后，依然获得了近 10% 的收益。

总体来看，参与这类博弈的成功率较高。若是超预期提议下修，下修大概率到位，收益也更高。若正股质地相对较好且股价没有处于明显下行通道的，也是不错的博弈选择。

下修成功后，转股价值提升，更容易向强赎的目标进军，取得高收益的概率会更大，如景 20 转债，2021 年 2 月 25 日提议下修，3 月 17 日下修到底，6 月开始走强，7 月突破强赎价，如图 4.28 所示。

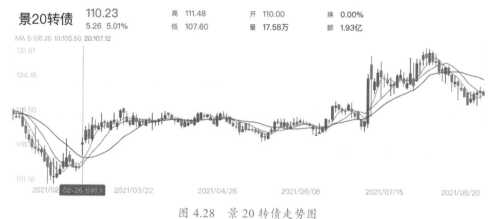

图 4.28　景 20 转债走势图

## 4.7.2　回售和到期条款博弈

第二个条款博弈策略是关于回售和到期赎回条款。先来回顾下这两个条款。

回售条款：本次发行的可转债最后两个计息年度，如果公司股票在任何连续三十个交易日的收盘价格低于当期转股价格的 70% 时，可转债持有人有权将其持有的可转债全部或部分按面值加上当期应计利息的价格回售给公司。

其中的条件，一是时间，即可转债最后两个计息年度，二是价格，即股票股价任何连续三十个交易日低于当期转股价的 70% 时。只要都满足，投资者就有权将持有的可转债按面值加当期应计利息回售给公司。

到期赎回条款：在本次发行的可转债期满后五个交易日内，发行人将按债券面值的 118%（含最后一年利息）的价格赎回未转股的可转债。

到期赎回条款就比较简单了，转债到期，公司按照发行公告还本付息，其中到期赎回价格浮动区间较大，低的只有 106 元，高的则超过 120 元。

这个两个条款的相似之处在于一旦触发，公司必须履行义务还本付息，是强制性的，区别在于回售时间更早，要求也更严格。还本付息，就是要还钱了，但公司发行可转债，最主要的目标是促转股，把投资者变成股东，这样就不用还钱。所以，公司为了避免触发这两个条款，会想一些办法，或发布利好拉升股价，或下修转股价，这就给了投资者博弈的机会。

先说回售的博弈，表 4.22 在第 3 章的回售底已有介绍。

表 4.22　2021 年 2 月部分转债回售收益统计

| 转债名称 | 转债价格 | 转股溢价率 | 剩余年限 | 回售年限 | 税前收益率 | 税前回售收益 | 税后回售收益 |
|---|---|---|---|---|---|---|---|
| 久其转债 | 94.80 | 108% | 2.35 年 | 0.35 年 | 6.99% | 14.40% | 13.70% |
| 嘉澳转债 | 96.08 | 147% | 2.77 年 | 0.77 年 | 5.54% | 6.37% | 5.96% |
| 众信转债 | 92.46 | 47.30% | 2.83 年 | 0.83 年 | 6.00% | 9.89% | 9.55% |
| 亚太转债 | 94.00 | 89.10% | 2.84 年 | 0.84 年 | 6.23% | 8.28% | 7.89% |
| 特一转债 | 94.20 | 36.40% | 2.84 年 | 0.84 年 | 5.27% | 7.74% | 7.41% |
| 众兴转债 | 95.91 | 30.30% | 2.86 年 | 0.86 年 | 4.75% | 5.97% | 5.61% |
| 铁汉转债 | 95.46 | 19.10% | 2.88 年 | 0.88 年 | 4.72% | 6.12% | 5.81% |
| 吉视转债 | 90.59 | 52.70% | 2.90 年 | 0.90 年 | 6.61% | 11.30% | 11.00% |
| 迪龙转债 | 95.01 | 63.20% | 2.90 年 | 0.90 年 | 4.85% | 6.45% | 6.14% |
| 大业转债 | 91.70 | 52.20% | 3.27 年 | 1.27 年 | 6.73% | 7.65% | 7.37% |
| 德尔转债 | 91.68 | 78.00% | 3.46 年 | 1.46 年 | 7.27% | 7.37% | 6.99% |
| 岭南转债 | 85.98 | 78.30% | 3.53 年 | 1.53 年 | 7.75% | 11.20% | 10.80% |
| 长久转债 | 92.10 | 55.60% | 3.76 年 | 1.76 年 | 7.25% | 5.90% | 5.59% |
| 维格转债 | 80.25 | 73.70% | 3.98 年 | 1.98 年 | 10.70% | 12.30% | 12.00% |
| 亚药转债 | 67.87 | 219% | 4.16 年 | 2.16 年 | 15.00% | 20.00% | 19.60% |

2021 年 2 月，表 4.22 中的转债都在面值以下，临近回售期，触发回售的概率很大。一旦触发，转债持有人就可以按 100 元附近的价格把转债卖给公司，按当前价格买入有多少收益，看年化回售的收益率就行。

回售一旦触发，公司就要还一大笔钱。为了避免触发回售，公司会想一些办法规避回售，而投资者就可提前买入转债博弈回售，期望公司下修转股价、正股价突发上涨、转债估值回暖等，获得超额收益。

案例除了第 3 章介绍过的久其转债为避免回售下修了转股价、众兴转债收购白酒企业外，还有特一转债宣布进军医美，暴涨 45%，如图 4.29 所示。而迪龙转债因碳中和概念正股被炒作，转债涨至 187 元，维格转债正股业绩困境反转连续 11 个涨停，转债最高涨至 280 元。

图 4.29　特一转债走势图

　　再来说一下到期条款的博弈。历史数据表明，90% 以上的转债都能提前强赎退市，但还是有些钉子户，因为种种原因拖到最后还没有完成强赎目标，2019 年的格力转债、2021 年的航信转债和电气转债最终都是到期赎回。那临近到期的转债是否还有博弈的价值呢？答案是有，因为它们可以提供一个短期"下有保底，上不封顶"的机会。

　　2020 年 10 月时，电气转债价格为 108.68 元，溢价率为 9.11%，还有不到 3 个月就将到期，到期赎回价格为 106.6 元，如表 4.23 所示。由于赎回价的存在，短期也无破产违约风险，所以 106.6 元将成为电气转债的短期底，若正股上涨，由于溢价率低，转债也能跟涨，上不封顶。这就是一个博弈到期赎回的机会。

表 4.23　电气转债信息

| 电气转债 - 113008（正股：上海电气 - 601727　行业：电气设备-电源设备-综合电力设备商） | | | | | | +自选 |
|---|---|---|---|---|---|---|
| 价格：108.68 | | 转股价值：99.61 | | 税前收益：-6.86% | | 成交(万)：3572.71 |
| 涨幅：0.09% | | 溢价率：9.11% | | 税后收益：-11.21% | | 剩余年限：0.279 |
| 转股起始日 | 2015-08-03 | 回售起始日 | 2019-02-01 | 到期日 | 2021-02-02 | 发行规模(亿) 60.000 |
| 转股价 | 5.13 | 回售价 | 103.00 | 赎回价 | 106.60 | 剩余规模(亿) 44.136 |
| 股东配售率 | - | 转股代码 | 191008 | 质押代码 | 105824 | 债券评级 AAA |
| 网上中签率 | - | 已转股比例 | 26.44% | 折算率 | 0.720 | 主体评级 AAA |

　　此后正股上海电气维持了窄幅震荡的走势，转债价格也维持在 110 元左右。正当投资者认为电气转债将到期赎回时，1 月 8 日市场突然传闻：上海电气将继续承担重型燃气轮机、光刻机、高端数控机床、快堆、船用曲轴、大型铸锻件、航空工业等国家"卡脖子"技术攻关任务，光刻机是当时的热点，正股马上封

住涨停，而转债当日也大涨至 116.76 元，如图 4.30 所示。

图 4.30　电气转债走势图

　　正当投资者憧憬着继续大涨冲向强赎时，公司本着实事求是的态度，发布了澄清公告，光刻机为持有 32% 股权的上海微电子装备（集团）有限公司之相关业务，非上市公司业务，也无相关技术攻关计划。次日，正股、转债大跌，电气转债最终只能被到期赎回。虽然电气转债没有完成 130 元的强赎目标，但最后时刻，还是给了参与到期博弈的投资者一个 10% 收益的机会。

　　电气转债后，又一主角登场，同样的逻辑，同样的策略。国贸转债在 2021 年 1 月时 108.19 元，到期赎回价 108 元，这次最多只亏 0.1%，收益依然上不封顶，时间也更长，有一年之久，足够它表现。是否值得博弈，可从下面几个角度考虑。国债转债当日的数据如表 4.24 所示。

表 4.24　国债转债当日的数据表

| 国贸转债 - 110033 (正股：厦门国贸 - 600755 | | 行业：商业贸易-贸易Ⅱ-贸易Ⅲ） | | | | +自选 |
|---|---|---|---|---|---|---|
| 价格：108.180 | | 转股价值：91.24 | | 税前收益：-0.17% | | 成交(万)：905.12 |
| 涨幅：0.35% | | 溢价率：18.57% | | 税后收益：-1.66% | | 当日换手：0.69% |
| 转股起始日 | 2016-07-05 | 回售起始日 | 2020-01-05 | 到期日 | 2022-01-05 | 发行规模(亿) | 28.000 |
| 转股价 | 7.19 | 回售价 | 100.00 | 剩余年限 | 0.992 | 剩余规模(亿) | 12.116 |
| 股东配售率 | - | 转股代码 | 190033 | 赎回价 | 108.00 | 转债占比[1] | 9.98% |
| 网上中签率 | - | 已转股比例 | 56.73% | 正股波动率 | 28.29% | 转债占比[2] | 9.49% |
| 折算率 | 0.710 | 质押代码 | 105827 | 主体评级 | AAA | 债券评级 | AAA |

　　基本面角度。公司主营三大核心主业。供应链管理主要包括大宗贸易、物

流服务及商业零售业务，占比 93%；房地产经营涉及高品质住宅、城市综合体、文旅地产等多元化开发建设；金融服务业务，公司除了参股证券、信托、银行等金融机构外，还有期货及衍生品、普惠金融、实体产业金融及投资等业务。2020 年 12 月，公司通过定增，收购宝达润 100% 股权，通过下属公司持有 3 艘8.2 万吨船舶的产权，主要从事干散货运输的货轮。

公司营收稳步增长。2021 年增速较快，净利润在疫情后恢复较快。ROE 稳定，但毛利率很低，只有 2.41%；估值低，PE 只有 5.36，处于历史低位；现金分红高，年化股息率达 2.77%；机构关注度低，研报数量极少。

转债估值和条款角度。国贸转债上市 110 元，后有 2 次短暂超过 130 元，因未到转股期或未满足时间要求，没能达到强赎的标准。5 年时间，从未跌破过面值，起伏也不大，长期处于 110～120 元的区间。2019 年，厦门国贸的大股东也努力尝试过提议下修转股价，但受制于 PB 要求，转股价只下修了 11%。下修数据如表 4.25 所示。

表 4.25 下修数据表

国贸转债[110033] 转股价下修记录

| 转债名称 | 股东大会日 | 下修前转股价 | 下修后转股价 | 新转股价生效日期 | 下修底价 |
|---|---|---|---|---|---|
| 国贸转债 | 2019-11-11 | 8.340 | 7.420 | 2019-11-13 | 7.420 |

2019 年 5 月，因正股行业地位突出，营收规模快速扩大，经营创现能力大幅改善，国贸转债评级由 AA+ 上调为 AAA 最高级，但对转债价格帮助不大。

国贸转债当时溢价率 18.57%，转股价值 91.24 元，转股价 7.19 元，强赎价9.35 元，正股现价 6.56 元。剩余 12 亿元的转债尚未转股。如果公司想强赎不还钱，以当时正股的价格，需要涨 42%，并且股价要高于强赎价近 1 个月时间。还剩1 年时间，虽然厦门国贸股性不活跃，PB 小于 1 无下修空间，但时间还比较充裕，如有题材事件或大盘配合，实现强赎还是有希望的。

最后是风险和收益角度，可能出现如下几种情况。

最理想情况。厦门国贸受利好刺激，股价不断上涨，转债同步上涨并完成强赎；公司、投资者双赢；收益上不封顶。

较理想情况。厦门国贸股价上涨，但涨幅不大，转债同步上涨，但无法完成强赎。由于转债价格高于强赎价，大部分投资者在获利的同时选择卖出或转股，收益率 0 ～ 20%。

最坏情况。厦门国贸股价不涨或下跌，转债价格最终落在 108 元左右。转债持有人卖出转债或等转债到期，以 108 元拿到债券本息（税后 107.6 元），最多亏 0.1%。若买入价低于 107.6 元，则无亏损风险。

综上，国贸转债具有到期博弈的价值。

国贸转债后面的走势也没有让投资者失望，在沉寂了半年后，公司开始行动。厦门国贸在 2021 年 6 月 28 日晚间发布公告称，公司房地产业务出售顺利通过股东大会的审议，将持有的房地产子公司国贸地产 100% 股权、国贸发展 51% 股权将出售给控股股东厦门国贸控股集团有限公司。根据公告，厦门国贸将收到约 103.49 亿元的股权转让款，有利于进一步优化资产结构和资源配置，降低资产负债率，对其当期及未来的财务状况和经营业绩将产生积极影响。

出售了地产业务后，不仅拿到了一笔巨款，更使得公司自身的市场估值得到了提升。7 月中旬公告 2021 年半年报大幅预增，8 月业绩正式公布，扣非后的净利润同比增长 285.58%。此后股价开始强势拉升，转债最高涨至 143.36 元，这就出现了到期博弈的最理想情况，公司顺利强赎，转债投资者收益 30%+。国贸转债的走势如图 4.31 所示。

图 4.31 国贸转债走势图

### 4.7.3  强赎条款博弈

第三个条款博弈策略是强赎条款。先来回顾下这个条款。

到期赎回条款：在可转债的转股期内，只要满足下面任意一个条件时，公司有权按照债券面值加当期应计利息赎回全部或部分未转股的可转债。

1. 如果公司 A 股股票连续 30 个交易日中至少有 15 个交易日的收盘价格不低于当期转股价格的 130%（含 130%）。

2. 可转债未转股余额不足 3000 万元时。

当转债满足价格和天数条件时，公司有权强制赎回转债，从而实现"不还钱"的目标。市场环境好的时候，强赎条件很容易满足，不需要借助外力就能达成。当市场走弱或处于震荡中，而正股又在强赎价附近，就差临门一脚时，强赎意愿强的公司可能就会行动了，或发布利好刺激股价，或主动买入股票稳定股价。此时就会出现强赎博弈的机会。

还是以国贸转债为例。国贸转债 2022 年 1 月即将到期，在公司和市场的共同努力下，在 2021 年的 8 月底，正股终于满足了强赎的价格条件（大于 8.72 元），只要能坚持 15 天，就可完成强赎的任务了。可惜 9 月中旬市场开始走弱，厦门国贸的股价也开始调整，几乎要跌破 8.72 元。走势如图 4.32 所示。

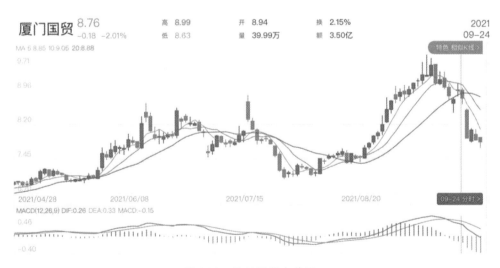

图 4.32　厦门国贸走势图

公司一看不妙，之前的努力不能白费，当天晚上就发布了已增持和计划增持的公告，力求稳定股价，如图 4.33 所示。

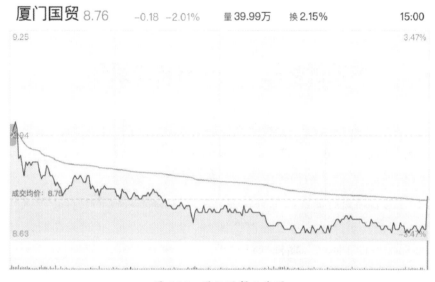

证券代码：600755　　　股票简称：厦门国贸　　　编号：2021-64
转债代码：110033　　　转债简称：国贸转债

**厦门国贸集团股份有限公司**
**关于控股股东增持公司股份及后续增持计划的公告**

本公司董事会、全体董事及相关股东保证本公告内容不存在任何虚假记载、误导性陈述或者重大遗漏，并对其内容的真实性、准确性和完整性承担个别及连带责任。

**重要内容提示：**

● 厦门国贸集团股份有限公司（以下简称"公司"）控股股东厦门国贸控股集团有限公司（以下简称"国贸控股"）于 2021 年 9 月 22 日通过上海证券交易所交易系统集中竞价交易方式增持公司股份 1,451,000 股，占公司已发行股份的 0.07%。

● 国贸控股及其一致行动人计划继续增持公司股份，未来 6 个月内累计增持（含本次增持）股份数量不低于 500 万股，不超过公司已发行股份的 2%。本次增持计划未设定价格区间。

● 风险提示：本次增持计划实施可能存在因资本市场情况变化等因素，导致无法达到预期的风险。

图 4.33　厦门国贸增持公告

9 月 24 日，股价高于 8.72 元已达到 14 天，只要当日收盘依然高于 8.72 元，就满足强赎条件了。当日厦门国贸大幅下跌，但在尾盘集合竞价时，突然被拉升至 8.76 元，如图 4.34 所示。

图 4.34　厦门国贸日线图

不难看出，这大概是公司自己的"增持"行为，并且事前已公告，合法合规。当晚，公司就急不可耐地发布了强赎公告。由于人为干预因素过多，下一交易日正股和转债均大跌，公司为了强赎也付出了一定的成本。

强赎条款博弈的关键条件：公司强赎意愿较强，价格条件已满足一定天数后股价跌破强赎价。

如果判断公司为了达成强赎目标会进行一定干预，在正股股价跌破强赎价后，可买入正股或转债（溢价很低时）进行强赎博弈，待股价回到强赎价以上之后再卖出获利。

下面就来给条款博弈策略打个分，满分为五★。

原理理解：★★

收益率：★★★

安全性：★★★

波动性：★★

可操作性：★★★

条款博弈策略的原理理解需要建立在对转债条款的充分认识上，需要一定的投资经验。除了强赎条款博弈，其他博弈的标的都在保本价之内，相对比较安全，风险更低，波动不大，一旦博弈成功，收益率也很可观，更多的是潜伏而非频繁操作，比较省心省力，适合风险偏好较低且有一定转债投资经验的投资者参与。

# ◎ 4.8  谁是优等生：高评分轮动策略

第 2 章中曾介绍过给一个转债进行多维度的评分的方法，评分结果在这里就会用到。如果不记得了，可以翻阅 2.4 章节。

策略以月为单位，结合转债评分、转债价格、双低值、市场热点等因子选取 10 只左右转债进行配置，每只转债分别设置 3%～5% 的目标止盈区间，达到目标即止盈卖出，力求每月取得总体 3% 以上的收益。也可对每只转债设置 10%～20% 目标止盈位，通过某只或某几只的暴发实现同样的效果。年度收益目标则是 20%～30%。

策略的核心是如何筛选标的以及如何卖出止盈。

筛选前的准备工作就是要自行建立一套完整的评分数据库，记录好每只转债的每项得分和总分，并且实时更新转债价格和溢价率等参数，定期对历史得分进行评估和调整。准备这些的工作量很大，更适合有兴趣对每只转债进行研究的投资者。如果精力有限，也可参考公众号每月的更新数据，或直接使用集思录里的评分系统。

既然是高评分轮动策略，那转债评分是首先要考虑的，高评分的转债，正股基本面出色，行业龙头，有题材，有成长性，股性活跃，更容易取得目标收益，转债在110元以上就会获得很强的支撑，回撤可控。

先在4分（满分5分）以上的转债中找，没有合适的再去3.5分、3分中筛选。

然后是价格，基本在100～120元的到期保本的区间里，控制风险，评分高的，价格条件可适当放宽，如四星的可选115元以上，三星的则须在110元以下。

再者是溢价率，价格接近时，优选溢价率低的，评分高的转债溢价率也可适当放宽要求。

最后就是结合正股走势、市场热点等因素做出最终的筛选。

下面，我们就来看下这个策略该如何运用。

2021年4月底，根据转债评分、转债价格、双低值、市场热点等因子选出了优质转债。如表4.26所示。

表4.26 高评分轮动策略筛选结果

| 转债名称 | 转债价格 | 到期利率 | 溢价率 | M20乖离率 | 双低 | 评分 | 题材 |
|---|---|---|---|---|---|---|---|
| 沪工 | 104.23 | 3.07% | 18.20% | -7.30% | 112.4 | 3.5 | 焊接切割、核电、航天军工、特高压 |
| 维尔 | 104.54 | 3.64% | 18.12% | -9.60% | 112.7 | 3.5 | 环保垃圾分类、厨余垃圾处理 |
| 现代 | 112.46 | -0.50% | 0.65% | 14.90% | 112.8 | 3.5 | 原料药和药剂研发、医药 |
| 国投 | 106.82 | 0.66% | 25.79% | 0.90% | 115.8 | 4 | 传统券商、基金、期货 |
| 利民 | 107.00 | 1.12% | 20.08% | -2.40% | 116.0 | 3.5 | 杀菌剂、生物农药、顺周期 |
| 冀东 | 110.80 | -0.12% | 24.70% | -5.30% | 119.4 | 4 | 水泥、传统基建、京津冀 |
| 中天 | 115.85 | -0.59% | 14.37% | -5.20% | 120.9 | 4 | 通信光缆、5G、光伏、新基建 |
| 杭银 | 115.61 | -0.48% | 19.25% | 2.40% | 122.3 | 4 | 城商行、区块链 |
| 洽洽 | 116.10 | 0.65% | 30.91% | 4.30% | 126.9 | 4.5 | 零售、休闲消费 |

续表

| 转债名称 | 转债价格 | 到期利率 | 溢价率 | M20乖离率 | 双低 | 评分 | 题材 |
|---|---|---|---|---|---|---|---|
| 天能 | 103.30 | 3.01% | 54.00% | −1.10% | 127.6 | 3.5 | 风机塔架、新能源、风能、光伏 |
| 东财转3 | 133.21 | −3.13% | 16.03% | 10.10% | 138.8 | 4.5 | 券商、互联网金融 |

评分上都是3.5分以上的"优等生"转债,3.5分的在110元以下,4分的在120元以下。现代转债由于溢价率很低,放宽价格要求入选,东财转3是市场明星转债,很难低于120元,同样放宽要求入选。

溢价率均控制在30%以内,天能转债因提议下修,下修后的溢价率也会低于30%。

最后就是结合行业和市场热点,具体分析如下。

券商行业。券商股是牛熊温度计。券商股、券商转债调整时间长,部分券商一季报表现优异,对应的转债性价比很高,安全性、弹性俱佳。另外,券商的合并整合传闻不断,有进一步炒作的可能。进攻性强的东财转3,替代正股持有,作为第一主选。防御性强的国投作为第二主选。

农业化工行业。复工复产后,农产品景气周期回升,利民股份是杀菌剂龙头,成长空间大,随着项目投产叠加旺季到来,业绩有望迎来复苏。利民作为主选。

环保行业。垃圾分类政策将加速推进,湿垃圾的处置需求提升,垃圾渗滤液、餐厨厨余行业景气度较高。前期大涨的环保转债,经过调整后,又回到了合理价格,重新进入组合。主选兼具垃圾分类、碳中和概念的维尔。

军工行业。军工行业的转债由于控制人非民企,安全性更高,正股的股性也活跃,转债配置价值高。最近由于军工股大跌,部分转债也入线了。沪工作为主选,正股焊接切割与航天飞行器双主业,订单饱满,航天业务景气度较高。

消费行业。消费板块作为抱团股的代表,近期出现了较大幅度的下跌,目前处于弱势之中。消费概念转债数量不多,经过调整后,也出现了相对合理的价格。洽洽转债是休闲零食的龙头,业绩稳健,作为主选。

水泥行业。华北地区水泥价格和库存处于低位,随着下游需求恢复、环保管制趋严,产品价格有望迎来修复。冀东受益于京津冀一体化及雄安新区建设,吸收金隅集团后,资产质量和盈利能力提升,转债价格由3月120多元调整至110元,重新组合,作为主选。

银行业。各银行一季报公布后，招商、平安业绩超预期，零售业务比重高的杭州银行，净利润增速同样超过 15%，拨贷比和逾期贷款拨备覆盖率均为行业第一，不仅抗风险能力强，盈利增长空间也大。杭银作为主选。

5G 通信及新能源行业。受疫情影响，2020 年 5G 基建有所放缓。12 月 28 日，2021 年全国工业和信息化工作会议召开。工信部部长肖亚庆在会上表示，2021 年将有序推进 5G 网络建设及应用，加快主要城市 5G 覆盖，推进共建共享，5G 是 2021 年重点关注的行业。主选价格基本面更好、题材丰富的中天。

新能源行业＋博弈下修。天能重工与格尔木市人民政府签订合作框架，拟投资 17.5 亿元建设 500MW 光伏发电项目，今年订单充足，业绩增长确定性较强。4 月底董事会提议下修转股价，若能下修到底，溢价率将大幅降低，未来强赎目标更易实现。天能转债作为主选。

医药行业。医药类的转债很多，龙头药企或价格较高或溢价率较高，本期替换为现代转债。正股更名为国药现代，一季报出色，医美产品修饰透明质酸钠凝胶正在研发，子公司天伟生物产品可用于辅助生殖，多了医美＋辅助生殖概念，正股有望走强。

标的确定后，就是配置买入了。可分散配置，也可集中重点配置，注意仓位控制，设置好建仓线、加仓线、价格提醒，如果有条件单功能可自动止盈就再好不过。

一个月后，进行收益分析，可以看到，当月组合表现出色，取得了满堂红，整体收益较高，有不少冲高止盈的机会。虽然没有收获 20% 以上的熔断转债，但胜在稳健，3% 以上止盈达成率 91%，3 只转债取得了 10% 以上的收益。高评分轮动策略收益分析如表 4.27 所示。

表 4.27 高评分轮动策略收益分析

| 转债名称 | 发布价格 | 最高价格 | 最高收益率 | 溢价率 | 最新价格 | 收益率 | 评分 |
|---|---|---|---|---|---|---|---|
| 沪工转债 | 104.23 | 108.78 | 4.37% | 24.81% | 105.84 | 1.54% | 3.5 |
| 维尔转债 | 104.54 | 118.00 | 12.88% | 19.01% | 107.72 | 3.04% | 3.5 |
| 现代转债 | 112.46 | 117.50 | 4.48% | 6.26% | 114.10 | 1.46% | 3.5 |
| 国投转债 | 106.82 | 113.30 | 6.07% | 23.68% | 113.06 | 5.84% | 4 |
| 利民转债 | 107.00 | 109.60 | 2.43% | 21.92% | 109.07 | 1.94% | 3.5 |
| 冀东转债 | 110.80 | 115.00 | 3.79% | 26.13% | 112.70 | 1.72% | 4 |
| 中天转债 | 115.85 | 121.78 | 5.12% | 15.94% | 120.00 | 3.58% | 4 |

续表

| 转债名称 | 发布价格 | 最高价格 | 最高收益率 | 溢价率 | 最新价格 | 收益率 | 评分 |
|---|---|---|---|---|---|---|---|
| 杭银转债 | 115.61 | 120.33 | 4.08% | 23.58% | 120.03 | 3.82% | 4 |
| 洽洽转债 | 116.10 | 120.50 | 3.79% | 38.75% | 119.18 | 2.65% | 4.5 |
| 天能转债 | 103.30 | 118.88 | 15.08% | 7.93% | 110.43 | 6.90% | 3.5 |
| 东财转3 | 133.21 | 150.25 | 12.79% | 10.45% | 148.10 | 11.17% | 4.5 |

东财转3最终涨幅最高，天能转债因转股价下修到底，当日冲高，获得最高收益率。维尔转债因碳中和概念，随正股拉升，收益最高时达12.8%，有一定偶然性。杭银转债、中天转债、洽洽转债稳步上涨，达成120元的目标，但超过120元后，由于溢价的制约，涨速可能跟不上正股，性价比下降，下一期不再保留。冀东转债、利民转债、沪工转债，当月表现相对平淡，波动较小，可继续持有，组合中将继续保留。

收益分析过程也是重新筛选的步骤之一，只要参数是合理的，就可保留作为下一期的标的，加上新入选的成员轮动调整。

下面就来给高评分轮动策略打个分，满分为五★。

原理理解：★★★

收益率：★★★

安全性：★★★★

波动性：★★

可操作性：★★

选择优的、价格在合理区间的转债进行轮动，这个原理不难理解。优质转债的爆发力虽然不强，但回撤小，债券违约风险低，每月的收益稳定，不断轮动下去能产生复利效应。不过，前期的准备工作较多，需要有一定的转债知识储备，更适合乐于对转债进行深入研究的投资者。如果研究能力有限，可以参考公众号中每月的分析。

# ○ 4.9 100%中签可转债：抢权配售策略

可转债网上打新申购的人数从2017年的几万人不断增长至2019年的几十万人，2020～2021年更是爆发式增长，最高已经破千万。

随着申购人数上升，转债的中签率也不断走低。从必中几签到大概中一签再到一签难求，个位数的中签率已是常态，只有发行规模百亿元的转债才能明显提升中签率。

如果说有一种方法可以100%中签可转债，那你一定很感兴趣，使用这种方法的策略就叫作抢权配售策略。

可转债的抢权配售，即在股权登记日之前买入股票，以获得配售的权利。股权登记日是转债申购的前一个交易日，只要当天收盘时持股，就获得了优先配售的权利。配售说明会在转债的发行公告中列出，如图4.35所示。

> 4、原股东可优先配售的平银转债数量为其在股权登记日（2019年1月18日，T-1日）收市后登记在册的持有平安银行的股份数量按每股配售1.5142元可转债的比例计算可配售可转债金额，再按100元/张的比例转换为张数，每1张为一个申购单位。原股东的优先配售通过深交所交易系统进行，配售代码为"080001"，配售简称为"平银配债"。原股东可根据自身情况自行决定。

图4.35　平银转债优先配售说明

申购日当天进行配售操作，冻结资金后，就能100%获得一定比例的转债。如果不操作，则视同放弃配售。

抢权配售的步骤如下。

（1）根据发行公告，计算出配售转债所需的持股数量。

以图4.35的平银转债为例。一张转债是100元，一手是10张1000元，每股可配1.42元转债，如果想配一手，需要1000/1.42=660.4股，即每持有660股平安银行的股票，就可以配一手平银转债。

除了看发行公告，集思录、宁稳网、东方财富网上也可以查到相关数据。

（2）确认已获得转债配售资格。

在股权登记日当天（申购日前一交易日）收盘前，持有对应的股数，收盘后便获得了转债的优先配售权。

当晚在券商完成清算后，可在账户中看到可配售的转债信息，一般以代码形式出现。如图4.36所示。

新代码 764366 0.00 10 0.000
0.00 0.00% 10 100.000

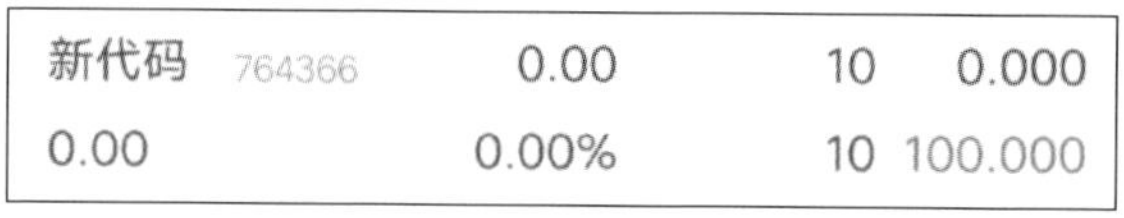

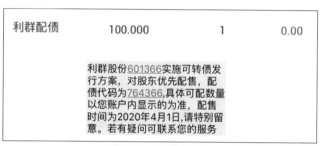

图 4.36 获得配售资格

（3）申购日当天进行配售操作。

申购当天开盘前，账户里的新代码，会变为 ×× 配债。部分券商还会有短信提醒，如图 4.37 所示。

利群配债 100.000 1 0.00
利群股份601366实施可转债发行方案，对股东优先配售，配债代码为764366,具体可配数量以您账户内显示的为准，配售时间为2020年4月1日,请特别留意。若有疑问可联系您的服务

图 4.37 配售提醒

开盘后，点击持仓里的 ×× 配债，选择卖出或买入，根据提示的数量提交，确认资金冻结，整个配售操作也就完成了。买卖方向券商已提前设置好，投资者使用买或卖两个方向都可以，只要确认资金已被冻结即可。如图 4.38 所示。

100.00
利群配债
764366.SH
0.00%
限价委托
100.00
跌停: 0.00
涨停: 99999.99
1
可买:1股
参考金额:100.00元
沪A股东号:
卖五 -- --
卖四 -- --
卖三 -- --
卖二 -- --
卖一 -- --
买一 -- --
买二 -- --
买三 -- --
买四 -- --
买五 -- --
1/4
1/3
1/2
3/4
全仓
买入

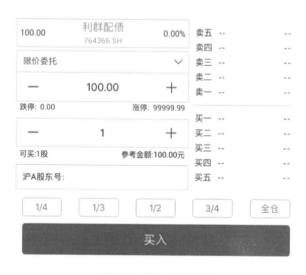

图 4.38 提交配售操作

特别提醒，配售操作是股东的权利，如果不做上述操作，就视为放弃了该

权利，不会自动为股东配债。此外，配售操作和打新申购不冲突，配售后依然可以申购新股。

（4）卖出为抢权配售买入的股票。

如果不打算继续持有正股，应及时卖出避免后续股价波动造成损失。

（5）新债上市卖出。

最后，待新债上市后卖出止盈。新债的收益扣除为抢权买入股票的成本就是抢权配售的最终收益。

可转债打新，就是为了中签上市后卖出获利，风险非常低。如果提前买入股票就能获得转债，岂不是稳赚？

并非如此，抢权配售策略也有风险。如果你观察过申购当日正股的开盘价格，就会发现，绝大部分情况都是低开，有的低开幅度甚至很大。因为参与抢权的投资者已经有了配售资格，股票没必要再持有，纷纷卖出，造成股价低开。

如图 4.39 所示，2021 年 9 月 14 日泉峰转债申购，当日正股泉峰汽车开盘低开 2.65%，收盘大跌了 5.39%。根据发行公告计算，每持有 324.8 股股票可获配一手转债，若股权登记日收盘前买入，申购日开盘卖出，则每 324.8 股股票会亏损 201.32 元（不含交易手续费），转债上市后须涨 20.132% 以上抢权配售才不会亏钱。

图 4.39　泉峰汽车 K 线图

根据券商提供的数据，以发行公告日股票收盘价作为买入股票价格，配售日次日股票收盘价作为卖出价格，转债上市首日以收盘价卖出，统计 2019 年至 2021 年 8 月 15 日上市的 393 只转债的抢权配售收益率，取得正收益的概率为

52%，平均收益率为0.77%，整体表现一般。所以，抢权配售策略也常被转债投资者称为一门"亏钱"的手艺。

如何用好抢权配售策略？该策略有哪些使用技巧呢？

（1）原股东积极参与配售。

长期持有的股票发行了可转债，由于股票是早期就买入的，而不是在转债发行公告之后，所以不属于抢权配售，但如果不参与或忘记参与配售，就白白损失了一份权益。这种情况下，只要正股的质地尚可，都应关注可转债的发行进程，在申购当日完成配售操作。

（2）选择含权较高的转债进行抢权。

转债发行公告中，会明确持有多少股票可优先配售多少转债，不过这个数量并非固定不变。我们用百元股票含权（元）来衡量可配售转债的金额，即每100元的股票可配多少钱的转债，可配的越多，含权就越高，投资者参与抢权配售的安全垫和成功率也就越高。

泉峰汽车每股可配售3.078元转债，百元股票含权13.95元。百润股份每股可配售1.5064元转债，由于正股股价很高，百元股票的含权只有2.13元。买入同样的金额的股票，泉峰转债获得的转债数量就会更多，如表4.28所示。

表4.28　转债配售含权数据对比

| 名称 | 方案进展 | 进展公告日 | 发行规模（亿元） | 类型 | 评级 | 股东配售率 | 转股价 | 正股价 | 正股涨幅 | 正股现价比转股价 | 正股PB | 百元股票含权（元） | 每股配售（元） | 配售10张所需股数 |
|---|---|---|---|---|---|---|---|---|---|---|---|---|---|---|
| 百润股份R 百润转债 | 2021-09-29申购 申购代码072568 | 2021-09-29 | 11.28 | 可转债 | AA | 88.233% | 66.89 | 74.49 | 7.96% | 111.36% | 16.834 | 2.13 2021-09-28 | 1.5064 | 664 |
| 泉峰汽车 泉峰转债 | 2021-09-14申购 申购代码754982 | 2021-09-14 | 6.20 | 可转债 | AA- | 36.230% | 23.03 | 19.04 | -0.05% | 82.67% | 2.356 | 13.95 2021-09-13 | 3.0780 | 325 |

安全垫如何计算？首先要预估转债上市时的价格，得出预估利润，再除以买入股票金额后就是安全垫了。假设泉峰转债上市预计120元，收益200元。获配一手需324.8股，金额7597元，相除得到2.6%，这就是安全垫，只要申购日正股低开小于2.6%且转债上市价格不低于120元，抢权即成功。

百润转债含权低，同样以120元作为上市时的价格预估，安全垫只有0.4%。

部分小盘股含权高，但由于抢权的人也多，非常容易造成申购日集中卖出、大幅低开的情况，因此中大盘且含权高的转债，抢权的风险最低，成功率也高。

2020年10月发行的南航转债，每股可配售0.001447手转债，即每691.08股就可配一手转债，当时股价只有5.4元，预估上市115元，经计算，安全垫为

4%。申购当日正股低开了2.1%，小于4%，而转债上市收盘价117元，大于115元，这样本次抢权配售就成功了。

后续发行规模大的、含权较高的杭银转债、南银转债，抢权都获得了成功。

（3）沪市转债可使用"1手策略"提高安全垫。

在说1手策略之前，先要介绍一下精确算法。还是以南航转债为例，发行公告中的配售规则如图4.40所示。

> 4、原A股股东可优先配售的可转债数量为其在股权登记日（2020年10月14日，T-1日）收市后中国结算上海分公司登记在册的持有南方航空的A股股份数量按每股配售1.447元面值可转债的比例计算可配售可转债金额，再按1,000元/手的比例转换为手数，每1手（10张）为一个申购单位，即每股配售0.001447手可转债。原A股股东可根据自身情况自行决定实际认购的可转债数量。
>
> 原无限售条件A股股东的优先认购通过上交所交易系统进行，配售简称为"南航配债"，配售代码为"704029"。原无限售条件A股股东优先配售不足1手的部分按照精确算法（参见释义）原则取整。原有限售条件A股股东的优先认购通过网下认购的方式，在保荐机构（联席主承销商）处进行。

图 4.40 南航转债配售规则

除了说明每股配售数量外，还提到了原无限售条件A股股东优先配售不足1手的部分按照精确算法原则取整。

沪市转债的配售和深市转债有一定的区别。沪市按手，深市按张。如果300股可配1手（10张）转债，但你只有100股股票，那深市转债依然会配3张转债，但沪市转债1张也配不到了。

所以，沪市转债就存在配售不足1手的部分，这部分如何分配，就会用到精确算法。

精确算法，即先按照配售比例和每个账户股数计算出可认购数量的整数部分，对于计算出不足1手的部分（尾数保留三位小数），将所有账户按照尾数从大到小的顺序进位（尾数相同则随机排序），直至每个账户获得的可认购转债加总与原股东可配售总量一致。

这是公告中的原话，大部分人也是看不懂的，简单理解，就是四舍五入。300股可配1手沪市转债，但你只有100股股票，那配不到1手，但你如果有200股，那就大概率能配到1手。

按照这个规则，如果只配1手转债，可以少买一些股票，依然能配到1手，股票买的少了，申购日低开亏的钱就少，安全垫就提高了。四舍五入，压着五并不安全，高于六基本就没问题了。满额配售1手原来要300股，30×60%=180，大于180，买入200股就行了。

南航转债，每691.08股就可配1手转债，691×60%=414股，那买入400股也可配1手。当时股价只有5.4元，预估上市115元，经计算安全垫由4%提升至6.9%。通过1手策略，提升了安全垫，也提升了最终抢权配售的收益。

1手策略只能在沪市转债中使用，只配1手时，效果最好。

对同一个转债，一个券商只能用一次1手策略，如果想配售多手，可最多在三个券商同时操作，如果开过融资融券账户，还可额外配售1手。比如想配4手南航转债，如果在一个券商，需要买入691×3+400=2473股股票，如果分别在三个券商和两融账户各买入400股，也可配到共计4手转债，但只要1600股股票，安全垫显然要高得多。

（4）融券对冲须谨慎。

既然知道申购当日会低开，那买入正股的同时进行融券对冲，只要付出融券利息成本，就可获配转债，风险不是更低？

首先并非所有股票支持融资融券，即便支持，也很难融到。最关键的是，根据融资融券业务规则，如果使用融券进行转债配售，会触发融券补偿原则，转债上市赚的钱全部归券商所有，如果转债上市破发，亏损由投资者自己承担，即融了也白融，还要倒贴利息并承担破发风险。

只有一种情况，融券对冲是有效的，就是用1手策略时。之前提到四个账户买入400股可配4手南航转债，若同时融券1600股南航，由于一个账户买1600股只能配2手转债，因此融券补偿只需要补偿2手转债赚的钱，实际上就多赚到了2手。这一切的前提是，能够融到券。

（5）螳螂捕蝉，黄雀在后。

抢权配售最标准的做法是在股权登记日收盘竞价买入正股，申购日开盘竞价卖出正股，这样就可避免股价的日内波动。

这样操作的投资者多了，就会造成收盘前股价被拉升，如果提前买入，可能会获得额外的收益。这种"螳螂捕蝉，黄雀在后"的操作也被称为套"套利者"的利，也叫潜伏抢权。

潜伏可以在股权登记日当天，也可以在前一天甚至前几周、前几月，逻辑也很简单，潜伏发债的人多了，同样会推升股价，只要赚的利润高于抢权配售，就可提前止盈不参与配售。当然，提前的时间越久，正股波动的风险也越大，有时还要结合股票的技术分析来判断，难度不小。下面就分享几点心得，仅供参考。转债发行流程如图 4.41 所示。

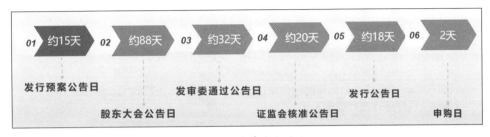

图 4.41 转债发行流程

从公司公告正式发行转债到申购日当天，中间会有 2 天时间，在这个时间里买入正股并持有到申购日当天，这就是抢权配售。

正式公告转债发行的第一个交易日，正股往往会高开，如川恒股份当日高开 5%，牧原股份高开 4%，如果在这之前提前买入，就可以赚到这部分收益，属于潜伏配债的收益。

从发行预案开始到正式发行，其间会有很长的一段时间，上面的天数也只是预估，所以潜伏配债的第一个关键点是时间，尽量选择核准待发的标的潜伏。核准后转债随时可发行，潜伏效率最佳，但风险也有，可能几个月不发债，牧原转债拖了好几个月，交行转债甚至几年不发。

抢权要选择含权高的，潜伏配置自然也是。国泰转债、南银转债的正股都是含权比较高的转债，不仅公告当日高开，在发债前也出现了明显的上涨，如图 4.42 所示，含权数据和发行进展可在集思录、宁稳网上查看。

图 4.42 江苏国泰发债前的走势图

持股自然有股价下跌的风险，遇到市场环境差，股价下跌，无法弥补发债高开的收益，就会潜伏失败，所以潜伏尽量选择市场走强、转债打新收益较高的时段。

最后一个技巧是关注公司的公告和动向，预测近期发行的概率。互动平台上公司会答复投资者发行的进展，如果进展顺利，一般都会做出官方回复。股东配债需要大量资金，即将发行前往往会质押股权去融资，当然，这只是信号，并不保证马上就会发行。牧原股份在转债发行前的公告如图4.43所示。

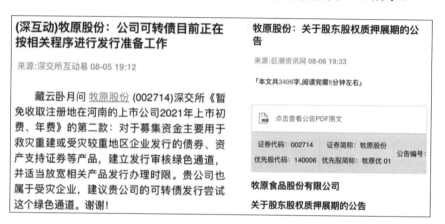

图 4.43  牧原股份在转债发行前的公告

（6）关注并研究待发转债的正股。

可转债发行时，正股盈利能力需要符合规定的要求，能发行说明正股的质地并不差。如果在审核发行过程中对正股进行深入分析，发现了看好的标的直接买入股票，转债发行时参与配售，配售日也不卖出正股，而是长期持有，最后随着转债强赎，持有的正股同样获得了30%以上的收益。

举东方财富的例子最恰当不过。如图4.44所示，2018年东方财富发行了第一期的转债，2020年发行了第二期转债，2021年发行了第三期转债。其间正股从10元一路上涨至40元，对于长期持有正股的投资者，有了打新市值，获得了配售资格，转债上市强赎赚到了钱，更享受到了正股大涨的收益。

东方财富 34.37　0.69 2.05%　　量139.30万　换1.63%　　　　　15:30

图 4.44　东方财富走势图

下面就来给抢权配售策略打个分，满分为五★。

原理理解：★★★

收益率：★★

安全性：★★

波动性：★★★★

可操作性：★★

股权登记日持有正股就获得了配售资格，能 100% 中签可转债，这不难理解。不过抢权配售想取得正收益并不容易，高收益更是困难，操作上可能需要结合股票的基本面、技术面辅助判断，适合股票投资经验丰富的投资者。

# ◎ 4.10　策略大杂烩：摊大饼策略

摊大饼策略本质上是一种分散投资的策略，通过某种条件筛选出几种甚至几十种标的，建立一揽子资产组合，组合中的成员按各自占比形成一个饼图，绘制这个转债饼图的过程就被形象地称为"摊大饼"。等大饼中的成员涨到期望值后就卖出，然后用腾出来的资金继续买入其他可转债并补充到大饼中，循环往复。摊出的"大饼"如图 4.45 所示。

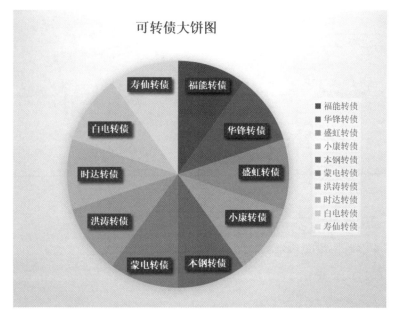

图 4.45　可转债大饼图

　　摊大饼策略的一大优势是分散风险。以到期保本价买入可转债则风险较小，但毕竟市场无法预测，每只转债都有可能发生黑天鹅事件，虽然尚无破产违约的先例，但公司被 ST、业绩暴雷、因环保事件被停产等情况时有发生，通过摊大饼策略能减少影响，即便某家公司经营不善，遇到债务违约、本金清零，对总资产的影响也有限。

　　摊大饼策略的另一大优势是投资体验较好，有利于增强投资信心。标的数量多，总有一些转债会因为利好事件或游资炒作而大涨，市场好的时候会有此起彼伏的现象出现，不断达成盈利目标止盈，几乎每天都有收获。所以，摊大饼策略十分适合转债初学者，风险低，容错率高，不易半途而废。

　　摊大饼策略当然也有劣势。由于分散，即便经常东边不亮西边亮，但总体收益依然只能达到平均水平，因某只转债大涨的收益会被未上涨的转债稀释，投资者常常会懊悔买少了。此外，过于分散也不利于管理，几十个转债在一个页面上，会让人看花眼。如果没有好的自动化交易工具，筛选、复盘、操作都会耗费大量的精力。

　　摊大饼策略的准备工作如下。

　　第一步，在摊大饼之前，先确定自己的资金量如何分配，多少用于摊饼，多少用于转债下跌后的加仓，然后再决定摊大饼的品种以及数量。单只转债占比一般在 3% ～ 10%。

第二步，结合自己的时间和精力，确定饼的大小。饼摊得越大，投入资金越多，就越需要多花时间和精力。如果时间和精力有限，要么缩小饼的大小，要么借助券商提供的自动交易工具。

第三步，根据风险偏好，选择摊大饼的策略。前文介绍了多种策略，如低价轮动策略、双低轮动策略、低溢价率轮动策略等，摊大饼策略就是各种策略的综合运用。如，用低价轮动策略选出 5 只转债，用双低轮动策略选出 5 只转债，用低溢价率轮动策略再选出 5 只转债，最终形成一个摊大饼策略。可以按各自策略定期轮动，也可以分别设好目标止盈位，达标后再进行新的筛选。这样，不仅转债持仓分散了，策略也分散了，避免了单一策略短期失效的风险。

把本章提到的各种策略做个总结和对比，如表 4.29 所示，投资者可根据自身风险承受能力和对可转债的掌握程度，选择最适合自己的策略进行配置。

表 4.29 各种策略的总结和对比

| 策略名称 | 特征 | 是否轮动 | 风险偏好 | 期望收益 | 投资者级别 |
|---|---|---|---|---|---|
| 低价轮动策略 | 面值以下的转债 | 是 | 低 | 低 | 初学者 |
| 双低轮动策略 | 低价、低溢价率的转债 | 是 | 低 | 中 | 初学者 |
| 低溢价率轮动策略 | 高价、低溢价率的转债 | 是 | 高 | 高 | 高阶 |
| 正股替代策略 | T+0、低溢价率、折价转股套利 | 否 | 高 | 高 | 高阶 |
| 低市值策略 | 捕捉妖债、潜伏炒作 | 否 | 中 | 中 | 熟练 |
| 条款博弈策略 | 下修、回售、到期、强赎博弈 | 否 | 中 | 中 | 熟练 |
| 高评分轮动策略 | 低价、优质的可转债 | 是 | 低 | 中 | 熟练 |
| 抢权配售策略 | 100% 中签可转债 | 否 | 高 | 低 | 高阶 |
| 摊大饼策略 | 策略大杂烩综合运用 | 是 | 低 | 中 | 初学者 |

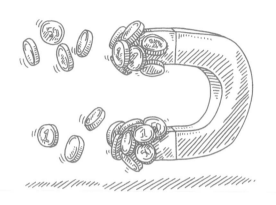

# 第 5 章　上班族的福音：不看盘也能玩转可转债

　　2021 年 9 月 23 日，证监会副主席在第四批全国证券期货投资者教育基地授牌活动上表示，目前，我国资本市场个人投资者已突破 1.9 亿，持股市值在 50 万元以下的中小投资者占比达 97%。由此数据可以看到，持仓金额较大的职业投资者在市场中的占比很小，大部分投资者还是勤勤恳恳的上班族，只是在本职工作之外，利用闲暇时间，在各个市场进行投资理财。

相比职业投资者，普通投资者因为本职工作需要，白天交易时段看盘的时间不多或者压根无法看盘，市场变化很快，容易错过交易良机，只能在午间休息或收盘后做一做复盘，忙里偷闲地把交易做完。

有没有工具可以在休市时间里把交易计划提前设置好，交易时段免盯盘，让工具实现自动交易呢？部分券商已经抓住了上班族的这项需求并实现了相关功能，本章就重点介绍这个给上班族带来福音的工具。

## ○ 5.1  可转债的量化交易

量化交易是指通过数量化方式及计算机程序化发出买卖指令，以获取稳定收益为目的的交易方式。量化交易在海外已有 30 多年的发展历史，市场规模和份额不断扩大，这几年在国内的发展也非常迅速，得到了越来越多投资者的认可。按照管理资产的规模，全球排名前六位中的五家（包括前四）资管机构都是依靠计算机技术来开展投资决策的。

量化交易具有纪律性，所有的决策都是依据模型做出的，有数据支持，而不是凭感觉做出的。它可以克服人性的弱点，如贪婪、恐惧、侥幸心理，也可以克服认知偏差。它可跟踪，可回测，便于事后验证策略效果。量化交易回测分析如图 5.1 所示。

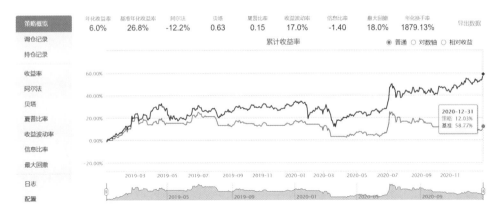

图 5.1　量化交易回测分析图

量化交易的策略主要有量化选股、量化择时、股指期货套利、商品期货套利、统计套利、算法交易、网格交易、高频交易等。

可转债作为一种投资品种，当然也可以使用量化交易。可转债相比股票，可以 T+0 交易，当天买入当天就可卖出，手续费低，交易成本就降低了，在高频量化交易上优势显著，只是大部分可转债的流通市值很小，少量资金可能就会引起转债价格的剧烈波动，大资金想在可转债上做量化交易，流动性是个很大的问题。

量化交易看上去高深莫测，又是模型，又是算法，还要精通编程。实际上，在第 4 章中介绍的可转债低价轮动策略、双低轮动策略、低溢价率轮动策略都可以算是量化交易。即便不懂算法，没有程序实现自动交易，也不影响我们运用这些策略。

当然，如果要实现自动化，模型和程序代码少不了，但这些工作券商已经为用户提前做完了，投资者会使用现成的工具就行了，下面就详细介绍这些工具及使用技巧。

## ◎ 5.2　不再担心忘记申购：可转债预约打新工具

投资者入门可转债的第一步，或许就是参与可转债打新，其风险低，操作简单，虽然中签率越来越低，但依然值得长期参与。

可转债打新，需要投资者在交易时间通过券商提交申购申请。大部分券商的 App 已经提供了一键打新功能，很方便，不用再输入代码、数量等，但上班族们白天忙起来，容易忘记申购，想起来的时候，可能已过了交易时间。

正是基于这点，券商又开发了预约打新的功能，不仅可转债申购能提前预约，新股打新也同样可以，预约打新界面如图 5.2 所示。

图 5.2　预约打新界面

只要申购信息公布，就可在 App 中操作了，一般提前三五天就能看到，最关键的是可以晚上操作，只需填写好申购时间，系统就会按照最优申购额度在设置好的时间点提交申购，对于可转债来说，默认是顶格申购。这样，投资者再也不用担心因白天忙于工作而忘记申购的问题了。

## ⊙ 5.3　智能机器人就位：可转债自动止盈工具

第 3 章 3.5 节中介绍过一个可转债止盈的方法——复式最高价折扣法。

它是一种以近期最高价为基准价，给予一定折扣后的价格作为卖出价的连续止盈方法。该方法的核心思想是：转债价格超过 130 元后，每天记录转债的最高价，当任意一天的收盘价低于最高价的 10 元或 90% 时，卖出手中全部或部分的转债。

每天计算和检查这些价格非常烦琐，而券商提供的回落条件单就可通过程序自动实现检查、计算和卖出这一系列操作。

下面就分别从新债上市的止盈和存量转债止盈两个部分来介绍这个工具的使用。

## 5.3.1 新债上市如何止盈？

好不容易中签了可转债，在上市时肯定想卖个好价钱。上市首日，可转债的走势主要有四种情况。

开盘价偏低，开盘后不断走高，直至进入合理价格区间。

开盘价偏高，开盘后高开低走，直至进入合理价格区间。

开盘价合理，在一定价格区间内小幅震荡。

遇到游资炒作，价格大幅波动。

除了价格波动，新债上市转债还有熔断机制，涨幅 20% 停牌半小时，涨幅 30% 停牌至 14:57。停牌期间，深市转债可以委托下单，沪市转债则不行。停牌期间忙点别的事，可能就忘记复牌时间，错过交易机会了。

对于短线操作把握不好或者没时间看盘的投资者，要利用好自动化工具回落条件单，虽然不能保证卖到最高价，但至少可避免低价卖飞、高价又没及时卖出的情况。

具体如何使用呢？下面以华宝证券提供的回落条件单为例进行说明。

回落条件单的全称是回落卖出条件单，当转债价格高于设置触发的价格后，满足回落幅度条件时，卖出持仓。其设置界面如图 5.3 所示。

图 5.3　回落条件单设置界面

需要设置的参数主要是触发底价、回落幅度以及委托。

第一个参数是触发底价。触发底价的设置可参考新债上市的合理价格，大于这个价格才考虑卖出。合理价格可结合同类转债的转股价值、溢价率进行预估，公众号上也会有参考分析，这里就不再展开叙述了。

触发底价的主要作用是防止在低价时卖出转债。如预计上市 115 ～ 120 元，但实际只开在 114 元，开盘后遇到抛压，回落了 3 元，虽然满足回落幅度，但依然不会卖出转债。

第二个参数是回落幅度。当转债价格超过触发底价后，只要回落超过设置的幅度，如 1% 或 1 元，就会卖出转债，回落幅度越小，越容易触发。

设置回落幅度的作用是防止转债在持续上涨过程中卖得过早。如预计上市115 ～ 120 元，开盘 120 元，且持续上涨至 130 元，虽然超过了我们的预期，但由于设置了回落幅度，只要没有触发回落条件，就不会卖出转债。

如果开盘价格过高，如 130 元，超过预期价以及触发价，转债受到抛压，快速下跌，由于设置了回落幅度参数 -3 元，那么在 127 元时，软件就会自动卖出转债，及时止盈。

委托设置里主要是执行卖出操作时，以哪种方式委托、价格委托以及卖出的数量。转债不能用市价委托，只能用限价委托，默认是买三价。委托数量就是触发条件单时，根据持仓数据全部卖出或部分卖出。

设置好后，就来看看新债上市的几种走势情况，以及条件单如何处理。

开盘价偏低，转债未到触发价，不会卖早。

开盘价偏高，高开低走，很快就满足了回落幅度条件，触发卖出，及时止盈。

开盘价合理，在一定价格区间内小幅震荡，若能卖出，就与预设的合理价格接近。

遇到游资炒作，在第一次冲高回落时，就会触发回落条件单止盈。

可以看到，回落条件单可以完美应对新债上市后的各种走势，无须看盘，自动执行较优的卖出操作。当然，分析出转债的合理价格区间很重要，工具可以自动交易，但不能预估价格。

只有一种情况回落条件单会失效。深市转债上市首日，开盘直接130元，停牌至14:57，由于深市转债14:57后直接进入收盘竞价，当日不会再出现价格连续波动，价格回落的条件不满足，也就不会触发回落条件单了。

下面就以瀚蓝转债为例，说明回落条件单的设置和使用技巧。

1. 设置回落条件单参数

通过对瀚蓝转债的上市价格预估，判断价格区间在123 ~ 125元，因此设置了最低触发价为125元，回落幅度3元，累计回落3元后卖出，设置后的结果如图5.4所示。

图5.4 瀚蓝转债回落条件单参数

2. 观察条件单运行情况

瀚蓝转债开盘 125 元，触发了熔断，停牌至 10 点，此时价格已经达到 125 元的最低触发价。10 点后，瀚蓝转债受到市场追捧，迅速涨至 130 元触发第二级熔断，停牌至 14:57，但因为未满足回落条件，软件程序未卖出瀚蓝转债，同时更新转债最高价为 129.9 元。

3. 条件单触发

14:57 复牌后，瀚蓝转债小幅上冲至 131.2 元后快速下跌。当转债回落至 128.2 元时，触发了回落条件单，以买三价 128 元委托，实际 128.2 元成交，如图 5.5 所示。

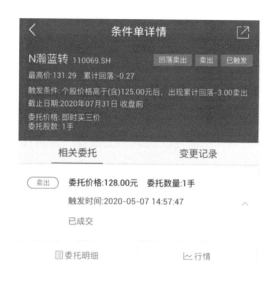

图 5.5　瀚蓝转债回落条件单触发记录

当日，瀚蓝转债以 126 元收盘，使用回落条件单虽然没有在最高价卖，但最终的成交价格不会让你觉得卖亏了，更重要的是，提前设好参数后，转债上市当天无须盯盘，全程由程序自动完成价格监控和交易操作。瀚蓝转债日线如图 5.6 所示。

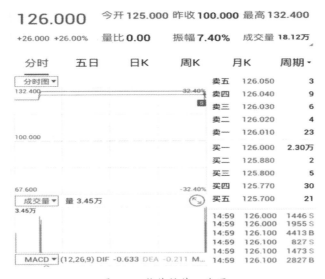

图 5.6 瀚蓝转债日线图

## 5.3.2 存量转债如何自动止盈？

存量转债的止盈，可通过回落条件单自动实现单次最高价折扣法。

以近期最高价为基准价，给予一定折扣后的价格作为卖出价的方法称为最高价折扣法，如果连续多次使用，就是复式最高价折扣法了。但是，回落卖出条件单触发后就终结了，即只能卖一次，只能实现单次的最高价折扣法，更适合设定好目标收益率的轮动策略以及打算一次性清仓的转债。

下面来看下条件单在高评分轮动策略（4.8 章节的内容）上的运用。2021 年5 月的组合表现出色，有不少冲高位止盈的机会，3% 以上止盈达成率 91%。当月收益率如表 5.1 所示。若以 3% 为当月收益率目标，在完成配置后，可为每只转债设置一个回落条件单，触发价格高于买入价的 3.2%，回落 0.2% 止盈。由于 3.2% 的达成率 91%，回落条件单实际触发时，涨幅大概率高于 3%，完成当月收益目标并不难。

表 5.1 高评分轮动策略收益分析

| 转债名称 | 发布价格 | 最高价格 | 最高收益率 | 溢价率 | 最新价格 | 收益率 | 评分 |
|---|---|---|---|---|---|---|---|
| 沪工转债 | 104.23 | 108.78 | 4.37% | 24.81% | 105.84 | 1.54% | 3.5 |

续表

| 转债名称 | 发布价格 | 最高价格 | 最高收益率 | 溢价率 | 最新价格 | 收益率 | 评分 |
|---|---|---|---|---|---|---|---|
| 维尔转债 | 104.54 | 118.00 | 12.88% | 19.01% | 107.72 | 3.04% | 3.5 |
| 现代转债 | 112.46 | 117.50 | 4.48% | 6.26% | 114.10 | 1.46% | 3.5 |
| 国投转债 | 106.82 | 113.30 | 6.07% | 23.68% | 113.06 | 5.84% | 4 |
| 利民转债 | 107.00 | 109.60 | 2.43% | 21.92% | 109.07 | 1.94% | 3.5 |
| 冀东转债 | 110.80 | 115.00 | 3.79% | 26.13% | 112.70 | 1.72% | 4 |
| 中天转债 | 115.85 | 121.78 | 5.12% | 15.94% | 120.00 | 3.58% | 4 |
| 杭银转债 | 115.61 | 120.33 | 4.08% | 23.58% | 120.03 | 3.82% | 4 |
| 洽洽转债 | 116.10 | 120.50 | 3.79% | 38.75% | 119.18 | 2.65% | 4.5 |
| 天能转债 | 103.30 | 118.88 | 15.08% | 7.93% | 110.43 | 6.90% | 3.5 |
| 东财转3 | 133.21 | 150.25 | 12.79% | 10.45% | 148.10 | 11.17% | 4.5 |

此外，当正股涨停，转债大幅上涨至熔断，此时若判断转债有所高估，又期望转债继续上涨获得更高收益时，可采用日内单次最高价折扣法，如大于130元，回落5%全部止盈，这种情况，通过回落条件单便可自动实现。

2021年5月11日，宝莱转债在正股没有明显上涨的情况下突然大涨20%触发熔断，停牌半小时。此时转债溢价率很高，正股仅1%的涨幅，很容易判断出这是游资的炒作，转债价格高估。想止盈，又期望复牌后转债再继续拉升能赚得更多，这时回落条件单就发挥作用了。宝莱转债复牌后冲高回落，触发了止盈条件被自动卖出，如图5.7所示。

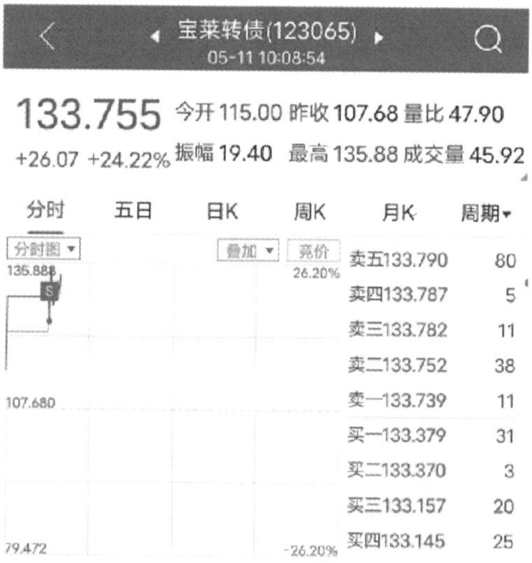

图5.7 宝莱转债日线图

虽然没有卖在最高价，但及时止盈，守住了大部分的利润。宝莱转债当日收盘回落至 125.53 元，随着游资撤退，转债价格大跌，很快又回到了 110 元左右，如图 5.8 所示。

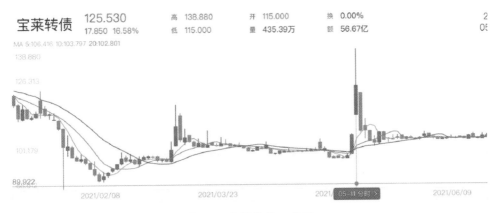

图 5.8　宝莱转债 K 线图

单次的全部止盈用回落条件单就足够了，但如果想实现全自动的复式最高价折扣法，连续多次分批止盈，那就需要用到下面的网格条件单了。

# 5.4　做 T 机器人：可转债网格交易工具

做 T 是短线高抛低吸的一种方式，通过低买高卖，赚得差价收益。正常情况下，在做 T 的过程中，要保持持仓的总量不变，即买卖的数量要保持一致，目的就是把成本价降低。高抛低吸听上去很容易，实际操作并不简单，要结合技术指标进行判断，还要经常看着 K 线图。最适合普通投资的做 T 方法是网格交易。下面就来详细介绍下它的概念及在可转债上的运用。

## 5.4.1　什么是网格交易？

什么是网格交易？网格交易是一种比较简单的量化交易策略，主要利用市场震荡行情来获利。其本质是利用投资标的在一段震荡行情中价格在网格区间内的反复运动以进行加仓或减仓的操作以达到投资收益最大化的目的。通俗点讲就是根据建立不同数量、不同大小的网格，在突破网格的时候建仓，回归网格的时候减仓，力求能够捕捉到价格震荡的变化趋势，达到盈利的目的。

网格交易的模型首先选择一个中轴线价格，并持有一部分仓位。当价格沿着中轴线价格向上，则卖出一部分。这时，基准价提高到目前的价格，若较新基准价上升一定比例则继续卖出，若下降一定比例则买入，同时更新基准价。通俗理解，就是低买高卖，高抛低吸，增加持仓收益，如图 5.9 所示。

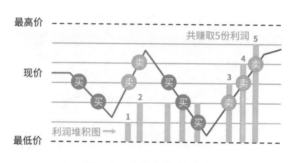

图 5.9　网格交易模型图

图 5.9 中，如果不进行交易，从开始持有到在最后一个卖点时卖出的话，收益只有一份，若采用网格策略，收益就可增加到五份。

网格交易在使用过程中会有哪些问题？

高抛低吸，说起来简单，实际操作时会遇到不少问题。是否有时间一直看盘操作？能否严格执行设置好的交易策略？网格触发后，基准价能否及时更新？如果持有的标的一直下跌，最后没钱继续买怎么办？如果持有的标的快速上涨，底仓很快就卖没了怎么办？标的如何选？参数如何设置？

针对上述问题，使用网格交易必须满足下面这些要求。

1. 交易周期长

如优质公司的股票、ETF、LOF 基金可以长期交易，而期货、期权涉及交割，就不适合做网格交易。

2. 有一定的波动性

有价格波动，振幅越大，网格获得的收益也会越大。波动小的，虽然可以通过调低网格区间提高触发频率，但每次交易会产生手续费，扣除利润后收益就会降低。

3. 有一定的安全边际

防止标的不断下跌，最后没钱可补。从这个角度来说，基金、可转债会比股票更好。

4.成交量活跃

流动性差的标的，如某些小规模的指数基金，买一卖一价相差很大，即便触发了，也未必能以期望的价格卖出。

5.能使用量化工具

基准价的调整和网格的触发免不了盯盘观察和计算，非常耗费精力和时间，如果可以免盯盘，设好参数条件后自动跟踪，自动交易，并实时更新基准价，那就最好不过了。

## 5.4.2 可转债网格交易

在可转债上使用网格交易，可发挥其不会破网（下有保底）、灵活（可T+0交易）、可高频交易（手续费低）的优势。

可转债网格交易能实现自动交易吗？参数如何设置？有哪些使用技巧呢？

华宝证券提供的网格交易条件单，主要的参数包括价格区间、触发基准价、上涨、回落幅度等，比回落条件单的参数要多一些。网格交易条件单参数设置界面如图5.10所示。

图 5.10　网格交易条件单参数设置界面

价格区间设置好后，程序会实时跟踪转债的价格，只在这个区间内做出买入或卖出的操作，高于或低于这个范围，条件单休眠，不会做任何交易，待转债价格重新进入区间后自动唤醒，如图 5.11 所示。

图 5.11　网格交易条件单休眠和唤醒

触发基准价。这是初始的中间价格，此时应持有一定的底仓，可以用转债当前的价格或底仓的成本价作为标准。基准价在条件单触发之前不会变化，一旦触发后，就会自动调整为触发时的价格。对可转债来说，上，以 130 元为目标位；下，要能控制回撤不破网。那 110 ～ 115 元作为初始的基准价会更合适一些，上、下都有空间。如果以 140 元作为目标位，那基准价格也可以适当抬高。

上涨回落幅度。这就是每一个网格之间的距离，俗称"一网"。比如 2% 为一网，或 2 元为一网。区间由转债的活跃度以及资金量决定，通常在 1 ～ 5 元的范围里。设置得越小，越容易触发，但也需要准备足够资金去补仓。由于网格触发的价格范围能确定，所需的资金也不难算出。如果转债价格低于一定的值，条件单就会进入休眠状态，不会补仓，也不会卖出。

设置回落卖出或拐点买入，这是个可选项，需要用这个功能时打开。

回落卖出其实就是上一节中的回落卖出条件单，自基准价上涨一网后，不立刻卖出，而是等回落一定幅度后才卖，作用就是防止标的在持续上涨过程中卖得过早。如设置 2 元为一个网格，回落 0.3% 卖出，当标的从基准价连续上涨了 3 元，只要没有回落超出 0.3%，就不会触发卖出。

而拐点买入则相反，自基准价下跌一网后，不立刻买入，而是等反弹一定幅度后才买，作用就是防止标的在持续下跌时买入得过早。

最后是委托的设置，如图 5.12 所示。

图 5.12　网格交易条件单委托设置页面

可转债不支持市价委托，只能选择限价委托。触发条件单时，系统默认以买三价或卖三价来挂单。倍数委托是可选功能，若转债一下子涨了 2 个网格区间，设置了倍数，委托会直接卖出 2 份。

每次交易的数量、底仓数、最大持仓都可根据自身情况灵活设置，以控制好仓位。建立网格条件单的前提是得有持仓，并且数量不能太少。太少的话，容易进入休眠模式而无法继续卖出止盈。没有持仓，网格条件单无法建立。

当网格条件单满足触发条件时，程序会先判断买入后是否会超出最大持仓范围或卖出后是否会低于最小持仓，若会超出范围，则不会发出交易委托，还会把条件单设置为休眠且不会自动唤醒，若依然要使用该条件单，需要重新手动设置一次才能激活。超限提示如图 5.13 所示。

（休眠）　该笔条件单由于最小持仓数量限制导致委托失败，已休眠

休眠时间：2021-01-08 10:30:29

图 5.13　网格交易条件因委托限制进入休眠状态

这些工作做完后还差最后一步的提醒设置。条件单触发后会发送消息提醒，所以务必把手机中该软件的允许通知开关打开。如果想在微信里收到提醒，还要关注该券商的公众号，绑定、关联本人的账号。

下面就以华安转债为例，看看网格条件单实战运用的效果。

1. 设置条件单参数

通过对华安转债震荡区间的价格预估，设置了107～118元的范围，1.3元为一网，初始基准价为112元。最小持仓3手，最大持仓10手，如图5.14所示。

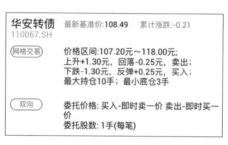

图 5.14　华安转债的网格条件单设置

2. 观察条件单运行表现

由于正股走弱，转债持续下跌，从112元下跌至108.38元，多次触发了网格条件单的买入操作，触发后更新基准价，如图5.15所示。

图 5.15　华安转债触发网格买入条件

转债开始反弹，持续上涨，由于设置了回落卖出的附加条件，程序并没有在达到一网（高于基准价 1.3 元）条件时立刻卖出，而是待转债从最高点回落到 0.25 元时才卖出，卖出价 108.49 元，卖出后设置该价格为最新的基准价。从图 5.16 上可以看到，通过回落卖出条件在相对高位进行了止盈，获得了超一网的收益。当日的日线如图 5.16 所示。

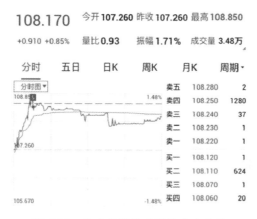

图 5.16　华安转债触发网格卖出条件

转债伴随震荡，延续反弹，网格条件单不断触发卖出和买入，若当日同时进行了买入和卖出操作，则以 T 表示，如图 5.17 所示。

图 5.17　华安转债触发网格交易图

3. 条件单评估

程序能够按照设定价格执行网格交易。在触发条件时，还通过微信进行了通知，如图 5.18 所示。

**条件单触发通知**

尊敬的用户，您手机尾号　　　智投账
户有一笔条件单触发通知，详情如下：

| | |
|---|---|
| 证券名称： | 华安转债 110067.SH |
| 条件单类型： | 网格交易 |
| 交易方向： | 卖出 |
| 委托结果： | 华安转债（110067）股价上涨1.30元，出现累计回落-0.25元，达到设置的条件并委托卖出。 |
| 触发时间： | 2020年5月28日 10:00:17 |
| 备注： | 点击详情打开华宝智投APP可查看详情及进行更多操作 |

图 5.18　网格条件单触发通知

通过网格条件单，在转债持续下跌的过程中不断买入，降低成本。当转债出现小幅反弹时，便实现了盈利。

网格条件单省去了盯盘、交易、更新基准价、统计等工作，满足了投资者全自动波段交易的需要。

## 5.4.3　哪些转债适合用网格条件单？

可转债的网格交易的优势在于不会破网（下有保底）、灵活（可 T+0 交易）、可高频交易（手续费低），哪些转债更适合网格交易？

理论上，所有转债都可以使用网格条件单，只是部分转债市值小，每天的交易量很低，买一价和卖一价相差很大。这类转债，如果网格设置过小，比如只有 1 元，条件单触发时可成交的价格可能会大幅小于预期的价格，如图 5.19 中的 135.955 元为现价，但可成交的是 135.590 元。若按卖一价卖出，则存在交易委托了却无法成交的风险，如图 5.19 所示。

## 万顺转2
### 135.955　−0.045　−0.03%

| | | | | | |
|---|---|---|---|---|---|
| 卖1 | 135.955 | 197 | 买1 | 135.590 | 2 |
| 卖2 | 136.200 | 3 | 买2 | 135.580 | 30 |
| 卖3 | 136.345 | 29 | 买3 | 135.412 | 28 |
| 卖4 | 136.390 | 5 | 买4 | 135.410 | 18 |
| 卖5 | 136.400 | 42 | 买5 | 135.400 | 4 |

图 5.19　万顺转 2 买卖价报价分布

如果依然想对流动性较差的转债设置网格条件单，那么网格区间设置要大一些，如 5 元以上，这样，买卖价差的影响就会降低。

对刚开始用网格策略的投资者，选择流动性好的大盘转债作为网格标的，会更合适一些，如券商行业转债。

券商股波动性大，直接买正股风险较高，而转债具有下有保底的优势，可以控制回撤。在合理的价格买入，在券商股起飞的时候，同样可以享受到高收益。券商转债高评级，违约风险极低，流动性好，波动大，完全符合网格交易的特点。2021 年某交易日收盘后 130 元以内券商转债的数据如表 5.2 所示。

表 5.2　130 元以内券商转债的数据

| 转债名称 | 现价 | 涨跌幅 | 正股名称 | 正股价 | 正股涨跌 | 正股PB | 转股价 | 转股价值 | 溢价率 | 纯债价值 | 债券评级 |
|---|---|---|---|---|---|---|---|---|---|---|---|
| 财通转债 | 112.990 | -0.05% | 财通证券 R | 10.88 | 0.65% | 1.68 | 13.13 | 82.86 | 36.36% | 92.36 | AAA |
| 华安转债 | 113.030 | 0.52% | 华安证券 | 5.41 | 0.93% | 1.36 | 6.22* | 86.98 | 29.95% | 95.16 | AAA |
| 国投转债 | 115.510 | 0.35% | 国投资本 | 9.06 | 2.95% | 1.23 | 9.90 | 91.52 | 26.22% | 93.77 | AAA |
| 国君转债 | 120.400 | 0.84% | 国泰君安 R | 18.70 | 4.88% | 1.19 | 18.45 | 101.36 | 18.79% | 101.57 | AAA |
| 瑞达转债 | 123.000 | 6.14% | 瑞达期货 | 29.63 | 9.99% | 6.28 | 29.55 | 100.27 | 22.67% | 94.19 | AA |
| 长证转债 | 126.100 | -0.07% | 长江证券 R | 7.74 | 1.18% | 1.44 | 7.13 | 108.56 | 16.16% | 100.76 | AAA |

110 ～ 115 元区间的有财通转债、华安转债和国投转债，当时价格就可作为基准价设置网格条件单。

依然以华安转债为例，参数设置在 105 ～ 125 元区间，2 元一网格，附加回落或反弹 0.28 元的条件。

券商股波动大，转债同样如此。由于设置了网格条件单，有 2 个交易日，居然分别触发了 5 次和 6 次条件单，如图 5.20 所示。

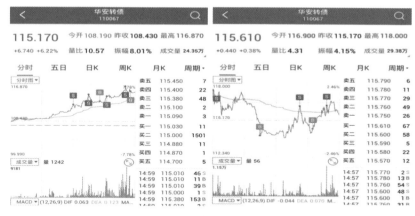

图 5.20  华安转债网格条件单触发图

这些交易操作是程序自动完成的，没有任何人工干预。2020 年 7 月 3 日华安转债网格条件单的委托记录如图 5.21 所示。

图 5.21  2020 年 7 月 3 日华安转债网格条件单的委托记录

## 5.4.4  可转债也能玩高频交易吗?

可转债交易成本很低，没有印花税、过户费等，佣金也特别低，如十万分之几，最低收费只有几毛。只要流动性好，小网格的高频交易是否也可行呢?

如图 5.22 所示，2020 年 9 月，临近到期的电气转债始终在 109 元左右徘徊，K 线图这样的波动，想必很少人会用网格来做高抛低吸。

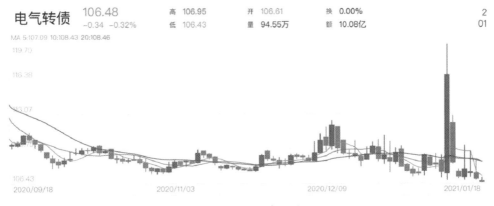

图 5.22　电气转债 K 线图

电气转债到期赎回价 106.6 元，存在"3 个月时间，最多亏 2%，上不封顶"的到期博弈机会。笔者在 108 元左右建仓，平时没时间看盘做高抛低吸，干脆就扔给了网格"机器人"，有 106.6 元的保底价存在，不会破网，最大持仓也很容易计算，设置了 0.4 元一网，回落反弹 0.1 元的小网格，实际的运行效果让人颇感意外，多次触发了网格条件单并不断推送提醒通知。电气转债网格条件单参数如图 5.23 所示。

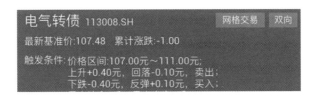

图 5.23　电气转债网格条件单参数

在两个多月的时间里，这样的提醒一共出现了 133 次，一天触发 4 次的情况也不少，完全是程序自动交易，让小散也体验了一回高频的量化交易，如图 5.24 所示。

图 5.24　电气转债日线图

从 K 线图看到，电气转债不断在做 T，高抛低吸，不亦乐乎，T 表示当日至少完成了一次交易，如图 5.25 所示。

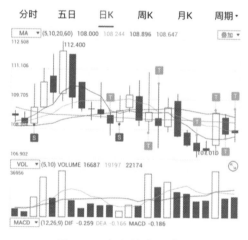

图 5.25　电气转债 K 线图

虽然这位网格交易机器人表现不错，但由于触发价格范围设小了，涨至 111元以上的部分因条件单进入了休眠模式而未执行网格交易，错过了不少做 T 的机会。所以，定期检查一下运行状态还是十分必要的。

做了那么多次高抛低吸，收益究竟如何呢？133 次触发，理论上成功完成了 66 对买卖，每张转债至少收益 0.3 元，约 0.27%，66 次，即提升收益 17.82%。从 108 元跌至 106.6 元，通过网格买入，最多只会持有 4 份转债，所以最小收益为 17.82%/4=4.45%。两个月时间，机器人就帮我至少赚了年化 26.7% 的利润。

至于交易成本，沪市转债交易手续费只有百万分之五，一次交易两万元以下就按下限收，0.1 ～ 0.5 元不等，即便高频交易，成本也非常低。

电气转债在到期前的一个月突然发力，最高涨至 119 元，10% 的价格增长收益附加至少 4.45% 的网格自动做 T 利润，让到期博弈的收益得到了增强，这增强还是全自动的，不看盘，不复盘，App 都不用登入，简直就是躺赚。

临近到期的、有保底价的、流动性好的转债可以这么玩。面值附近，波动不大的、年化利率高的银行、基建、交运转债也可以。不过这种高频网格的收益率，比较对象应该是债基和固收＋的理财产品，追求安全、稳健，切莫拿权益类基金和股票来比较。

## 5.4.5　非对称网格，全自动实现复式最高价折扣法

通常来说，使用网格交易，它的网格区间是固定的，跌一网买入，涨一网卖出，买卖是对称的。

如果对买卖有倾向，那么可通过非对称网格实现。对于建仓后的转债，计划通过分批逢高卖出的方式止盈，那么在网格设置时，下跌一定幅度买入的网格就可设大一些，如涨 3 元卖出，跌 6 元才买回，这样就实现了小涨分批卖、大跌才买回的效果。反过来也一样，涨 6 元才卖出，跌 3 元就买入，实现越跌越买，不断收集筹码的效果。

在第 3 章 3.5 节中介绍了可转债如何止盈。止盈的起点价格是 130 元，当转债超过 130 元后，希望使用复式最高价折扣法进行分批止盈，不过该方法需要不断观察和计算价格，步骤相对烦琐。计算方式通过一个例子再来回顾一下。

2021 年 7 月后，新凤转债突破 130 元，进入止盈观察期。我们将策略参数设置为转债价格大于 130 元后触发，若收盘价低于最高价 10 元，卖出持仓 50% 的转债，复式循环一次，即再次触发条件后，卖出剩余 50% 的转债。

7 月 8 日至 7 月 15 日，新凤转债连续上涨，每日分别记录最高价，由于未

下跌回落，按律继续持有。

7月16日冲高至155.8元，收盘147.79元。最高价计为155.8元，155.8-10=145.8元，收盘147.79元高于145.8元，按律继续持有。

7月19日周一，转债下跌调整，收盘142.57元，最高价未发生变化，仍为155.8元，155.8-10=145.8元。收盘142.57元低于145.8元，触发了止盈条件，次日进行止盈。同时最高价调整为142.57元。

7月20日转债继续下跌，收盘136.52元，当日最高价144.83元，高于昨日的142.57元，故最高价计为144.83元，144.83-10=134.83元。收盘136.52元高于134.83元，按律继续持有。

7月21～23日转债上涨，最高价不断抬升，最高价计为148.23元，148.23-10=138.23元。按律继续持有。

7月24日转债下跌，收盘138.35元。当日最高价148.25元，最高价计为148.25元，148.25-10=138.25元。由于收盘和触发价很接近，可考虑执行止盈策略。次日盘间低于138.25元时，则直接卖出剩余转债。

那么多步骤，是不是看得头大了？有没有更简单的甚至全自动的方法呢？有，使用非对称网格就可以，只是参数的设置会极端一些。

止盈策略不变，转债价格大于130元后触发，若转债当前价格低于最高价10元，卖出持仓50%的转债，复式循环一次，再次触发条件后，卖出剩余50%的转债。

网格参数的设置如图5.26所示。

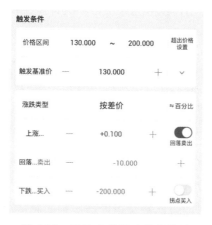

图5.26　网格交易涨跌参数设置

触发价格区间在 130 ～ 200 元，0.1 元为一网格，初始基准价为 130 元。当转债超过 130 元后，就激活了网格条件单。

附加回落 10 元卖出条件。这个非常重要，0.1 元的网格很容易就到了，但需要满足高点回落 10 元后才卖出，这样就可让程序去不断寻找最高价的折扣点。

下跌 200 元后买入，止盈策略，不考虑重新买回，设一个非常大的值确保不会触发即可。

若一共持有 110 张东财转 3，则在委托页面里，当前的持仓就是最大持仓 110 张，最小持仓 10 张（系统有下限规定），每笔委托一半持仓，即 50 张，参数设置如图 5.27 所示。

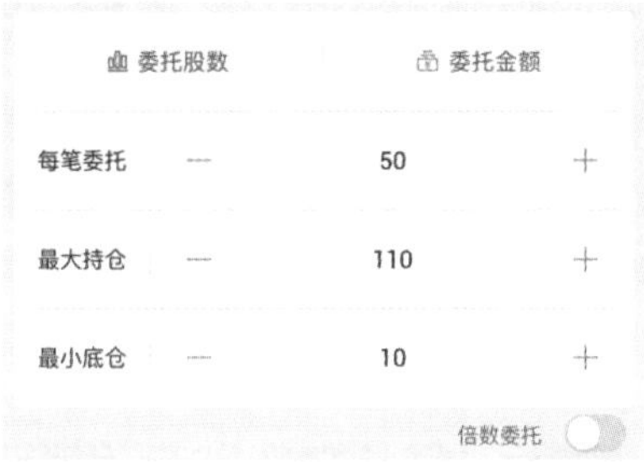

图 5.27 网格交易委托参数设置

这样网格交易的准备工作就全部完成了，请你泡一壶茶，后面的活儿全部交给机器人吧。

东财转 3 上市后，很快突破了 130 元，接下来的两个月里虽有波动，但从未满足过从最高点回撤 10 元的条件，网格条件单一直没有触发，不过机器人一直关注着价格，计算着价格，随时准备出手。东财转 3 的 K 线如图 5.28 所示。

图 5.28 东财转 3 日线图

2021 年 7 月 23 日，转债出现高点 166.2 元，当日最低价 156.6 元，收盘 157.1 元，未满足回落 10 元的条件，所以网格交易条件单未触发。下一交易日 7 月 26 日，转债继续下跌，跌破了 156.2 元后第一次触发了网格交易条件单，卖出一半持仓，同时，程序自动把基准价由 130 元调整为 156.2 元。

而后转债在 160 元附近震荡，直到 9 月 3 日转债大涨，最高价达到 169.9 元。这天转债大幅波动，冲高回落，当价格跌至 159.9 元时，又一次满足了 10 元回落的条件，触发网格交易条件单，卖出最后一半持仓。此时手中只有 1 手持仓（软件限制原因），不会再触发网格交易，可手动卖出，无论何时卖出，对总体的收益已经影响不大了。

可以看到，使用非对称网格条件单，肯定是无法在最高点卖出的，但也是相对较高的价格。最重要的是，只要在最开始时设置好条件单，后面的一系列操作则不需要操心，不用看盘，不用记录最高价，不用计算回落价格，全部自动完成，自动实现复式最高价折扣法。

## ◎ 5.5 复合条件单：免盯盘，还能躺赚年化 15%？

截至 2020 年 4 月底，共有 161 只转债退市，其中非强赎退市的只有 11 只，占比 6.8%。平均存续期 2.06 年。也就是说，90% 以上的转债上市后，2 年内都可以完成 30% 以上的累计涨幅（极少数强赎价 120 元，涨幅 20%），即年化收益 15%。

面值买入，耐心持有，2 年里遇到正股大幅上涨，便可完成目标。即便在熊市里股价大跌，上市公司也可通过下调转股价来促强赎。似乎，15% 的年化收益唾手可得，但事实真的如此简单吗？

### 1. 可转债投资的难点

首先，2 年时间，虽然不长，但绝对不短，想赚快钱的多，有耐心的少。看着自己买的转债长时间不涨，持有信心就会动摇。

再者，面值或面值以下的转债很难买到。打新能中一签就不错了，想在面值附近配置优质转债难上加难，成本高了，虽然顺利强赎，但年化收益率却低了。

最后，通过分散买入转债摊大饼，风险是低了，但精力有限，不可能一直看盘，即便出现了好的买入、卖出机会，也不一定能抓住，不断坐电梯，收益率降低。

有没有好办法来解决上述问题呢？

首先要明确收益目标和实现方式。可从买入转债、收益增强、卖出止盈三个维度来确定。

（1）买入转债。

接近或低于面值买入转债，越低越好，一般不高于 110 元。

配置转债主要有三种途径，即上市前买股配售、打新以及直接买入。配售、打新如果能获得低成本转债自然最好，而直接买入则根据建仓线，逢低买入，越跌越买。接近面值或破发，转债的年化利率会提升，从而对转债价格形成支撑。当然，并非所有转债都可这么操作，需要对基本面、条款进行分析后才可确定建仓线。

（2）收益增强。

低成本买入后，需要耐心等待。但看到转债上下波动，还可以 T+0，忍不住想高抛低吸、赚差价。这当然没问题，是增加收益、降低成本的方法，如使用网格交易，便可实现这种效果。但高抛低吸交易难度不小，要长时间看盘，参数还要不断调优，得有更好的工具来协助完成。

（3）卖出止盈。

转债在正式强赎前，涨幅必定已超过 30%，这时就可用复式最高价折扣法进行分批止盈。若利用好交易软件的价格提醒功能以及条件单功能，就能起到事倍功半的效果。

综上，在 110 元以下建仓，确保到期保本，在 110 ～ 125 元区间做差价，增加收益，125 元以上止盈，力求获得 15% 以上的年化收益。

2. 如何做到"躺赚"？

大部分投资者都是非专业人士，看盘时间有限，策略执行力差，如果能有现成的工具，免盯盘，按既定的策略自动完成交易，那要想实现躺赚的目标，就会容易很多。下面就以国君转债为例进行说明。

先制定策略，如 110 元以下分批买入，每下跌 2 元买入一份转债，越跌越买。在 110 ～ 125 元区间使用网格策略做 T，增强收益。125 元以上使用最高价折扣法进行分批止盈，高点回落 5 元卖出 30% 的仓位。

三个阶段分别使用分批建仓条件单、对称网格条件单及非对称网格条件单实现全自动交易。

（1）分批建仓，收集筹码。

若经过分析，你认为在110元以下，国君转债的投资价值很高，只买不卖，并打算通过分批买入的方式完成建仓，那使用分批建仓条件单即可，如图5.29所示。

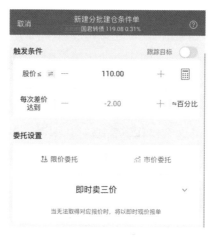

图5.29　分批建仓条件单价格和涨跌设置

设置每笔委托数量及最大持仓数。由于转债下有保底，特别是券商转债，很难跌破面值，所以最大持仓很容易预估。如果越跌越买，并且想买得更多，还可附加金字塔参数，后一次委托买入的量就会递增，如图5.30所示。

图5.30　分批建仓条件单委托设置

（2）对称网格高抛低吸。

使用网格交易前先确定是否已经完成建仓，成本是多少，向上最多可以卖掉多少，要留多少底仓，然后就可设置网格条件单了。

根据策略目标，以110元作为基准价，在110～125元区间内，以2元为一网，0.2元回落卖出和反弹买入，参数界面如图5.31所示。

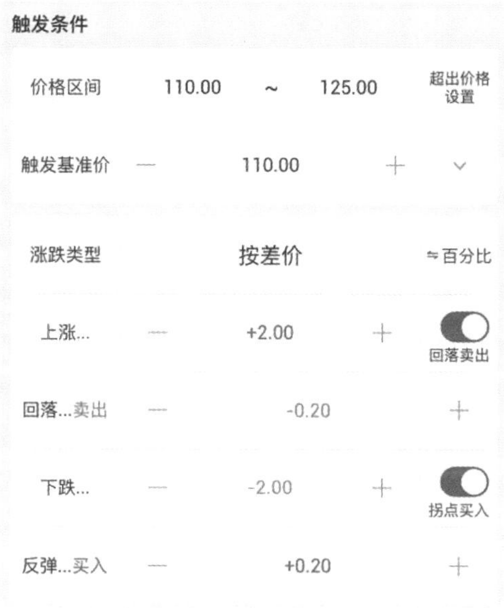

触发条件

| 价格区间 | 110.00 | ～ | 125.00 | 超出价格设置 |

| 触发基准价 | — | 110.00 | ＋ | ∨ |

| 涨跌类型 | | 按差价 | | ≈百分比 |

| 上涨... | — | +2.00 | ＋ | 回落卖出 |

| 回落...卖出 | — | -0.20 | ＋ | |

| 下跌... | — | -2.00 | ＋ | 拐点买入 |

| 反弹...买入 | — | +0.20 | ＋ | |

图 5.31　网格条件单价格

同样，还须设置每笔委托数量及最大、最小持仓。最小持仓就是不打算卖出的底仓。

只要转债在这个区间来回震荡，就能够收获超额收益。转债由于下有保底，破网后也无须担心，按分批买入策略继续执行加仓。对于可转债而言，强赎是最终目标，网格只是辅助提高收益的一个策略。低位建仓，以中间价做网格降低成本，到达强赎价后全部止盈，这才是最理想的组合策略。

（3）非对称网格分批止盈。

当转债高于125元后，就进入了目标止盈区间，此时条件单的选择比较多。如果是一次性全部止盈，可选择回落条件单，最高价回撤一定比例止盈。如果固定区间分批止盈，如每涨10元卖出一部分，则可使用分批出货条件单，设置方式和分批建仓条件单类似。如果想用复式最高价折扣法，多次分批自动止盈，则使用非对称网格条件单。

根据策略目标，设置触发基准价125元，从最高价回落5元后卖出，设置

200 元的下跌买入参数，确保不会触发买入操作。参数如图 5.32 所示。

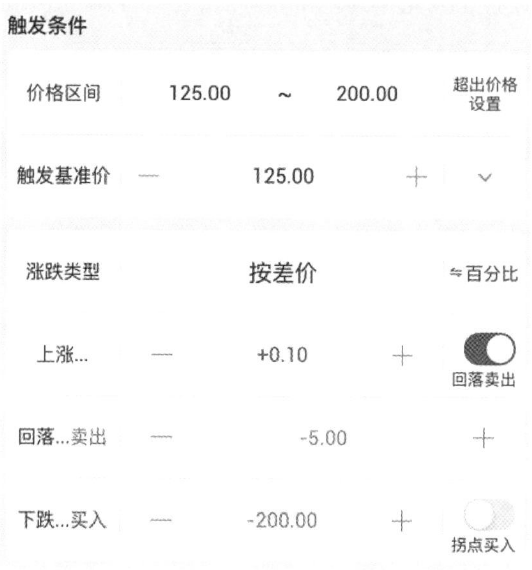

**触发条件**

| | | | | |
|---|---|---|---|---|
| 价格区间 | 125.00 | ~ | 200.00 | 超出价格设置 |
| 触发基准价 | — | 125.00 | + | ∨ |

| | | | |
|---|---|---|---|
| 涨跌类型 | | **按差价** | ≈ 百分比 |
| 上涨... | — | +0.10 | + ⬤ 回落卖出 |
| 回落...卖出 | — | -5.00 | + |
| 下跌...买入 | — | -200.00 | + ○ 拐点买入 |

图 5.32  非对称网格条件单价格设置

委托页面，最大持仓可以设置一个较大的值，最小持仓为 1 手或 10 张，每笔委托数为 30% 的仓位，当转债大于 125 元时，需要根据实际持仓数再调整一下。关闭倍数委托，以免影响每次止盈的数量。参数如图 5.33 所示。

| | 委托股数 | | 委托金额 | |
|---|---|---|---|---|
| 每笔委托 | — | 30 | | + |
| 最大持仓 | — | 1000 | | + |
| 最小底仓 | — | 10 | | + |
| | | | 倍数委托 | ○ |

图 5.33  非对称网格条件单委托设置

这样，"躺赢"策略已经全部设置好，后面的工作就交给软件去自动实现了。各阶段的任务对比如表 5.3 所示。

表 5.3 "躺赢"策略各阶段任务对比

| 转债价格区间 | 条件单 | 阶段目标 | 自动交易 | 关注度 |
|---|---|---|---|---|
| 110 元以下 | 分批建仓 | 收集筹码 | 是 | 低 |
| 110 ～ 125 元 | 对称网格 | 高抛低吸 | 是 | 低 |
| 125 元以上 | 非对称网格 | 分批止盈 | 是 | 高 |

理想状态下，最初的持仓成本在 105 元左右，网格高抛低吸增加 5% 的收益，最终的平均分批止盈价在 130 元以上，这样就可取得 30% 的总收益，若在 2 年内达成，年化收益率就可超过 15%，若时间更短或平均止盈价更高，则收益还可以提升。

上述例子以价格为最重要的因子，并未考虑到溢价率、基本面、题材等因素，在实际运用过程中，若一并考虑，建立多只组合，可分散单一持债的风险，轮动起来提高资金使用效率，运用效果会更好一些。至于 110 元、125 元、130 元、回落 5 元等参数也不是固定不变的，可根据风险偏好和止盈目标来确定。

通过这样的策略，可转债投资的痛点不就解决了？面值附近的优质转债不好找，但在 105 ～ 110 元还是有不少的，这个价格段足够安全，能够很好地控制回撤。2 年的时间很长，网格交易不断触发，不但提升了持仓收益，交易体验也得到了大幅提升。每一次成功交易都会收到提醒，经常晒出高抛低吸的买卖点，别人一定认为你是做 T 的高手。最重要的是，全程都是自动化交易，省心省力，偶尔抽时间检查一下交易情况，做下调整即可。

# 第6章 可转债的延伸

可转债的盛宴即将进入尾声，通过前面章节的学习，相信你对可转债已有了很深刻的认识。可转债的投资还可延伸到很多方面，能通过买入基金的方式来投资可转债吗？可交换债和可转债有什么区别？"下有保底，上不封顶"的思维还可应用在哪些投资上？这些都将在本章进行重点介绍。

## ○ 6.1 可转债基金

基金投资想必您一定参与过，就是把钱交给基金公司进行管理，由基金经理运作和投资，余额宝就是基金的一种。投资基金的好处有很多，分散投资，降低风险，可以小额定投强制储蓄，专业的事交给专业的人来做，省时省力。

基金有哪些类别呢？一般按照投资对象的不同，基金可分为货币基金、债券基金、混合型基金、股票型基金、ETF 指数基金等。

货币基金：是只投资于货币市场的一种开放式基金。它主要投资于一年（含）以内的银行定期存款、大额存单，一年（含）以内的债券回购，一年（含）以内的中央银行票据或者中国证监会，中国人民银行认可的其他具有良好流动性的货币市场工具，风险最低。余额宝就是货币基金。

债券基金：是以国债、金融债、企业债、可转债等固定收益类金融工具为主要投资对象的基金，由于其投资的产品收益比较稳定，又被称为"固定收益基金"。

混合型基金：在投资组合中既有成长型股票、收益型股票，又有债券等固定收益投资的基金。混合型基金的合同条款对股票或者债券大多没有具体的投资比例限制，由基金经理根据自己对市场的判断灵活调整股票和债券的仓位。

股票型基金：大部分资产投资于股票市场的基金，它的股票仓位合同约定不低于 80%。

ETF 指数基金：是一种交易型开放式的指数基金。它在交易所上市交易，可像股票一样交易。ETF 指数基金是一揽子的股票组合，跟踪的大多是指数，例如上证 50、沪深 300、中证 500 等，也有一些 ETF 指数基金跟踪的是某个行业板块的指数，如证券行业指数、有色金属行业指数、医药行业指数等。

由于持仓分散，踩雷风险小，易估值，又无须对标的物做深入研究，只要合理配置，便能轻松省力地享受指数上涨带来的收益。

投资可转债的基金主要集中在指数基金、债券基金和混合基金中。

## 6.1.1  可转债指数基金

那有没有跟踪可转债指数的基金呢？有，不过成立时间不长。首只可转债 ETF 是博时基金的可转债 ETF（511380），于 2020 年 3 月 6 日正式成立，当时基金规模超过 6 亿元，并于 4 月 7 日正式登入交易所。

转债 ETF 有何特别之处？是否值得配置呢？

1. 博时可转债 ETF 简介

博时可转债 ETF 跟踪的是中证可转债及可交换债券指数，投资标的债券比例不低于 80%。截至 2021 年 10 月 19 日，指数成分券超过 384 只，充分反映了沪深交易所可转债和可交换债券的整体表现。中证可转债及可交换债券指数近年来的走势如图 6.1 所示。

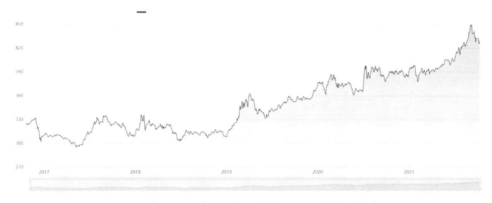

图 6.1  中证可转债及可交换债券指数近年来的走势图

转债大扩容是从 2018 年开始的。2018 年是 A 股大熊市，转债频频破发，沪深 300 大跌 25%，但中证转债指数仅下跌了 1.16%，体现了出色的防御性。

2019 年，随着股市回暖，转债受到市场认可，中证转债指数大涨 25.14%，略低于投资股票的沪深 300 指数的 33%，进攻性也不差。

再来看一下中证转债和可交换债券的成分券，截至 2021 年 10 月 15 日，十大权重券 35% 的仓位以高评级、规模较大的蓝筹转债、可交换债为主，行业分布了大金融和公共事业行业。指数总体风格偏稳健，按转债发行的规模大小来设置权重占比。如表 6.1 所示。

表 6.1　指数十大权重

**十大权重**

更新日期　2021-10-15

| 银行间代码 | 上交所代码 | 深交所代码 | 证券名称 | 信用类型 | 权重(%) |
|---|---|---|---|---|---|
| -- | 110059 | -- | 浦发转债 | AAA | 6.26 |
| -- | 113021 | -- | 中信转债 | AAA | 5.14 |
| -- | 113044 | -- | 大秦转债 | AAA | 4.03 |
| -- | 113011 | -- | 光大转债 | AAA | 3.34 |
| -- | 132018 | -- | G三峡EB1 | AAA | 2.98 |
| -- | 110053 | -- | 苏银转债 | AAA | 2.83 |
| -- | -- | 123111 | 东财转3 | AA+ | 2.83 |
| -- | 113050 | -- | 南银转债 | AAA | 2.81 |
| -- | 132015 | -- | 18中油EB | AAA | 2.53 |
| -- | 113042 | -- | 上银转债 | AAA | 2.48 |

对于转债 ETF，要求跟踪该指数，因此标的的选择会完全参照该指数。投资范围及业绩比较基准如表 6.2 所示。

表 6.2　投资范围及业绩比较基准

| 基金名称 | 博时中证可转债及可交换债券交易型开放式指数证券投资基金 |
|---|---|
| 基金简称 | 博时可转债 ETF |
| 基金代码 | 511380 |
| 基金类型 | 指数型 |
| 成立生效日期 | 2020 年 03 月 06 日 |
| 投资目标 | 紧密跟踪标的指数，追求跟踪偏离度和跟踪误差的最小化。 |

| | |
|---|---|
| 投资范围 | 本基金主要投资于标的指数成分债券和备选成分债券。为更好地实现基金的投资目标，本基金可能会少量投资于国内依法发行上市的债券，包括国债、地方政府债券、央行票据、金融债、可转换债券（含分离交易可转债的纯债部分）、可交换债券、货币市场工具、债券回购、银行存款、同业存单、国债期货以及法律法规或中国证监会允许基金投资的其他金融工具（但须符合中国证监会的相关规定）。本基金不直接从二级市场买入股票，也不参与一级市场新股或增发新股的申购，但可持有因可转债转股所形成的股票、因可交换债换股所形成的股票，不过须在其可交易之日起 10 个交易日内卖出。如法律法规或监管机构以后允许基金投资其他品种，基金管理人在履行适当程序后，可以将其纳入投资范围。基金的投资组合比例为：本基金投资于标的指数成分债券和备选成分债券的资产比例不低于基金资产净值的 80%，且不低于非现金基金资产的 80%。本基金每个交易日日终在扣除国债期货合约需缴纳的交易保证金后，应当保持不低于交易保证金一倍的现金，其中现金类资产不包括结算备付金、存出保证金、应收申购款。 |
| 业绩比较基准 | 本基金的业绩比较基准为中证可转债及可交换债券指数收益率。 |

### 2. 转债 ETF 的优势

比起直接买入可转债或债券基金，转债 ETF 有何优势？

（1）择券省时省力。

投资转债策略很多，如"双低轮动""博弈下修""摊大饼"等，对于时间和精力有限的投资者，选择 ETF 会更省力。

ETF 的投资策略与"摊大饼"很像，分散买入，转债强赎，规模不足 3000 万元时，则止盈剔除，只是这一系列的操作都由基金经理来完成，他帮你"摊大饼"。

（2）交易灵活，成本低。

博时转债 ETF 既可以在场外通过申购、赎回方式交易，也可在场内像股票一样直接买入、卖出，交易可 T+0。转债 ETF 费率较低，管理费为 0.15%，托管费为 0.05%，比起债券基金要低很多。

（3）转债属性更强。

部分债券基金，除了持有可转债外，还会持有一定比例的股票。当股市波动剧烈时，基金的回撤幅度也会很大。此外，基金经理的变动，投资风格的变化，对基金业绩也将产生重大影响。而转债 ETF，由于策略固定，受基金管理人影响小，又不买入股票，可转债的属性更纯正。

（4）免利息税，可参与网下打新。

机构户的特权。散户持有可转债，债券付息时，要交 20% 的税，但机构户是免征的，对投资者来说，就间接避税，提高了少许收益。

机构可以参与网下打新，以面值的成本获配转债。转债上市后，享受打新的收益。不过 2020 年后网下打新数量很少，这个优势不明显。

3. 转债 ETF 的劣势

（1）与转债整体市场表现有差异。

指数十大权重债券中，有 6 只都是银行转债，还有 2 只可交换债，而可转债有 300 多只，发行规模小的转债占比会非常低，这样就不能体现出转债市场的整体水平。集思录在考虑转债市场规模的前提下，编制了可转债等权指数，每只转债的权重都是相同的。近 4 年转债等权指数与中证转债涨幅对比如表 6.3 所示。

表 6.3　转债等权指数与中证转债涨幅对比

| 名称 | 2021 年涨幅（截至 10 月 18 日） | 2020 年涨幅 | 2019 年涨幅 | 2018 年涨幅 |
|---|---|---|---|---|
| 可转债等权 | 20.21% | 23.26% | 27.97% | −3.07% |
| 中证转债 | 10.41% | 5.26% | 25.12% | −1.15% |

随着转债发行数量的增多，可转债等权指数与中证转债指数的差异逐渐变大。有些低评级、规模小、概念题材多的转债即使大涨，由于在中证转债中占比很小，对中证转债指数的收益贡献就很小了。

（2）稳健有余，进攻不足。

十大权重债券中，其正股除了东方财富，其余的银行股、中国石油、长江电力的股性都不活跃，波动小。而对应的转债、可交换债还有较大的溢价，这波动就更小了。第一权重浦发转债，溢价率超 60%，正股破净无法下修转股价，或长期在 100 元出头的位置震荡，这就拖累了 ETF 的净值增长。

（3）无法发挥可转债"保本"的优势。

可转债具有"下有保底，上不封顶"的特点。只要公司不破产，在保本价内买入转债，到期肯定是保本的，但转债 ETF 并不能保证，当转债超过 130 元后，它依然会持有。部分转债上市就超过 130 元，转债 ETF 不得不被动配置。

4. 转债 ETF 如何配置？

对于可转债投资经验丰富的人，完全可以按照自己的策略进行组合。

对于时间和精力有限但又想参与可转债投资的人，可考虑在市场低位时分

批买入可转债 ETF。长期来看，转债 ETF 的投资收益会高于纯债基金，回撤比
混合基金、转债基金小。

ETF 是最适合定投的基金产品，长期坚持下去，往往可以取得不错的收益。
下面的基金定投的微笑曲线可揭示其中的奥秘，如图 6.2 所示。

图 6.2　基金定投的微笑曲线

所以，热衷基金定投的投资者也可将可转债 ETF 加入观察名单，根据需要
进行配置。

## 6.1.2　可转债债券基金

前文已经介绍了和可转债有关的基金——可转债指数基金。混合基金和债
券基金也可投资可转债，它们和可转债指数基金又有什么区别呢？

### 1. 关于可转债基金

顾名思义，可转债基金是主要投资可转债的基金，但基金所募集的资金全
部用在可转债上了吗？

并非如此。债券基金、混合基金甚至股票、指数基金都可配置可转债。虽
然部分基金名字里带着可转债，但也未必全部投资可转债。

如兴全可转债混合型基金，属于混合基金，业绩标准参照 80%× 中证可转
换债券指数 +15%× 沪深 300 指数 +5%× 同业存款利率，所以肯定会配置一定
比例的股票。

如鹏华可转债债券型基金，属于债券基金，业绩标准参照中证可转换债券
指数收益率 ×60%+ 中债总指数收益率 ×30%+ 沪深 300 指数收益率 ×10%，

同样配置了一定比例的股票。

而华宝可转债债券型基金，属于债券基金，业绩标准参照标普中国可转债指数收益率×70%+上证国债指数收益率×30%，该基金确实没有投资股票，但债券持仓部分，除了可转债，还有国债和可交换债。

2.可转债基金的优势

可转债基金是否值得投资？先看一下它的优点。

（1）基金投资的共同优点。

基金公司的投资研究能力强，专业的事交给专业的人去做。投资者省心省力。基金经理会通过组合投资的方法分散风险。投资门槛低，方便定投强制储蓄。流动性好，随时可赎回。监管严格，信息透明，独立托管，保障资金安全。

（2）基金经理帮你"摊大饼"。

可转债"摊大饼"是运用最广泛的投资策略，但转债数量很多，对普通投资者来说管理几十只转债并不容易，还要关注强赎信息，比较耗费精力。转债基金的持仓也是分散多只转债持有，和自己"摊大饼"的效果一致，只是"摊"的体力活就交给基金经理做了。

（3）配置股票增强收益。

可转债基金还会配置一部分股票以求提升收益。

（4）可质押债券加杠杆。

高评级转债的质押比例高，可用于正回购加杠杆提升收益，特别是用利率较高的银行转债做质押，若高于正回购利率，就是空手套白狼，赚利率差。正回购散户是做不了的，只有机构可以。

（5）可参与网下可转债打新。

网下可转债申购只有机构能够参与，顶格申购可中签百万，若上市表现好，就得增厚收益。现在要求严格，百万注册资金的皮包公司，想顶格申购，很难通过审核，流水过亿元的机构分配到的份额就多了。

3.可转债基金的劣势

说完优点，再说缺点。

（1）持股增加波动风险，且无法参与股票打新。

持股可以增强收益，但也会增加风险，如果持有的股票表现不佳，会严重拖累基金的净值。如长信可转债基金，配置了16.6%的股票，截至2021年9月底，当年的回报只有2.59%，严重跑输牛市中的可转债指数，股票持仓表现弱是主要原因。长信可转债2021年二季度股票持仓如表6.4所示。

表6.4 长信可转债2021年二季度股票持仓

| 股票名称 | 持仓占比 | 涨跌幅 |
| --- | --- | --- |
| 海康威视 | 3.79% | 0.00% |
| 鼎龙股份 | 3.72% | −0.84% |
| 桐昆股份 | 2.14% | 0.09% |
| 兴业银行 | 1.63% | −1.13% |
| 万华化学 | 1.62% | 0.51% |
| 卫宁健康 | 1.14% | 0.90% |
| 东方财富 | 0.71% | 2.05% |
| 紫金矿业 | 0.65% | 0.70% |
| 歌尔股份 | 0.62% | 1.89% |
| 药明康德 | 0.58% | 1.80% |
| 前十持仓占比合计 | 16.60% | |

此外，虽然持有股票，但可转债基金（所属债券基金类）无法参与股票打新，相比其他持股的基金（混合基金、股票、指数基金）就少了一部分收益。若该转债基金属于混合基金，如兴全可转债，则可参与打新，但如果基金规模较大（超过10亿元），打新收益的贡献会大幅降低。

（2）钟爱银行转债，总体收益不理想。

银行转债评级高，违约风险低，质押比例高，利率还不低，机构配置一部分可以理解，但大部分都是银行转债就不太合适了。表6.5是华夏可转债增强债券2021年二季度持仓的情况。截至2021年9月，当年的收益率为5.25%，同样跑输了可转债指数。

表6.5 华夏可转债增强债券2021年二季度持仓

| 债券名称 | 持仓占比 | 涨跌幅 |
| --- | --- | --- |
| 苏银转债 | 5.69% | 0.14% |
| 21国债01 | 5.21% | 0.16% |
| 苏行转债 | 4.08% | −0.05% |
| 东财转3 | 3.98% | 2.31% |
| 比音转债 | 3.89% | 0.57% |
| 前十持仓占比合计 | 22.85% | |

市场上大部分的可转债的规模都在 10 亿元以下，随着基金规模的增大，经理的可选择的范围越来越少，只能投向百亿元流动性的银行转债。如果你非常不喜欢银行转债，那转债基金可能就不太适合你了。

（3）优质小盘转债难以提高配置比例。

受限于基金规模，对于规模在 2 ~ 3 亿元的迷你转债，基金只能少配或者放弃。

（4）配置高价转债增加波动风险。

可转债在保本价都在 130 元以内，如果在更高的价格买入，持债风险和持股就一样了。再看收益排名第一的广发可转债，其 2021 年二季度的债券持仓如表 6.6 所示。其中东财转 3、比音转债、火炬转债、齐翔转 2、华菱转 2、淮矿转债全都超过了 130 元，火炬转债甚至超过了 300 元。若正股出现调整，转债也会同步，对净值的影响会比较大。

表 6.6　广发可转债 2021 年二季度债券持仓

| 序号 | 债券代码 | 债券名称 | 占净值比例 | 持仓市值（万元） |
| --- | --- | --- | --- | --- |
| 1 | 110053 | 苏银转债 | 5.60% | 2 513.61 |
| 2 | 019649 | 21 国债 01 | 5.21% | 2 301.84 |
| 3 | 127032 | 苏行转债 | 4.08% | 1 804.11 |
| 4 | 123111 | 东财转 3 | 3.98% | 1 756.32 |
| 5 | 128113 | 比音转债 | 3.89% | 1 719.20 |
| 6 | 113582 | 火炬转债 | 3.75% | 1 657.20 |
| 7 | 128128 | 齐翔转 2 | 3.51% | 1 550.30 |
| 8 | 132018 | G 三峡 EB1 | 3.35% | 1 477.96 |
| 9 | 127023 | 华菱转 2 | 3.30% | 1 458.16 |
| 10 | 110065 | 淮矿转债 | 3.17% | 1 400.00 |

（5）基金不保本。

可转债只要在保本价内买入，只要公司不破产，就可以做到到期保本，但可转债基金无法承诺保本。

（6）网下打新收益贡献有限。

可转债目前以网上申购为主，除了银行转债，大部分转债都不会设置网下申购，一年下来网下申购的次数很少，并且银行转债的打新收益也不高。

（7）平均收益不佳。

截至 2021 年 9 月底，集思录可转债等权指数的涨幅为 20.17%，中证转债指数为 10%，而天天基金中按可转债基金分类的 72 只转债平均收益率为 12.1%。其中最高收益是广发可转债，达到 30.1%，仅 12 只（合并 AC 类后为 8 只）收益超 20%，占比 16.6%。

若在 2021 年初买入所有转债，有新债第二天买入，退市前卖出，这样的策略可以跑赢大部分可转债基金。如果使用低价策略、双低策略或低溢价策略，收益超 20% 是非常轻松的。

### 4. 可转债基金是否值得配置？

基于上述的局限性，有一定可转债投资经验的，看重保本、收益稳健的投资者，完全可以自己操作，跑赢大部分转债基金并不难。

如果喜欢定投，长期投资，想省时省力，目标跑赢中证转债指数或转债等权指数的投资者，也可挑选几只转债基金配置。截至 2021 年三季度末，表现较好的几只可转债基金收益对比如表 6.7 所示。

表 6.7　部分可转债基金收益对比

| 阶段收益 | 164206 天弘添利债券 | 240018 华宝可转债 | 006482 广发可转债 |
|---|---|---|---|
| 成立日期 | 2010-12-03 | 2011-04-27 | 2018-11-02 |
| 今年来 | 25.79% | 20.10% | 30.10% |
| 近 1 周 | −0.29% | −2.79% | 4.49% |
| 近 1 月 | 2.46% | −2.00% | 2.18% |
| 近 3 月 | 14.49% | 7.71% | 15.30% |
| 近 6 月 | 25.14% | 23.45% | 30.86% |
| 近 1 年 | 20.38% | 26.00% | 42.72% |
| 近 2 年 | 37.29% | 55.63% | 80.82% |
| 近 3 年 | 45.02% | 87.30% | — |
| 近 5 年 | 52.94% | 58.41% | — |
| 成立来 | 157.07% | 60.42% | 93.02% |

天弘添利债券和华宝可转债是可转债基金中少数不配置股票的，与转债等权指数走势更接近。天弘添利会配置不少低价、低评级的转债，所以在 2021 年年初时的回撤很大。

广发可转债是今年收益的冠军，配置了部分股票，波动会更大一些。这几只转债基金的收益对比如图 6.5 所示。

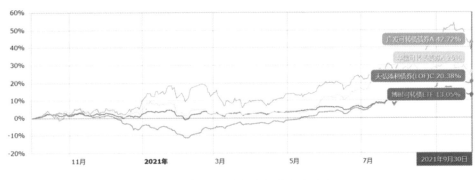

图 6.5　部分可转债基金的收益对比

　　由近一年的走势来看，这三只基金都跑赢了跟踪中证转债和可交换债指数的博世可转债 ETF。

## 6.2　可转债与可交换债

　　可转债 ETF 跟踪的是中证转债和可交换债指数，什么是可交换债？是否有投资价值呢？

　　可转债打新，申购的都是可转债，实际上，还有一类更冷门的债券叫可交换债券。它与可转债有很多相似之处，同样有利息可拿，同样可以转换成股票，并具有"下有保底，上不封顶"的特性，但也有诸多区别。

　　1.什么是可交换债券？

　　可交换债券简称可交债，通俗理解就是，上市公司的股东以手中的股票作为抵押，向市场发行债券，投资者认购后可享受债券的利息，并且有权利把债券转换成对应的股票。可转债有利息，也能转成股票。可转债与可交债的对比如表 6.8 所示。

表 6.8　可转债和可交债对比

| 对比 | 可转债 | 可交债 |
| --- | --- | --- |
| 英文简称 | CB（convertible bond） | EB（exchangeable bond） |
| 发行主体 | 上市公司 | 上市公司股东 |
| 担保方式 | 第三方担保 | 股东股票质押担保 |

续表

| 对比 | 可转债 | 可交债 |
|---|---|---|
| 股份来源 | 新增股份 | 存量股份 |
| 股本变化 | 原股东摊薄稀释 | 无变化 |
| 发行目的 | 投资项目 | 股权调整、投资退出、市值管理等 |
| 利率 | 年化 0.5% ～ 2% | 年化 -3% ～ 2% |
| 年化转股期限 | 6 个月后 | 12 个月后 |
| 下调转股价意愿 | 强 | 弱 |
| 回售时间 | 最后二年 | 最后一年 |
| 投资者要求 | 无 | 部分需要合格投资者 |

区别 1：发行目的

可转债的发行类似定向增发融资，股东自己的股权被稀释。发行主体是公司，募集的资金需要用于特定的项目。公司除了能低息借款，还希望投资者转股变成股东，这样公司就不用还钱了。可交债的发行类似股权质押融资，股东的股权占比不会有变化，发行主体是股东，并非公司。

既然是个体行为，目的就复杂了，低息借款、投资项目、股权调整、溢价减持都有可能，但相对来说，对于投资者是否转股，公司并不是那么关注，那下修转股价的动力自然就不强了。

区别 2：利率和条款

G 三峡 EB1 是长江电力的可交债，在 2019 年 4 月发行，发行时的利率和条款信息如表 6.9 所示。

表 6.9 G 三峡 EB1 发行时的利率和条款信息

| G三峡EB1 - 132018 (正股：长江电力 - 600900 | 行业：电力、热力生产和供应业 ) | | | | | |
|---|---|---|---|---|---|
| 价格：100.00 | 转股价值：89.84 | | 税前收益：2.04% | | 成交(万)：0.00 |
| 涨幅：0.00% | 溢价率：11.31% | | 税后收益：1.64% | | 剩余年限：5.003 |
| 转股起始日 | 2020-04-13 | 回售起始日 | 2023-04-10 | 到期日 | 2024-04-09 | 发行规模(亿) | 200.000 |
| 转股价 | 18.80 | 回售价 | 100.00 | 赎回价 | 108.00 | 剩余规模(亿) | |
| 股东配售率 | - | 转股代码 | 未到转股期 | 质押代码 | - | 债券评级 | AAA |
| 网上中签率 | - | 已转股比例 | - | 折算率 | 0.000 | 主体评级 | AAA |
| 担保 | 长江电力A股股票及其孳息 | | | | | | |
| 转股价下调 | 当长江电力股票在任意连续三十个交易日中有十五个交易日的收盘价低于当期换股价格的80%时 | | | | | | |
| 强制赎回 | 如果长江电力A股股票连续三十个交易日中至少有十五个交易日的收盘价格不低于当期换股价格的120%(含120%) | | | | | | |
| 回售 | 如果长江电力股票收盘价在任何连续三十个交易日低于当期换股价格的70%时 | | | | | | |
| 利率 | 第1年0.5%,第2年0.5%,第3年0.5%,第4年0.5%,第5年0.5% | | | | | | |

可交债的利率较低，每年只有 0.5% ～ 1.5%，G 三峡 EB1 每年的利率都是固定的 0.5%，这借款成本也太低了，股东们不仅没下修意愿，连强赎可能都不想，巴不得到期再赎回。而可转债，每年的利率是递增的，如瑞丰转债，第一年 0.50%、第二年 0.80%、第三年 1.80%、第四年 3.00%、第五年 3.50%、第六年 4.00%，显然要高出很多。

可交债一年后进入转股期，比可转债长半年。最后一年才能回售，比可转债晚一年，回售保护比较弱。

G 三峡 EB1 的条款已经较之前发行的 EB 好了很多，前期发行的国资 EB 甚至没有回售、下调转股价的条款。

总体上，可交债的条款要比可转债逊色不少。

2. G 三峡 EB1 的打新申购

这几年，可交债的打新申购非常少，普通投资者能参与申购的只有 G 三峡 EB1。下面就通过它的申购分析，进一步了解可交债。

G 三峡 EB1，其中，G 代表绿色，募集的资金需用于环保类项目，信息披露也更严格；"三峡"代表发行方——长江三峡集团公司；EB 是可交债；"1"代表第一批。

再看看当时同类可交债的情况，数据来源于集思录，如表 6.10 所示。

表 6.10　2019 年 4 月时的存量可交债

| 代码 | 转债名称 | 现价 | 涨跌幅 | 正股名称 | 正股价 | 正股涨跌 | PB | 转股价 | 转股价值 | 溢价率 |
|---|---|---|---|---|---|---|---|---|---|---|
| 132018 | G三峡EB1 | 100.000 | 0.00% | 长江电力 | 16.89 | -0.18% | 2.70 | 18.800 | 89.84 | 11.31% |
| 132014 | 18中化EB<sup>Q</sup> | 107.000 | 1.13% | 中国化学 | 6.85 | 5.06% | 1.14 | 7.660 | 89.43 | 20.60% |
| 132005 | 15国资EB | 116.510 | 0.57% | 中国太保 | 35.27 | 1.29% | 2.14 | 36.650 | 96.23 | 21.64% |
| 132013 | 17宝武EB<sup>Q</sup> | 103.090 | 0.39% | 宝钢股份 | 7.78 | 2.64% | 1.01 | 9.550 | 81.47 | 26.98% |
| 132004 | 15国盛EB | 98.000 | -0.04% | 上海建工 | 4.08 | 4.62% | 1.17 | 6.480 | 62.96 | 56.31% |
| 132007 | 16凤凰EB<sup>Q</sup> | 98.400 | -0.03% | 凤凰传媒 | 8.89 | 1.83% | 1.72 | 15.360 | 57.88 | 70.74% |
| 132008 | 17山高EB | 100.290 | -0.01% | 山东高速 | 5.21 | 0.77% | 0.92 | 9.620 | 54.16 | 88.14% |
| 132011 | 17浙报EB<sup>Q</sup> | 93.720 | -0.19% | 浙数文化 | 10.79 | -1.28% | 1.81 | 24.390 | 44.24 | 113.27% |

带 Q 标记的只有合格的投资者才能购买。G 三峡 EB1 适合普通投资者，债券安全性更高。

不少 EB 跌破面值，主要因为溢价率过高。参考石化 EB，在正股下跌 10% 的情况下，破发概率也不大，有一定的安全垫。但如果正股走弱，还是有破发风险的。

正股长江电力，是国内最大的电力上市公司之一，主要从事水力发电业务，三峡电站、葛洲坝电站等长江流域梯级电站由其管理，为社会提供优质、稳定的能源供应。公司业绩稳定，现金流充裕，但营收、净利润增速较低，成长性略差。

可交债溢价率略高，债券评级高，条款一般但优于同类交换债，申购策略给予谨慎申购，中签数可能大于 30 签，需控制申购比例。

中签结果公布，网上申购中签率 0.35%，若顶格申购，将中签 3.5 万元市值的可交债，中签率远高于可转债。

高中签率带来的是 G 三峡 EB1 的上市破发，开盘时还能勉强维持不破发，但很快便跌破了面值，收于 98 元，如图 6.3 所示。

图 6.3　G 三峡 EB1 走势图

不过，好在誉为"现金奶牛"的长江电力走出了慢牛行情，股价稳步上升，可交债也同步上涨，在 2021 年 9 月底时，价格突破了 130 元，两年半时间，年化收益率也达到了 12%。长江电力的 K 线如图 6.4 所示。

图 6.4　长江电力走势图

可交债价格的上涨完全依赖正股，下修、回售条款不利于投资者，一旦正股长期弱势，持债人只能拿着低息等到期，长期配置的价值不如可转债，打新申购的机会也不多，仅作了解即可。

# ⚪ 6.3　另一种"下有保底"：要约和换股套利

可转债具有"下有保底，上不封顶"的特点，无论正股怎么跌，到期总要还本付息，到期价就可看作保底价，而在股票的要约收购、换股吸收合并中，同样会约定好一个价格，在一定期限内完成收购或换股。

这个价格类似保本价，即便股票下跌了，但随着收购流程的不断推进，股价也会逐渐回到约定价格，只要在约定价内买入，便能"下有保底"。若股票上涨，同样能享受"上不封顶"。可转债的这种思维模式同样可以在股票中运用，实现在安全边际内博高收益的目标。

下面分享两个收益较为理想的要约和换股套利的机会。

## 6.3.1　重庆百货要约收购

### 1.要约收购背景

重庆百货的要约收购主要因商社集团进行混合所有制改革，简单来说，就是重庆百货的大股东商社集团要进行混改，被动触发了这次全面要约收购。收购背景如下。

　　2019 年 6 月，公司控股股东重庆商社集团通过增资方式引入物美科技集团以及步步高投资集团为战略投资者。本次交易完成后，商社集团的股权结构将由重庆市国有资产监督管理委员会持股 100% 变更为重庆市国资委、物美集团指定的其全资公司天津滨海新区物美津融商贸有限公司和步步高集团指定的其全资公司深圳步步高智慧零售分别持有商社集团 45%，45% 和 10% 的股权。商社集团仍持上市公司 45.05% 的股权，仍然是上市公司的第一大股东和控股股东。商社集团及公司控制权将发生重大变化，无任何一个股东能够单独实现对商社集团和公司的实际控制。本次权益变动是为响应深化国企改革的号召而实施混合所有制改革，从而进一步提升商社集团的市场竞争力，促进相关产业转型发展。

重庆百货要约收购股权前后各股东的持股对比如图 6.5 所示。

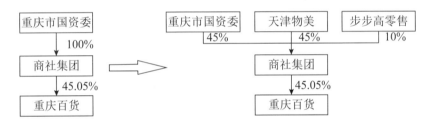

图 6.5　重庆百货要约收购股权前后各股东的持股对比图

　　本次要约不以终止重庆百货上市地位为目的，但若要约收购结束后社会公众股东持有的股份比例低于 10%，重庆百货将面临股权分布具备上市条件的风险。所以，大股东需要完成收购并保持公众持股比例 10% 以上。

　　最关键的是，要约价格定为 27.16 元 / 股。待所有要约流程走完后，大股东便会按这个价格进行收购，收购时，股价会维持在该价格附近或以上。

2. 要约收购流程

截至 2020 年 2 月，重庆百货要约收购的关键步骤和进度如下。

（1）公布《要约报告书》摘要。

包括股东会（已完成）、国资委审核（已完成）、协议签订（已完成）、反垄断审核（已完成）、工商登记变更（进行中）等。

（2）定期公布要约进展。

每 30 天发布一次进展情况公告（进行中）。

公布《要约收购书》，要约正式开始，一旦开始就不会终止，时间一般在30天左右（未开始）。

要约期满停牌，清算后复牌。

要约收购完成，股票复牌（未开始）。

要约发起人是国资委，得到了重庆市政府的同意，进度也到了最后一步工商登记变更，再出现变数的概率较低。

3. 要约套利价值分析

2020年初，重庆百货受新冠肺炎疫情影响，春季前大跌6.7%，收于27.7元，离要约价27.16元仅差1.94%。疫情对百货公司是重创，节后大跌，直接跌停，收盘24.93元，相较要约价格已处于折价状态，存在一定的套利空间。重庆百货K线如图6.6所示。

图 6.6　重庆百货疫情后的走势图

若以折价状态买入重庆百货，类似100元面值以下买入可转债。折价幅度越高，安全垫越高，套利空间也越大。

重庆百货这家公司基本面和估值如何呢？下面就来简单分析一下。

（1）重庆百货基本面。

重庆百货主要涉足百货、超市、电器和汽车贸易等经营领域，旗下拥有重庆百货、新世纪百货、商社电器等著名商业品牌，是重庆市内网点规模、经营规模最大的综合商业企业。公司持股马上金融31%股份，依托人工智能、云计算等科技手段，推动个人消费贷款服务。

（2）财务指标。

根据2019年重庆百货的三季报，营收同比下降0.43%，净利润增速16.54%，具体财务数据如表 6.11 所示。

表 6.11　重庆百货 2019 年三季报财务数据

| 重庆百货三季报财务数据 | 利润 | | | | 资产负债 | | | 现金流量 | |
|---|---|---|---|---|---|---|---|---|---|
| | 毛利率 | 净利率 | 营业收入同比 | 净利润同比 | 资产负债率 | 存货周转率 | 应收账款周转率 | 流动比例 | 经营产生现金流量净额 |
| | 18.19% | 3.62% | -0.43% | 16.54% | 54.84% | 8.90 | 147.97 | 1.05 | 8.48 亿元 |

根据芝士财富一键诊股的工具结果，企业盈利能力强，ROE 高，坏账风险低，受内外资青睐，但营收下降，在疫情影响下，业绩将进一步受到影响。如图 6.7 所示。

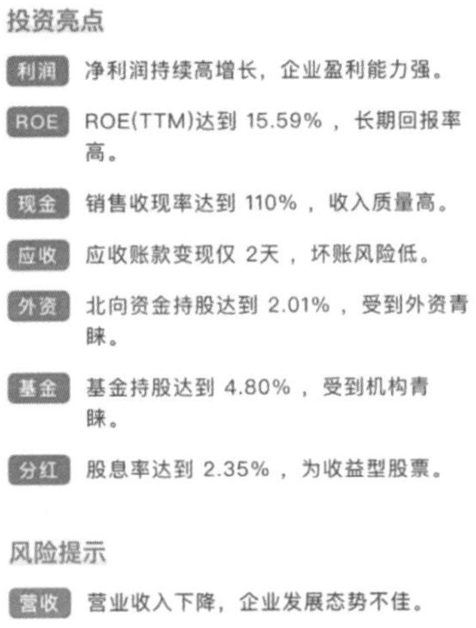

**投资亮点**

**利润** 净利润持续高增长，企业盈利能力强。

**ROE** ROE(TTM)达到 15.59%，长期回报率高。

**现金** 销售收现率达到 110%，收入质量高。

**应收** 应收账款变现仅 2 天，坏账风险低。

**外资** 北向资金持股达到 2.01%，受到外资青睐。

**基金** 基金持股达到 4.80%，受到机构青睐。

**分红** 股息率达到 2.35%，为收益型股票。

**风险提示**

**营收** 营业收入下降，企业发展态势不佳。

图 6.7　芝士财富财报诊断数据

（3）重庆百货和同业的 PE 对比，如图 6.8 所示。

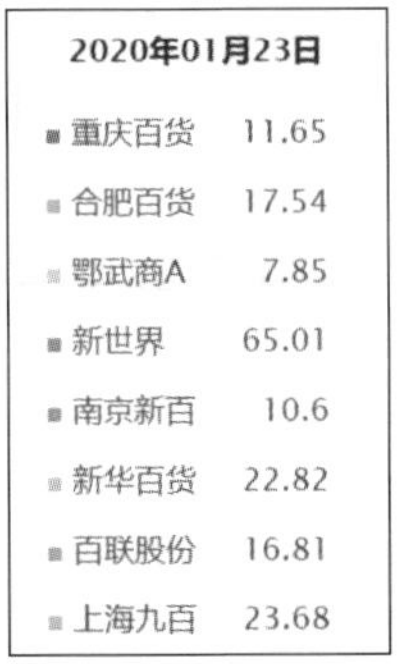

| 2020年01月23日 | |
|---|---|
| ■ 重庆百货 | 11.65 |
| ■ 合肥百货 | 17.54 |
| ▫ 鄂武商A | 7.85 |
| ■ 新世界 | 65.01 |
| ■ 南京新百 | 10.6 |
| ■ 新华百货 | 22.82 |
| ■ 百联股份 | 16.81 |
| ■ 上海九百 | 23.68 |

图 6.8　重庆百货和同业的 PE 对比

总体来说重庆百货基本面不错，业绩稳健，估值在同业中也有一定的优势。

4. 重庆百货要约收购的套利价值

（1）价差收益。

在 27.16 元以下买入，在要约收购完成前，若股价回到或超过 27.16 元，则止盈。若止盈后价格再次跌破 27.16 元，则重新买入。

（2）打新门票价值。

在要约收购完成前，持有重庆百货，由于"下有保底"，可谓安全系数非常高的沪市打新门票股。

5. 要约套利风险

风险主要有以下两方面。

（1）要约终止风险。

如果要约因为突发原因终止，则 27.16 元的保底价不复存在，同时会引发参与要约套利的资金抛售股票，股价承压。当然，这个风险相对比较低，要约流程已经到了最后一步，发起方是国资委，再出意外的可能性不大。

（2）基本面变化风险。

因经营不善或突发性系统性风险导致公司基本面发生变化，股价持续低迷。若持续时间较长，则价差套利收益率就会受到影响。

该风险需要特别注意，疫情就属于系统性风险，势必影响公司近期业绩。股价重回要约价，可能需要一段时间。所以，重庆百货作为打新门票股配置的价值较高。若想做短期价差套利的，需要更谨慎一些。

6. 要约套利收益

2020 年 3 月 28 日，重庆百货发布公告《要约收购报告书》，公司之控股股东重庆商社（集团）有限公司（以下简称"商社集团"或"收购人"）向公司除商社集团所持股份以外的全部无限售条件流通股发出全面收购要约，要约收购期限为 2020 年 4 月 1 日至 4 月 30 日，4 月底整个要约收购全部完成。

2 月至 4 月底，股价最低 24.93 元，最高 28.23 元，4 月 30 日收盘价 27.06 元，低于要约价，可选择以 27.16 元接受要约收购。只要在要约价以下买入，都可以保本，最高收益 13.24%，还有 3 个月的打新门票市值。

7. 要约收购的关键时间点

（1）2018 年 3 月 23 日，重庆百货对外发布《重庆百货大楼股份有限公司重大事项停牌公告》，2018 年 3 月 30 日，重庆百货对外发布《重庆百货大楼股份有限公司重大事项继续停牌公告》，重庆市国资委筹划与重庆百货控股股东商社集团相关的重大事项，以推进商社集团开展混合所有制改革相关工作。

（2）2018年4月9日，商社集团拟以公开征集方式引进两名战略投资者、实施混合所有制改革方案已获得重庆市人民政府原则同意。

（3）2018年9月3日，北京中企华资产评估有限责任公司出具的《重庆商社（集团）有限公司拟通过增资引进战略投资者事宜涉及的重庆商社（集团）有限公司的股东全部权益价值项目资产评估报告》，获得重庆市国资委的核准。

（4）2018年10月19日，商社集团混改增资项目在重庆联交所公开挂牌征集投资方。

（5）2019年2月12日，重庆联交所通过"多轮竞争性报价"方式遴选出物美集团和步步高集团为本次混改的投资方，并于次日（2019年2月13日）出具遴选结果确认意见函。

（6）2019年6月21日，商社集团依相关程序召开董事会确认投资方，并根据重庆市国资委、物美集团、步步高集团各自出具的《关于同意重庆商社（集团）有限公司履行要约收购义务的函》相关安排，决议由商社集团履行对除商社集团所持股份以外的重庆百货全部无限售条件流通股的全面收购要约义务。

（7）2019年6月25日，重庆市国资委、商社集团分别与物美集团、天津物美以及步步高集团、步步高零售签署了《增资协议》。

（8）2019年8月12日，国家市场监督管理总局出具关于物美集团、步步高集团收购重庆商社股权案《经营者集中反垄断审查不实施进一步审查决定书》，同意三方可以实施集中。

（9）2020年1月10日，重庆国资委与物美、步步高签订补充协议。

（10）2020年3月19日，重庆市国资委、商社集团分别与物美集团、天津物美以及步步高集团、步步高零售签署了《增资协议》的补充协议二。

（11）2020年3月24日，商社集团股东会作出决议，同意吸纳天津物美、步步高零售为公司新股东。

（12）2020年3月26日，商社集团股东会作出决议，同意以商社集团为主体履行不以终止重庆百货上市地位为目的的要约收购义务。

（13）2020年3月28日，重庆百货发布《要约收购报告书》。

（14）2020年4月2日晚公告，当日公司接到控股股东商社集团通知：商社集团办理完成增资引入天津物美和步步高零售的工商变更登记，并换领了新的营业执照。

（15）2020 年 4 月 30 日，重庆百货全面要约收购结束。

### 8. 重庆百货要约套利总结

重庆百货要约收购历时两年，但值得配置的机会集中在 2020 年 2 月 3 日至 3 月 26 日，重庆百货的股价在要约价之下，当时重庆百货全面要约收购的流程基本已完成，只差向重庆市场监管局提交申请办理变更登记，并向交易所提交要约收购，此时监管部门不批准的概率很低，套利风险很小。

另一个配置机会在 2020 年 4 月 30 日，重庆百货跌破要约价，最低 27.06 元，由于当天买，当天可以接受要约，一进一出正常五分钱，若大资金量买入，还是有一定利润的。

对于打算参与要约收购的投资，要熟悉要约收购的流程和关键时间点并对正股基本面进行简要的分析。然后根据要约价算出安全垫和套利空间，在要约进程取得实质性进展后，选择合适买入的时机进行配置。

## 6.3.2　葛洲坝与中国能建换股合并

上市公司的要约收购会有一个收购价格，正式收购时，股价大概率会维持在该价格附近或以上，这个价格可作为"保本价"，而两家上市公司的合并也会约定一个价格，正式合并时，股价同样会接近或超过这个价格，从而形成价格底。

笔者曾在公众号分享过葛洲坝和中国能建的换股合并，当时股价距换股价还有 27% 的空间。

### 1. 换股合并的背景和方案

项目背景主要是通过中国能建换股合并葛洲坝的方式，进行国企改革，消除潜在同业竞争和关联交易，更有效地发挥全产业链优势，有利于中国能源建设进一步优化资源配置，提升管理效率，增强公司盈利能力。

简而言之，换股方案就是葛洲坝的股东可以以一定的比例将持有的葛洲坝股票换成中国能建的股票。中国能建将以发行 A 股的方式，在上交所上市。只要你参与了换股，就等于中签了一只新股。具体方案如下。

（1）葛洲坝 A 股换股股价。

葛洲坝换股价格为 8.76 元 / 股。综合考虑股票价格波动的风险并对葛洲坝换股股东进行风险补偿，葛洲坝换股价格以定价基准日前 20 个交易日的均价 6.04 元 / 股为基准，给予 45% 的溢价率，即 8.76 元 / 股。若葛洲坝自定价基准日起至换股日（包括首尾两日）发生派送现金股利、股票股利、资本公积金转增股本、配股等除权除息事项，则上述换股价格将作相应调整。其他情况下，葛洲坝换股价格不再进行调整。

（2）中国能源建设 A 股发行价格。

中国能源建设 A 股发行价格：中国能源建设本次 A 股发行价格为 1.98 元 / 股。中国能源建设发行价格是以兼顾合并双方股东的利益为原则，综合考虑合并双方的总体业务情况、盈利能力、增长前景、抗风险能力、行业可比公司估值水平等因素综合确定的。若中国能源建设自定价基准日起至换股日（包括首尾两日）发生派送现金股利、股票股利、资本公积金转增股本、配股等除权除息事项，则上述发行价格将作相应调整。其他情况下，中国能源建设发行价格不再进行调整。

（3）换股比例。

换股比例计算公式为：换股比例 ＝ 葛洲坝 A 股换股价格 ÷ 中国能源建设 A 股发行价格（计算结果按四舍五入保留四位小数）。本次中国能源建设换股吸收合并葛洲坝的换股比例为 1：4.4242，即葛洲坝换股股东所持有的每股葛洲坝股票可以换得 4.4242 股中国能源建设本次发行的 A 股股票。

关键数据是换股价格和换股数量。以基准价溢价 45% 确定了葛洲坝的换股价 8.76 元，一股葛洲坝可以换 4.4242 股中国能建，中国能建的发行价格为 1.98 元。

如果现在持有 1000 股葛洲坝，可以换 4424 股中国能建。葛洲坝 2021 年 6 月初的价格为 6.9 元，若中国能建上市时不涨不跌，卖出变现后可得 8759 元，成本 6900 元，收益率 27%。

如果股东不愿意进行换股，公司也提供了异议股东现金选择权的方案。

葛洲坝异议股东现金选择权价格为定价基准日前一个交易日股票收盘价，即 6.09 元 / 股。若葛洲坝自定价基准日至现金选择权实施日（包括首尾两日）发生派送现金股利、股票股利、资本公积转增股本、配股等除权除息事项，则现金选择权价格将做相应调整。

即以 6.09 元变现。如果异议股东持仓成本高于它，应该不会行使现金选择权。由于现金选择权的存在，6.09 元这个价格，在正式换股前，就是"下有保底"价。

2. 换股合并的流程

涉及两家大型国企的合并，流程比较复杂，截至 2021 年 6 月，该项目已进入证监会审核阶段。如图 6.9 所示。

图 6.9　葛洲坝与中国能建合并的流程图

2021 年 2 月 9 日，中国能源建设和葛洲坝同时发布公告表示，国务院国有资产监督管理委员，原则同意中国能建吸收合并葛洲坝的总体方案。

4 月 21 日，中国证监会对合并的申请材料进行了审查，认为材料符合法定形式，对该申请予以受理。

5 月 21 日，公司收到了证监会许可项目审核一次反馈意见通知，要求公司就有关问题作出书面说明和解释。

可以看到，当时正处于证监会核准阶段，若顺利通过，还有上交所审核最后一步。

作为国企改革的排头兵，两家公司的合并更具深层次的意义，出现变数的概率很小，后续步骤若进展顺利，于三季度可走完全部流程。

3. 换股套利价值分析

2020 年 10 月公司公布换股方案后，葛洲坝连续涨停，后经过较长时间的调整，再次稳步上升，2021 年 6 月前走势偏弱，6.82 元的价格较换股价仍有 27% 的空间。越远离换股价买入葛洲坝，溢价幅度越高，安全垫越高，套利空间也越大。葛洲坝公布换股方案后的 K 线如图 6.10 所示。

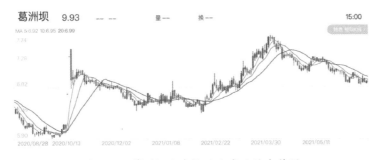

图 6.10　葛洲坝公布换股方案后的走势图

（1）葛洲坝基本面。

葛洲坝主营范围涵盖工程建设、工业制造、投资运营和综合服务，打造了一批水利水电、建筑、路桥、市政、生态环境、机电、电力工程专业化工程公司。公司以水电起家，独家承建了万里长江第一坝——葛洲坝工程，主力承建了世界最大的水利水电枢纽工程——三峡工程。

（2）财务指标。

公司业绩稳健，但成长性一般，高股息，现金流紧张，符合工程建筑行业的特征，如图 6.11 所示。

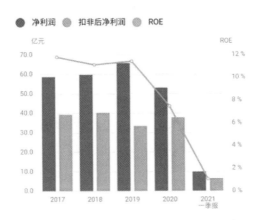

图 6.11　葛洲坝近年来净利润和 ROE 走势图

葛洲坝和同业的 PE 对比如图 6.12 所示。

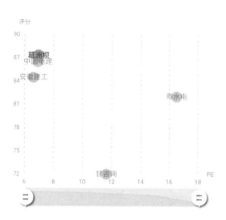

图 6.12　葛洲坝和同业的 PE 对比图

在水利工程行业中，葛洲坝的评分和估值都有一定优势，总体来说基本面是不错的。

（3）换股套利价值。

1）价差收益。在换股价 8.76 元以下买入，在换股完成前，若股价达到或超过 8.76 元，则止盈，获得 27% 以上的收益。若止盈后价格再次跌破之前的买入价，则重新买入，不断做差价，降低成本。

2）中国能建新股上市的收益。不用申购就能 100% 中新股，这体验不错。A 股上市的新股，首日破发概率很低，以 1.98 元上市后，属于中资低价股，存在被炒作的可能。若基建板块走强，估值提升，新股的收益也会提高。

3）中国能建 H 股只有 0.73 元港币，若合并顺利完成，A 股上市价格确定，会刺激 H 股缩小 AH 溢价而上涨，如图 6.13 所示。有港股账户的投资者也可参与博弈。

图 6.13 港股中国能源建设走势图

（4）打新门票价值。

葛洲坝本身就是低波动的打新门票股，加上保底价、换股价，可谓安全系数非常高的沪市打新门票。

4. 换股套利的风险

换股套利的风险主要有以下两方面。

（1）合并换股方案终止、延期的风险。

如果方案因为突发原因终止，保底价、换股价不复存在，同时会引发参与换股套利的资金抛售股票，股价承压。当然，这个风险比较低，毕竟那么重要的国企改革任务，没人希望搞砸。此外，还有项目延期的风险，由于某些原因迟迟不能通过审核，需要整改，耗时长，资金被一直占用。

（2）中国能建上市破发的风险。

毕竟 H 股只有 0.73 元，如此低的 PE，市场也不认可。本次换股发行的股票，有 116 亿元股是非限售股，约 230 亿元市值，首日集中卖出会形成抛压。A 股以 1.98 元上市，存在大幅破发的风险。若破发幅度大于换股溢价率，则套利失败。不过以 27% 的溢价，要破发近 30%，这个概率还是比较低的。

总体来说，葛洲坝换股套利的值博率较高，兼具套利和打新门票股的配置价值。

5. 换股合并结果

6 月下旬，葛洲坝的股价随新能源板块强势逐渐走强，并在 7 元附近震荡调整。

8 月 4 日晚间，公司公告收到中国证监会的通知，并购重组审核委员会将召开工作会议，审议中国能建换股吸收合并葛洲坝暨关联交易事项。

8 月 11 日晚，葛洲坝发布公告，合并获得了重组审核委员会的无条件通过，葛洲坝与中国能建合并事项又有了实质性进展。

8 月 25 日晚，葛洲坝发布公告，合并通过了证监会核准，葛洲坝将于 9 月 2 日起停牌退市。

9 月 26 日下午，中国能建发布公告，公司 A 股股票将于 9 月 28 日上市，代码 601868，上市首日不设涨跌幅限制。

葛洲坝的股价自 8 月开始出现了明显的上涨，在 9 月 2 日停牌前，最高涨到 10.13 元，较分红后的最新换股价 8.69 元溢价了 16.5%，如图 6.14 所示。这个价格买入，中国能建上市须涨 16.5% 以上才不亏，投资者似乎非常看好中国能建上市后的走势。

图 6.14　葛洲坝换股合并前走势图

9 月 28 日，中国能建上市，的确没有让投资者失望，当日大涨了 40.31%，如图 6.15 所示。

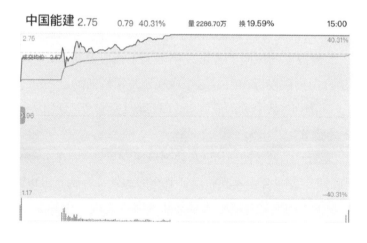

图 6.15　A 股中国能建上市首日日线图

当晚龙虎榜显示机构纷纷买入，次日中国能建继续涨停，第三个交易日最高涨至 3.02 元，上市后累计涨幅达 54.08%。若在 6 月初买入葛洲坝并一直持有到合并上市，最高可获得 95.68% 的收益，3 个月时间几乎翻倍，这利润就相当可观了。除了套利收益外，超额的利润主要源自水利建设板块的走强以及合并后作为新股的上市炒作。

和要约收购的套利一样，换股合并套利同样要熟悉合并换股的流程和关键时间点，并对正股基本面进行简要的分析。然后根据换股价算出安全垫和套利空间，在合并进程取得实质性进展后，选择合适的买入时机进行配置。

# ◎ 6.4　投资可转债亏钱，还能向公司索赔？

随着法治建设和体制创新的不断推进，证券投资者保护工作也朝向更多元化、高质量的方向迈进。

> 2021 年 7 月 16 日，江苏省南京市中级人民法院发布消息称，江苏省证券普通代理人诉讼案一审宣判：因存在虚假陈述行为，江苏辉丰生物农业股份有限公司（下文简称辉丰股份）被判向 224 名投资者赔偿 8700 余万元。
>
> 证监会查明：辉丰股份 2016 年年报及 2017 年一季报、半年报、三季报虚增营业收入和营业成本；2016 年年报、2017 年半年报关于环保事项的披露与事实不符；2018 年 3 月，辉丰股份关于公司高管被采取刑事强制措施的临时公告信息披露不准确。

不止上述 224 名投资者可获得赔偿，只要在 2017 年 4 月 26 日至 2018 年 4 月 20 日期间购买辉丰股票，并于 2018 年 4 月 20 日后卖出或继续持有该股票的受损投资者均可以索赔。因上市公司违规造成股价下跌，股民获得赔偿的案例越来越多，但在转债上还尚无先例。

2017 ～ 2018 年，辉丰转债其实也在市场上交易，只是当时的价格区间在 95 ～ 110 元，如图 6.16 所示，而 2020 年退市前的回售价格为 103 元，投资者未发生大幅亏损，持债人数也少，并未对此提出理赔申请。

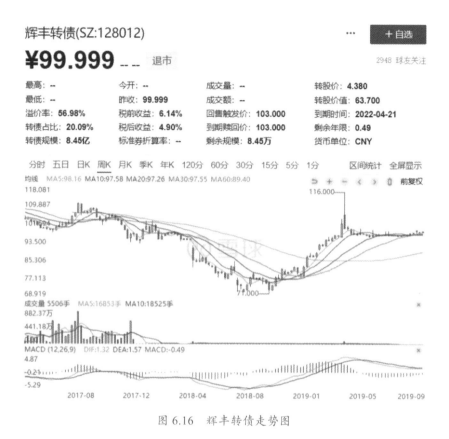

图 6.16 辉丰转债走势图

那么，发行可转债的公司如果违规了，对转债持有人造成了损失，是否也可以申请民事索赔呢？当然可以。2021 年 9 月 22 日，杭州中院以示范性案例形式受理投资者诉亚太药业证券虚假陈述责任纠纷案，案件不仅包括股票索赔案件，还涉及可转债（亚药转债）索赔。

1. 投资者申请索赔的法律依据

在 A 股市场，为何散户投资者经常被称为"韭菜""接盘侠"？专业知识缺乏，喜欢听消息、追涨杀跌，更重要的是信息不对称。一些重要的信息，当投资者看到时已经很晚了，甚至有些信息压根就是假的。

出于对投资者的保护，证券法对上市公司信息披露违规的行为，已经做出了相关的规定。

> 《证券法》第六十九条规定，上市公司公告的年度报告、中期报告、临时报告以及其他信息披露资料，有虚假记载、误导性陈述或者重大遗漏，致使投资者在证券交易中遭受损失的，上市公司应当承担赔偿责任；上市公司的董事、监事、高级管理人员和其他直接责任人员，应当与上市公司承担连带赔偿责任，但是能够证明自己没有过错的除外；上市公司的控股股东、实际控制人有过错的，应当与上市公司承担连带赔偿责任。

只要认定上市公司存在错过，投资者就可以提出民事赔偿的申请。

2. 亚太药业的负面记录

亚太药业主营医药制造业务，包括化学制剂、化学原料药的研发、生产和销售，产品包括阿莫西林克拉维酸钾分散片、注射用阿奇霉素等抗生素。

公司近年来业绩惨淡，2019 年收购的上海新高峰因财务造假巨亏 19.4 亿元，2020 年在获得 1.8 亿元拆迁补偿款后才勉强实现盈利，截至 2021 年上半年，资产负债率高达 65.24%。

2019 ~ 2021 年，公司负面消息不断，子公司违规担保并对其失去控制权，公司主体信用等级被不断下调，证监会立案调查，董事被免职，账户被冻结，控股股东及其一致行动人股份被司法拍卖，股价从 2019 年的 22 元跌至 4 元，如图 6.17 所示。

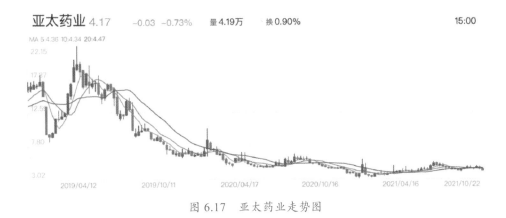

图 6.17 亚太药业走势图

2021 年 4 月 21 日，亚太药业公告称，公司及相关当事人收到证监会浙江证监局下发的《行政处罚决定书》及《市场禁入决定书》，如图 6.18 所示。

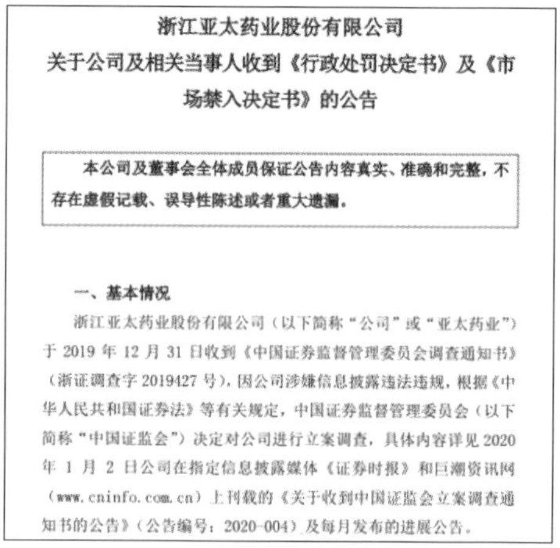

浙江亚太药业股份有限公司
关于公司及相关当事人收到《行政处罚决定书》及《市场禁入决定书》的公告

本公司及董事会全体成员保证公告内容真实、准确和完整，不存在虚假记载、误导性陈述或者重大遗漏。

一、基本情况

浙江亚太药业股份有限公司（以下简称“公司”或“亚太药业”）于 2019 年 12 月 31 日收到《中国证券监督管理委员会调查通知书》（浙证调查字 2019427 号），因公司涉嫌信息披露违法违规，根据《中华人民共和国证券法》等有关规定，中国证券监督管理委员会（以下简称“中国证监会”）决定对公司进行立案调查，具体内容详见 2020 年 1 月 2 日公司在指定信息披露媒体《证券时报》和巨潮资讯网（www.cninfo.com.cn）上刊载的《关于收到中国证监会立案调查通知书的公告》（公告编号：2020-004）及每月发布的进展公告。

图 6.18　亚太药业收到的公告

经证监会查明，认定公司存在违规行为。

> 2016 ～ 2018 年，上海新高峰在未开展真实业务的情况下，确认来自江苏三和生物工程股份有限公司等客户的销售收入，并通过乐清市医临健康医疗基金会等第三方主体实现资金流转，致上海新高峰虚增利润分别达 3351.73 万元、7370.78 万元和 6687.03 万元，分别占亚太药业同期披露利润的 11.65%、31.08% 及 27.7%。上述财务数据纳入亚太药业合并报表后，导致亚太药业 2016 年、2017 年、2018 年年度报告的财务数据及相关披露信息存在虚假记载。

基于这项违规，符合《证券法》投资者申请民事赔偿的要求，亚太药业的投资者以证券虚假陈述责任纠纷为由将亚太药业起诉至法院，要求亚太药业赔偿其虚假陈述给自己造成的误导性投资损失。

这其中就包括亚药转债的投资者。当时杭州市中级人民法院已经以示范性案例形式正式受理了债券投资者提起的索赔诉讼。

示范性案例也标志着，可转债投资者的权益保护又得到了加强，买转债亏钱了，如果是公司违规的原因，则公司赔偿损失。

和股票不同的是，转债投资者获赔后，持债成本降低，后续公司经营改善了，或许可以正常还本付息，甚至通过下修实现强赎，持债的收益率就会大幅提升。

3. 亚药转债的索赔方式和条件

根据受理该案的律师提示，前期提起索赔的股票以及可转债投资者均满足的条件为，在 2017 年 4 月 22 日到 2019 年 12 月 24 日之间买入亚太药业股票或债券，并且在 2019 年 12 月 25 日后卖出或继续持有股票或债券的投资者。

能赔多少钱？根据司法解释第三十条，虚假陈述行为人在证券交易市场承担民事赔偿责任的范围，以投资人因虚假陈述而实际发生的损失为限。投资人实际损失包括投资差额损失、佣金和印花税等。计算方法如下。

> 投资人在基准日及以前卖出证券的，其投资差额损失，以买入证券平均价格与实际卖出证券平均价格之差，乘以投资人所持证券数量计算。
>
> 投资人在基准日之后卖出或者仍持有证券的，其投资差额损失，以买入证券平均价格与基准价之差，乘以投资人所持证券数量计算。

在实际测算时，还需考虑系统风险等多种因素，法院会根据案件的不同的情况决定是否需要扣除一定比例的系统风险，相当于打折赔偿。所以，最终能赔多少，还要以最终法院提供数据为准。

对于持有亚药转债或正股的投资者，可以检查下交易记录，若符合索赔条件，均可以通过公众号"大众证券报"（特征码：11011）报名，参与诉讼索赔征集。

## ◉ 6.5 可转债投资常用的工具

大数据时代，社会发展速度快，信息传播更快。通过网络，人们能够及时获得来自世界各地的信息。而这些信息除了让我们的生活更加方便之外，也成为一项极大的优势和财富。

对于投资者来说，这些信息尤为关键，谁能从海量的数据中挖掘出有用的信息，谁就能在交易中快人一步。投资可转债常用的信息获取工具有哪些呢？下面就来做个汇总。

1. 集思录

集思录是低风险投资者必看的一个网站，移动端 App 的信息不如网页版全面。

在可转债模块里，各转债的常用数据都可以查到，除了价格、溢价率等实时交易数据，还有强赎、回售、待发转债等提示性内容，书中的不少数据都引用自该网站，如图 6.19 所示。

图 6.19　集思录网页版主要功能

低风险投资自然不只有可转债，还有基金套利、股票套利、封闭基金、新股等模块供投资者按需使用，不过，部分数据需要付费办会员才能查看。

2. 宁稳网

取自"宁稳致远"，前身是专注低风险投资的富投网，力争成为可转债投资的百科全书。这也是笔者平时最常用的一个网站，部分集思录收费的数据、不全的数据都可以在这里查到。网站的主要功能特点如下。

（1）数据更专业：采用自创专业算法对可转债进行实时估值，并据此提供可转债估值、期权价值、波动率、弹性、盘中套利等特色数据。

（2）参考指标更丰富：行情表格几乎囊括与可转债相关的所有指标，除了上面的特色数据外，还提供可转债换手率、到期收益率、回售收益率、纯债价值、折现率、剩余规模等参考指标。

（3）筛选工具更易用：提供行业筛选、价格筛选、评级筛选、自选股筛选、排序、加亮显示等多种工具。

（4）统计功能更强大：提供盘中实时统计数据，包括价格区间统计、溢价率统计、收益率统计、可转债等权指数、价格指数等。

（5）图表功能更强大：可转债价值曲线图（业内独创）、价格走势图、转股溢价率走势图、10 种散点图（转债价格、正股价格、转股价值、到期收益率、价值溢价率、转股溢价率、纯债溢价率等两两组合）。

（6）回看功能更强大：行情表格、统计数据、散点图均支持回头看功能，随时随地，回到过去！

（7）其他：还提供可转债申购、抢权、中签率、网下申购数据，提供历史上所有可转债的价格走势图、转股溢价率走势图，如图 6.20 所示。

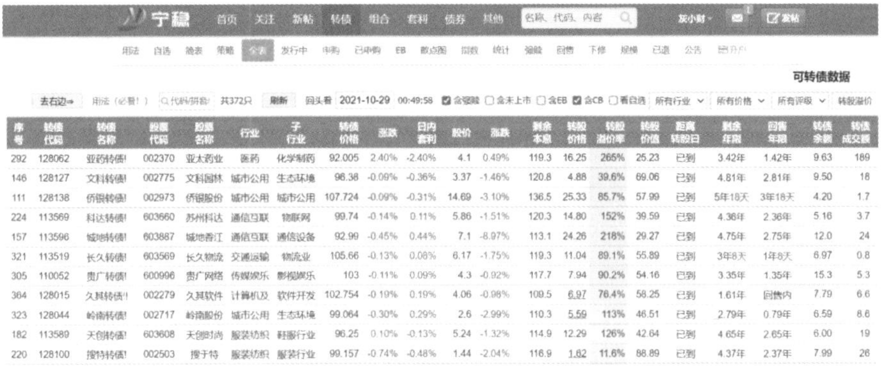

可转债数据

去右边⇒ 共372只 刷新 回头看 2021-10-29 00:49:58 含强赎 含未上市 含EB 含CB 看自选 所有行业 所有价格 所有评级 转股溢价

| 序号 | 转债代码 | 转债名称 | 股票代码 | 股票名称 | 行业 | 子行业 | 转债价格 | 涨跌 | 日内套利 | 股价 | 涨跌 | 剩余本息 | 转股价格 | 转股溢价率 | 转股价值 | 距离转股日 | 剩余年限 | 回售年限 | 转债余额 | 转债成交额 |
|---|---|---|---|---|---|---|---|---|---|---|---|---|---|---|---|---|---|---|---|---|
| 292 | 128062 | 亚药转债! | 002370 | 亚太药业 | 医药 | 化学制药 | 92.005 | 2.40% | -2.40% | 4.1 | 0.49% | 119.3 | 16.25 | 265% | 25.23 | 已到 | 3.42年 | 1.42年 | 9.63 | 189 |
| 146 | 128127 | 文科转债! | 002775 | 文科园林 | 城市公用 | 生态环境 | 96.38 | -0.09% | -0.36% | 3.37 | -1.46% | 120.8 | 4.88 | 39.6% | 69.06 | 已到 | 4.81年 | 2.81年 | 9.50 | 18 |
| 111 | 128138 | 侨银转债! | 002973 | 侨银股份 | 城市公用 | 城市公用 | 107.724 | -0.09% | -0.31% | 14.69 | -3.10% | 136.5 | 25.33 | 85.7% | 57.99 | 已到 | 5年18天 | 3年18天 | 4.20 | 1.7 |
| 224 | 113569 | 科达转债! | 603660 | 苏州科达 | 通信互联 | 物联网 | 99.74 | -0.14% | 0.11% | 5.86 | -1.51% | 120.3 | 14.80 | 152% | 39.59 | 已到 | 4.36年 | 2.36年 | 5.16 | 3.7 |
| 157 | 113596 | 城地转债! | 603887 | 城地香江 | 通信互联 | 通信设备 | 92.99 | -0.45% | 0.44% | 7.1 | -8.97% | 113.1 | 24.26 | 218% | 29.27 | 已到 | 4.75年 | 2.75年 | 12.0 | 24 |
| 321 | 113519 | 长久转债! | 603569 | 长久物流 | 交通运输 | 物流业 | 105.66 | -0.13% | 0.08% | 6.17 | -1.75% | 119.3 | 11.04 | 89.1% | 55.89 | 已到 | 3年8天 | 1年8天 | 6.97 | 0.8 |
| 305 | 110052 | 贵广转债! | 600996 | 贵广网络 | 传媒娱乐 | 影视娱乐 | 103 | -0.11% | 0.09% | 4.3 | -0.92% | 117.7 | 7.94 | 90.2% | 54.16 | 已到 | 3.35年 | 1.35年 | 15.3 | 5.3 |
| 364 | 128015 | 久其转债! | 002279 | 久其软件 | 计算机及 | 软件开发 | 102.754 | -0.19% | 0.19% | 4.06 | -0.98% | 109.5 | 6.97 | 76.4% | 58.25 | 已到 | 1.61年 | 回售内 | 7.79 | 6.6 |
| 323 | 128044 | 岭南转债! | 002717 | 岭南股份 | 城市公用 | 生态环境 | 99.064 | -0.30% | 0.29% | 2.6 | -2.99% | 110.3 | 5.59 | 113% | 46.51 | 已到 | 2.79年 | 0.79年 | 6.59 | 8.6 |
| 182 | 113589 | 天创转债! | 603608 | 天创时尚 | 服装纺织 | 鞋服行业 | 96.25 | 0.10% | -0.13% | 5.24 | -1.32% | 114.9 | 12.29 | 126% | 42.64 | 已到 | 4.65年 | 2.65年 | 6.00 | 19 |
| 220 | 128100 | 搜特转债! | 002503 | 搜于特 | 服装纺织 | 服装行业 | 99.157 | -0.74% | -0.48% | 1.44 | -2.04% | 116.9 | 1.62 | 11.6% | 88.89 | 已到 | 4.37年 | 2.37年 | 7.99 | 26 |

图 6.20　宁稳网主要功能

要想成为宁稳网的用户，需要在注册时完成一轮答题，题目答案在宁稳网如何使用的相关帖子中都可以找到答案，设置答题的环节也是为了帮助用户更好地使用这个网站。

3. 公众号

写可转债的公众号有不少，有的专注公告，有的专注短线，笔者的公众号灰小财则偏重可转债打新和上市分析，注重深度研究，善于运用量化指标对转债进行评分，并运用自动化工具进行交易。

4. 东方财富网

国内最大的财经资讯网站，数据种类繁多，包括新股新债、两融、龙虎榜、沪港通、业绩预告、业绩公告等，如图 6.21 所示。可转债相关的数据不如集思录、宁稳网全。

图 6.21　东方财富网数据中心页面

5. 雪球

国内最大的投资讨论社区之一，是投资者交流、讨论、分享的平台，不仅有股票，还有基金、可转债、港美股等。雪球上有不少资深投资者、基金经理，他们会分享一些个人观点，并作出深入浅出的分析，有的还会建立公开的投资组合，供粉丝参考。当然你也可以建组合和大神们 PK 一下，系统还会定期给你评估打分，粉丝可以关注你的组合，有调仓信息就会推送给他们，如图 6.22 所示。

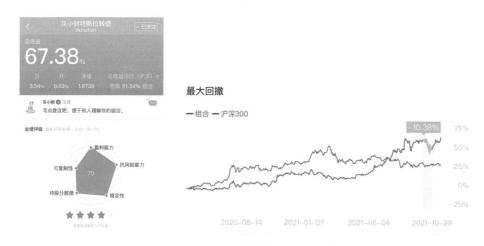

图 6.22　雪球投资组合收益统计图

雪球的评估打分功能做得比股票软件的模拟交易功能要好很多，几乎支持所有交易品种，组合数量也没有限制，你可以尽情发挥，去模拟、验证你的策略。笔者在 2020 年自娱自乐地建立了特斯拉概念转债组合，平时虽然疏于管理，但累计的收益倒还不错。

6. 同花顺

股票行情和交易软件，不少券商可以把账号绑定在同花顺上统一操作和管理，十分方便。在行情数据上，可以查看股票、可转债的价格走势及公司公告等信息，可转债行情和正股行情可以相互切换和对比，若即将满足赎回条件，也会有相应的提示，点击进入后还会显示已满足的天数，如图 6.23 所示。

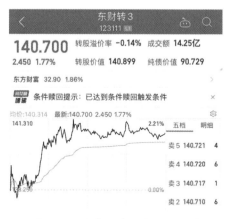

图 6.23　雪球投资组合收益统计

7. 萝卜投研

萝卜投研是通联数据旗下，应用人工智能和大数据技术，构建开放、分享、高效的智能投研平台，辅助用户在证券研究过程中高效处理信息、快速挖掘投资线索，为投资决策提供重要支持。上市公司的基本面数据、可视化的财务数据都可在这个网址上免费获取，此外还可以按关键字搜索券商的研报，如图 6.24 所示。

图 6.24　萝卜投研研报页面

8.综合收费资讯类

万得（Wind）和东方财富（Choice）都是专业的金融数据客户端，功能强，数据全，是专业投资者常用的软件。不过这两个软件都是需要付费使用的。根据功能需求，一年在几千元至上万元不等，东方财富的门槛低一些，在东方财富账户上资产超过一定规模还可免费使用。如果有条件使用的话，建议花些时间研究功能，如果没有也没关系，对于非专业投资者，上面的免费工具也足够使用了。

9.量化投资网站（理杏仁、优矿）

拥有自己的金融数据库，提供准确、详实、快速更新的数据，节省投资人收集、整理、可视化数据所花费的时间，提升研究效率，会编程的话，还可以在平台上建立模型，进行回测。

# 附录 1　可转债评分明细表

附录 1 中选取了截至 2022 年 3 月 31 日存量转债的评分数据，评分模型在第 2 章第 2.4 节中有详细介绍，评分仅代表笔者个人观点，非投资建议。部分数据会随正股业绩变化、市场风格变化而改变，在公众号灰小财中的菜单栏里可找到最新数据。

相关指标说明：

业绩指标考察公司主营业务与财务指标以及公司未来的发展前景。

行业地位指标考察公司是不是行业龙头，所处的行业是否景气度高，是否有发展潜力。

转债条款指标考察转债的评级、到期价值、下修、回售条件等。

题材指标考察各公司是否有相关热点题材。

其他指标考察当前转债的溢价率是否合理、主观上是否看好该转债。

5 分满分；评分在 3.5 分以上的，可认为是优质转债；评分小于 2 分的，质地相对较差。

| 转债名称 | 转债代码 | 评级条款 | 其他 | 业绩 | 行业地位 | 题材 | 概念 | 总分 |
|---|---|---|---|---|---|---|---|---|
| 洽洽转债 | 128135 | 1.0 | 0.5 | 1.0 | 1.0 | 1.0 | 零售、休闲消费 | 4.5 |
| 韦尔转债 | 113616 | 1.0 | 0.5 | 1.0 | 1.0 | 1.0 | 半导体、消费电子、中芯国际 | 4.5 |
| 旗滨转债 | 113047 | 1.0 | 1.0 | 1.0 | 1.0 | 0.5 | 玻璃建材、光伏、节能环保 | 4.5 |
| 国微转债 | 127038 | 1.0 | 1.0 | 0.5 | 1.0 | 1.0 | 军工电子、半导体、数字货币、生物识别 | 4.5 |
| 康泰转 2 | 123119 | 1.0 | 0.5 | 1.0 | 1.0 | 1.0 | 疫苗、防疫 | 4.5 |
| 珀莱转债 | 113634 | 1.0 | 0.5 | 1.0 | 1.0 | 1.0 | 医美、化妆品消费、电子商务 | 4.5 |
| 隆 22 转债 | 113053 | 1.0 | 0.5 | 1.0 | 1.0 | 1.0 | 光伏、多晶硅、碳中和、光伏屋顶、氢能源 | 4.5 |

续表

| 转债名称 | 转债代码 | 评级条款 | 其他 | 业绩 | 行业地位 | 题材 | | 总分 |
|---|---|---|---|---|---|---|---|---|
| 三花转债 | 127036 | 1.0 | 0.5 | 0.5 | 1.0 | 1.0 | 空调汽车零件、特斯拉、新能源汽车 | 4 |
| 精测转债 | 123025 | 0.5 | 1.0 | 0.5 | 1.0 | 1.0 | 仪表检测、半导体 | 4 |
| 长证转债 | 127005 | 0.5 | 1.0 | 0.5 | 1.0 | 1.0 | 传统券商 | 4 |
| 利德转债 | 123035 | 1.0 | 0.5 | 0.5 | 1.0 | 1.0 | LED龙头、5G、VR、元宇宙 | 4 |
| 长信转债 | 123022 | 0.5 | 1.0 | 0.5 | 1.0 | 1.0 | 平板薄膜材料、消费电子、5G | 4 |
| 健友转债 | 113579 | 1.0 | 0.5 | 1.0 | 1.0 | 0.5 | 肝素创新药龙头 | 4 |
| 苏试转债 | 123060 | 0.5 | 1.0 | 0.5 | 1.0 | 1.0 | 轨交、航天军工、中芯国际、半导体 | 4 |
| 国投转债 | 110073 | 0.5 | 1.0 | 1.0 | 0.5 | 1.0 | 传统券商、基金、期货 | 4 |
| 立讯转债 | 128136 | 0.5 | 0.5 | 1.0 | 1.0 | 1.0 | 消费电子、苹果产业链、5G、TWS | 4 |
| 卫宁转债 | 123104 | 1.0 | 0.5 | 0.5 | 1.0 | 1.0 | 软件、互联网医疗、区块链 | 4 |
| 环旭转债 | 113045 | 1.0 | 0.5 | 0.5 | 1.0 | 1.0 | 消费电子、苹果三星、智能穿戴 | 4 |
| 杭银转债 | 110079 | 1.0 | 1.0 | 1.0 | 0.5 | 0.5 | 城商行、区块链 | 4 |
| 捷捷转债 | 123115 | 0.5 | 1.0 | 0.5 | 1.0 | 1.0 | 半导体、封装测试、国产替代 | 4 |
| 三角转债 | 123114 | 0.5 | 1.0 | 1.0 | 0.5 | 1.0 | 运输设备、大飞机、航天军工、航母 | 4 |
| 长汽转债 | 113049 | 1.0 | 0.5 | 0.5 | 1.0 | 1.0 | 整车制造、锂电池、新能源汽车、宁德时代 | 4 |
| 闻泰转债 | 110081 | 1.0 | 0.5 | 0.5 | 1.0 | 1.0 | 电子设备、半导体、国产替代 | 4 |
| 金博转债 | 118001 | 0.5 | 0.5 | 1.0 | 1.0 | 1.0 | 光伏、半导体、新材料 | 4 |
| 国泰转债 | 127040 | 1.0 | 0.5 | 0.5 | 1.0 | 1.0 | 纺织贸易、宁德时代、锂电池 | 4 |
| 川恒转债 | 127043 | 0.5 | 1.0 | 0.5 | 1.0 | 1.0 | 磷化工、锂电池材料 | 4 |
| 太极转债 | 128078 | 1.0 | 1.0 | 0.5 | 0.5 | 1.0 | 网络安全、电子政务、东数西算 | 4 |
| 晶瑞转债 | 123031 | 0.5 | 0.5 | 1.0 | 1.0 | 1.0 | 光刻胶、迷你转债 | 4 |
| 楚江转债 | 128109 | 0.5 | 1.0 | 0.5 | 1.0 | 1.0 | 铜基材料、一带一盏、碳基半导体、军工新材料 | 4 |
| 中矿转债 | 128111 | 1.0 | 0.5 | 0.5 | 1.0 | 1.0 | 全球铯盐龙头、5G、锂电池、特斯拉、迷你转债 | 4 |
| 普利转债 | 123099 | 1.0 | 1.0 | 1.0 | 0.5 | 0.5 | 抗过敏、抗生素、价值成长 | 4 |
| 洋丰转债 | 127031 | 1.0 | 0.5 | 1.0 | 1.0 | 0.5 | 磷化肥、生态农业 | 4 |
| 伯特转债 | 113626 | 1.0 | 0.5 | 1.0 | 1.0 | 0.5 | 汽车零件、汽车轻量化、智能汽车 | 4 |
| 晶瑞转2 | 123124 | 0.5 | 1.0 | 0.5 | 1.0 | 1.0 | 光刻胶、半导体、锂电池、宁德时代 | 4 |

续表

| 转债名称 | 转债代码 | 评级条款 | 其他 | 业绩 | 行业地位 | 题材 | | 总分 |
|---|---|---|---|---|---|---|---|---|
| 江丰转债 | 123123 | 0.5 | 1.0 | 0.5 | 1.0 | 1.0 | 半导体、新材料、中芯国际、特种玻璃 | 4 |
| 泉峰转债 | 113629 | 1.0 | 1.0 | 0.5 | 0.5 | 1.0 | 汽车零件、新能源汽车、蔚来汽车 | 4 |
| 鼎胜转债 | 113534 | 0.5 | 1.0 | 0.5 | 1.0 | 1.0 | 动力电池铝箔龙头、锂电池 | 4 |
| 海兰转债 | 123086 | 1.0 | 1.0 | 0.5 | 0.5 | 1.0 | 北斗导航、国防军工、智能船舶、海底IDC、东数西算 | 4 |
| 宏发转债 | 110082 | 1.0 | 0.5 | 0.5 | 1.0 | 1.0 | 继电器、新能源汽车、智能机器 | 4 |
| 科沃转债 | 113633 | 0.5 | 0.5 | 1.0 | 1.0 | 1.0 | 家用电器、扫地机器人、智能家居 | 4 |
| 鹤21转债 | 113632 | 1.0 | 0.5 | 1.0 | 1.0 | 0.5 | 特种纸、可降解、绿色包装 | 4 |
| 铂科转债 | 123139 | 0.5 | 1.0 | 0.5 | 1.0 | 1.0 | 软磁粉、储能、逆变器、新能源汽车 | 4 |
| 华友转债 | 113641 | 0.5 | 0.5 | 1.0 | 1.0 | 1.0 | 稀有金属钴、锂电池、储能、新能车 | 4 |
| 通22转债 | 110085 | 1.0 | 0.5 | 1.0 | 1.0 | 0.5 | 水产饲料、光伏硅料、新能源 | 4 |
| 锦浪转债 | 123137 | 0.5 | 0.5 | 1.0 | 1.0 | 1.0 | 光伏发电、逆变器、储能、半导体 | 4 |
| 天奈转债 | 118005 | 0.5 | 0.5 | 1.0 | 1.0 | 1.0 | 锂电池、宁德时代、新材料、石墨烯 | 4 |
| 国君转债 | 113013 | 0.5 | 0.5 | 0.5 | 1.0 | 1.0 | 大型券商 | 3.5 |
| 万青转债 | 127017 | 0.5 | 1.0 | 0.5 | 1.0 | 0.5 | 江西水泥龙头、传统基建 | 3.5 |
| 景20转债 | 113602 | 0.5 | 0.5 | 0.5 | 1.0 | 1.0 | PCB、半导体、消费电子、特斯拉、5G、电路板 | 3.5 |
| 南航转债 | 110075 | 0.5 | 0.5 | 0.5 | 1.0 | 1.0 | 民航运输、混改、油价汇率强关联 | 3.5 |
| 冀东转债 | 127025 | 0.5 | 1.0 | 0.5 | 1.0 | 0.5 | 水泥、传统基建、京津冀 | 3.5 |
| 杭叉转债 | 113622 | 1.0 | 0.5 | 0.5 | 1.0 | 0.5 | 工程机械、一带一路 | 3.5 |
| 健帆转债 | 123117 | 0.5 | 0.5 | 1.0 | 1.0 | 0.5 | 医疗器械、医用耗材、血液净化 | 3.5 |
| 帝尔转债 | 123121 | 0.5 | 0.5 | 0.5 | 1.0 | 1.0 | 光伏激光设备 | 3.5 |
| 富瀚转债 | 123122 | 0.5 | 0.5 | 0.5 | 1.0 | 1.0 | 安防视频、半导体芯片 | 3.5 |
| 隆华转债 | 123120 | 0.5 | 0.5 | 1.0 | 0.5 | 1.0 | 新材料、OLED、军民融合、碳中和 | 3.5 |
| 弘亚转债 | 127041 | 0.5 | 0.5 | 1.0 | 1.0 | 0.5 | 数控机械、定制家具、"小巨人" | 3.5 |
| 万孚转债 | 123064 | 0.5 | 0.5 | 0.5 | 1.0 | 1.0 | 体外诊断、新冠检测、抗原检测、抗流感 | 3.5 |
| 希望转债 | 127015 | 1.0 | 0.5 | 0.5 | 1.0 | 0.5 | 饲料、猪肉龙头 | 3.5 |
| 华海转债 | 110076 | 0.5 | 0.5 | 0.5 | 1.0 | 1.0 | 原料药、仿制药、超级真菌、细胞治疗 | 3.5 |

续表

| 转债名称 | 转债代码 | 评级条款 | 其他 | 业绩 | 行业地位 | 题材 | | 总分 |
|---|---|---|---|---|---|---|---|---|
| 乐普转2 | 123108 | 0.5 | 0.5 | 0.5 | 1.0 | 1.0 | 心血管器械、体外诊断、智慧医疗、新冠检测 | 3.5 |
| 烽火转债 | 110062 | 0.5 | 0.5 | 0.5 | 1.0 | 1.0 | 通信光缆、5G、新基建 | 3.5 |
| 艾华转债 | 113504 | 0.5 | 0.5 | 1.0 | 1.0 | 0.5 | 电解电容器、手机快充、5G | 3.5 |
| 现代转债 | 110057 | 0.5 | 1.0 | 0.5 | 0.5 | 1.0 | 原料药和药剂研发、医药、医美 | 3.5 |
| 敖东转债 | 127006 | 0.5 | 1.0 | 0.5 | 0.5 | 1.0 | 参股券商、中药 | 3.5 |
| 太阳转债 | 128029 | 0.5 | 1.0 | 0.5 | 1.0 | 0.5 | 造纸、人民币升值 | 3.5 |
| 伊力转债 | 110055 | 0.5 | 1.0 | 0.5 | 0.5 | 1.0 | 地方白酒 | 3.5 |
| 金禾转债 | 128017 | 0.5 | 1.0 | 0.5 | 1.0 | 0.5 | 食品添加剂龙头 | 3.5 |
| 石英转债 | 113548 | 0.5 | 0.5 | 1.0 | 0.5 | 1.0 | 石英管、半导体、迷你转债 | 3.5 |
| 大族转债 | 128035 | 0.5 | 0.5 | 0.5 | 1.0 | 1.0 | 高端激光设备、PCB | 3.5 |
| 龙净转债 | 110068 | 1.0 | 0.5 | 0.5 | 1.0 | 0.5 | 大气环保龙头 | 3.5 |
| 联创转债 | 128101 | 0.5 | 0.5 | 0.5 | 0.5 | 1.0 | 光学镜头、5G手机、特斯拉车载镜头 | 3.5 |
| 红相转债 | 123044 | 1.0 | 0.5 | 0.5 | 0.5 | 1.0 | 电力检修、特高压、航天军工、新基建 | 3.5 |
| 应急转债 | 123048 | 1.0 | 1.0 | 0.0 | 0.5 | 1.0 | 国防军工、应急设备、军民融合 | 3.5 |
| 聚飞转债 | 123050 | 0.5 | 0.5 | 0.5 | 1.0 | 1.0 | LED背光龙头、国产替代 | 3.5 |
| 瑞达转债 | 128116 | 0.5 | 1.0 | 0.5 | 0.5 | 1.0 | 期货 | 3.5 |
| 龙大转债 | 128119 | 1.0 | 0.5 | 0.5 | 1.0 | 0.5 | 大消费、肉品加工、猪肉 | 3.5 |
| 中金转债 | 127020 | 1.0 | 0.5 | 0.5 | 1.0 | 0.5 | 铅锌铜有色、新能源、国企改革 | 3.5 |
| 沪工转债 | 113593 | 0.5 | 0.5 | 0.5 | 1.0 | 1.0 | 焊接切割、核电、航天军工、特高压 | 3.5 |
| 航新转债 | 123061 | 0.5 | 1.0 | 0.5 | 0.5 | 1.0 | 航天军工、航空维修 | 3.5 |
| 奇正转债 | 128133 | 1.0 | 0.5 | 1.0 | 0.5 | 0.5 | 西藏、中药抗疫、医药电商 | 3.5 |
| 鸿路转债 | 128134 | 0.5 | 0.5 | 0.5 | 1.0 | 0.5 | 装配建筑、智慧停车、智慧城市 | 3.5 |
| 鹏辉转债 | 123070 | 0.5 | 1.0 | 0.5 | 0.5 | 1.0 | 消费电子、电子烟、锂电池 | 3.5 |
| 天能转债 | 123071 | 1.0 | 1.0 | 0.5 | 0.5 | 0.5 | 风机塔架、新能源、风能、光伏 | 3.5 |
| 洁美转债 | 128137 | 0.0 | 1.0 | 0.5 | 1.0 | 1.0 | 纸质载带、集成电路、国产替代 | 3.5 |
| 三诺转债 | 123090 | 0.5 | 0.5 | 0.5 | 1.0 | 1.0 | 糖尿病体外诊断、新冠试剂、人脑工程 | 3.5 |
| 朗新转债 | 123083 | 0.5 | 0.5 | 0.5 | 1.0 | 1.0 | 智慧停车、智能电网、机顶盒、网络视听超高清、蚂蚁金服 | 3.5 |
| 长海转债 | 123091 | 0.5 | 1.0 | 0.5 | 1.0 | 0.5 | 玻纤建材 | 3.5 |

续表

| 转债名称 | 转债代码 | 评级条款 | 其他 | 业绩 | 行业地位 | 题材 | | 总分 |
|---|---|---|---|---|---|---|---|---|
| 旺能转债 | 128141 | 0.5 | 1.0 | 0.5 | 1.0 | 0.5 | 固废处理、PPP、垃圾分类、锂电回收 | 3.5 |
| 美诺转债 | 113618 | 0.5 | 0.5 | 1.0 | 0.5 | 1.0 | CMO、CDMO、原料药 | 3.5 |
| 彤程转债 | 113621 | 0.5 | 0.5 | 0.5 | 1.0 | 1.0 | 橡胶助剂、可降解、石墨烯、光刻胶 | 3.5 |
| 利民转债 | 128144 | 0.5 | 1.0 | 0.5 | 1.0 | 0.5 | 杀菌剂、生物农药、顺周期 | 3.5 |
| 嘉元转债 | 118000 | 0.5 | 0.5 | 0.5 | 1.0 | 1.0 | 科创板、锂电池、PCB | 3.5 |
| 拓尔转债 | 123105 | 0.5 | 1.0 | 0.5 | 0.5 | 1.0 | 云计算、人工智能、征信、网络安全 | 3.5 |
| 盛虹转债 | 127030 | 0.5 | 1.0 | 0.5 | 1.0 | 0.5 | 铜、稀土永磁、特斯拉、顺周期 | 3.5 |
| 昌红转债 | 123109 | 0.5 | 1.0 | 0.5 | 0.5 | 1.0 | 体外诊断、新冠检测辅料、医用耗材、基因测序 | 3.5 |
| 节能转债 | 113051 | 1.0 | 0.5 | 0.5 | 1.0 | 0.5 | 风能、碳中和、京津冀 | 3.5 |
| 银轮转债 | 127037 | 0.5 | 1.0 | 0.5 | 1.0 | 0.5 | 汽车零件、特斯拉、新能源汽车 | 3.5 |
| 南银转债 | 113050 | 0.5 | 1.0 | 1.0 | 0.5 | 0.5 | 城商行、阿里 | 3.5 |
| 万兴转债 | 123116 | 0.5 | 1.0 | 0.5 | 0.5 | 1.0 | 国产软件、华为鸿蒙、短视频、元宇宙 | 3.5 |
| 牧原转债 | 127045 | 0.5 | 1.0 | 0.5 | 1.0 | 0.5 | 生猪养殖 | 3.5 |
| 蓝晓转债 | 123027 | 0.5 | 1.0 | 0.5 | 0.5 | 1.0 | 吸附分离树脂、盐湖提锂、工业大麻、锂电池、迷你转债 | 3.5 |
| 明泰转债 | 113025 | 1.0 | 0.5 | 0.5 | 1.0 | 0.5 | 有色金属铝、汽车轻量化 | 3.5 |
| 文灿转债 | 113537 | 0.5 | 1.0 | 0.5 | 0.5 | 1.0 | 汽车精密压铸件、特斯拉 | 3.5 |
| 创维转债 | 127013 | 1.0 | 0.5 | 0.5 | 0.5 | 1.0 | 机顶盒、超高清、5G、元宇宙 | 3.5 |
| 游族转债 | 128074 | 1.0 | 0.5 | 0.5 | 0.5 | 1.0 | 网游、云游戏 | 3.5 |
| 思特转债 | 123054 | 1.0 | 0.5 | 0.5 | 0.5 | 1.0 | 5G、运营商软件、在线教育、云计算、东数西算 | 3.5 |
| 润达转债 | 113588 | 1.0 | 0.5 | 0.5 | 0.5 | 1.0 | 体外诊断、病毒检测、新冠检测 | 3.5 |
| 道恩转债 | 128117 | 1.0 | 0.5 | 0.5 | 1.0 | 0.5 | 弹性体、改性塑料龙头、口罩熔喷料 | 3.5 |
| 银信转债 | 123059 | 1.0 | 0.5 | 0.5 | 0.5 | 1.0 | 云计算运维、IDC、东数西算、新基建 | 3.5 |
| 佳力转债 | 113597 | 1.0 | 1.0 | 0.0 | 0.5 | 1.0 | IDC、东数西算、机房精密设备 | 3.5 |
| 精达转债 | 110074 | 1.0 | 0.5 | 0.5 | 1.0 | 0.5 | 特种电磁线、新能源汽车 | 3.5 |
| 嘉泽转债 | 113039 | 1.0 | 0.5 | 0.5 | 0.5 | 1.0 | 新能源发电、太阳能、风能、西部开发 | 3.5 |
| 宝莱转债 | 123065 | 1.0 | 0.5 | 0.5 | 0.5 | 1.0 | 健康监测、肾科医疗、互联医疗、迷你转债 | 3.5 |

续表

| 转债名称 | 转债代码 | 评级条款 | 其他 | 业绩 | 行业地位 | 题材 | | 总分 |
|---|---|---|---|---|---|---|---|---|
| 斯莱转债 | 123067 | 0.5 | 0.5 | 0.5 | 1.0 | 1.0 | 金属包装、光伏、特斯拉电池壳、抖音 | 3.5 |
| 润建转债 | 128140 | 1.0 | 0.5 | 0.5 | 0.5 | 1.0 | 网络通信、云计算、IDC、东数西算、5G、新能源 | 3.5 |
| 高澜转债 | 123084 | 0.5 | 1.0 | 0.5 | 0.5 | 1.0 | 迷你转债、特高压、新能源汽车、IDC冷却水、充电桩 | 3.5 |
| 金诚转债 | 113615 | 1.0 | 0.5 | 0.5 | 1.0 | 0.5 | 矿山开采、磷化工、一带一路 | 3.5 |
| 傲农转债 | 113620 | 1.0 | 0.5 | 0.5 | 1.0 | 0.5 | 饲料、猪肉 | 3.5 |
| 温氏转债 | 123107 | 1.0 | 0.5 | 0.5 | 1.0 | 0.5 | 猪肉、鸡肉、智慧农业 | 3.5 |
| 开润转债 | 123039 | 0.5 | 1.0 | 0.5 | 0.5 | 1.0 | 品牌背包、旅游、迷你转债 | 3.5 |
| 交建转债 | 128132 | 1.0 | 0.5 | 0.5 | 1.0 | 0.5 | 传统基建、丝绸之路、西部开发 | 3.5 |
| 乐歌转债 | 123072 | 0.5 | 0.5 | 0.5 | 1.0 | 1.0 | 迷你转债、建材家居、智慧办公、IDC | 3.5 |
| 晶科转债 | 113048 | 0.5 | 1.0 | 0.5 | 0.5 | 1.0 | 光伏、新能源、碳中和 | 3.5 |
| 台华转债 | 113525 | 1.0 | 0.5 | 0.5 | 1.0 | 0.5 | 锦纶面料龙头 | 3.5 |
| 九洲转2 | 123089 | 0.5 | 1.0 | 0.5 | 0.5 | 1.0 | 新能源、智能电网、充电桩 | 3.5 |
| 百润转债 | 127046 | 0.5 | 0.5 | 1.0 | 1.0 | 0.5 | 鸡尾酒消费、电子商务 | 3.5 |
| 设研转债 | 123130 | 0.5 | 0.5 | 0.5 | 1.0 | 1.0 | 设计咨询、光伏基建、迷你转债 | 3.5 |
| 希望转2 | 127049 | 1.0 | 0.5 | 0.5 | 1.0 | 0.5 | 猪肉、饲料、养鸡 | 3.5 |
| 中大转债 | 127048 | 0.5 | 1.0 | 0.5 | 0.5 | 1.0 | 智能物流、工业母机、机器人、迷你转债 | 3.5 |
| 赛伍转债 | 113630 | 0.5 | 0.5 | 0.5 | 1.0 | 1.0 | 光伏背板、锂电池、半导体、新能源 | 3.5 |
| 甬金转债 | 113636 | 0.5 | 0.5 | 1.0 | 1.0 | 0.5 | 黑色金属、不锈钢 | 3.5 |
| 特纸转债 | 111002 | 1.0 | 0.5 | 0.5 | 0.5 | 1.0 | 食品包装、特种纸 | 3.5 |
| 升21转债 | 113635 | 0.5 | 0.5 | 0.5 | 1.0 | 1.0 | 汽车轻量化、新能源汽车、特斯拉、宁德时代 | 3.5 |
| 奥飞转债 | 123131 | 0.5 | 1.0 | 0.5 | 0.5 | 1.0 | 大数据云计算、光伏IDC、东数西算、海底光缆、VR | 3.5 |
| 华兴转债 | 118003 | 0.5 | 0.5 | 0.5 | 1.0 | 1.0 | 半导体检测、消费电子、5G、苹果 | 3.5 |
| 博杰转债 | 127051 | 0.5 | 0.5 | 0.5 | 1.0 | 1.0 | 消费电子、苹果、半导体、机器视觉、VR | 3.5 |
| 麒麟转债 | 127050 | 0.5 | 1.0 | 0.5 | 0.5 | 1.0 | 轮胎、航天军工、一带一路 | 3.5 |
| 山玻转债 | 111001 | 0.5 | 1.0 | 0.5 | 1.0 | 0.5 | 玻纤、风能、集成电路 | 3.5 |
| 博瑞转债 | 118004 | 0.5 | 0.5 | 1.0 | 1.0 | 0.5 | 原料药、仿制药、科创板、新冠药 | 3.5 |

| 转债名称 | 转债代码 | 评级条款 | 其他 | 业绩 | 行业地位 | 题材 | | 总分 |
|---|---|---|---|---|---|---|---|---|
| 西子转债 | 127052 | 0.5 | 0.5 | 0.5 | 1.0 | 1.0 | 光热发电、熔盐储能、光伏 | 3.5 |
| 台21转债 | 113638 | 1.0 | 0.5 | 0.5 | 1.0 | 0.5 | 锦纶长丝、尼龙纺织、运动服饰 | 3.5 |
| 佩蒂转债 | 123133 | 0.5 | 1.0 | 0.5 | 0.5 | 1.0 | 宠物食品、电商 | 3.5 |
| 泰林转债 | 123135 | 0.5 | 1.0 | 0.5 | 0.5 | 1.0 | 生物检测、医疗器械、细胞治疗、迷你转债 | 3.5 |
| 卡倍转债 | 123134 | 0.5 | 1.0 | 0.5 | 0.5 | 1.0 | 汽车零件、新能源汽车、特斯拉、迷你转债 | 3.5 |
| 华正转债 | 113639 | 0.5 | 1.0 | 0.5 | 0.5 | 1.0 | PCB、5G、锂电池 | 3.5 |
| 绿动转债 | 113054 | 1.0 | 0.5 | 1.0 | 0.5 | 0.5 | 固废处理、垃圾发电、垃圾分类 | 3.5 |
| 丝路转债 | 123138 | 0.5 | 1.0 | 0.5 | 0.5 | 1.0 | 视觉服务、元宇宙、VR、超高清、迷你转债 | 3.5 |
| 大参转债 | 113605 | 0.5 | 0.5 | 0.5 | 1.0 | 0.5 | 价值成长、医药电商、零售药店 | 3 |
| 恒逸转债 | 127022 | 0.5 | 0.5 | 0.5 | 1.0 | 0.5 | 涤纶锦纶、油气改革、炼油 | 3 |
| 财通转债 | 113043 | 0.5 | 0.5 | 0.5 | 0.5 | 1.0 | 传统券商、合并预期 | 3 |
| 太平转债 | 113627 | 0.5 | 0.5 | 0.5 | 1.0 | 0.5 | 服装、新零售、多胎 | 3 |
| 远东转债 | 128075 | 0.5 | 0.5 | 0.5 | 0.5 | 1.0 | 传动轴、新能源汽车、集卡、基建 | 3 |
| 鹰19转债 | 110063 | 0.5 | 0.5 | 0.5 | 1.0 | 0.5 | 造纸、人民币升值 | 3 |
| 山鹰转债 | 110047 | 0.5 | 0.5 | 0.5 | 1.0 | 0.5 | 造纸、人民币升值 | 3 |
| 柳药转债 | 113563 | 0.5 | 1.0 | 0.5 | 0.5 | 0.5 | 连锁药店、医药电商、大消费 | 3 |
| 天路转债 | 110060 | 0.5 | 0.5 | 0.5 | 1.0 | 0.5 | 水泥、建材、新基建 | 3 |
| 奥佳转债 | 128097 | 0.5 | 0.5 | 0.5 | 1.0 | 0.5 | 按摩椅、大健康、口罩出口 | 3 |
| 华安转债 | 110067 | 0.5 | 0.5 | 0.5 | 0.5 | 1.0 | 传统券商 | 3 |
| 维尔转债 | 123049 | 0.5 | 1.0 | 0.5 | 0.5 | 0.5 | 垃圾分类、厨余垃圾处理 | 3 |
| 蓝帆转债 | 128108 | 0.5 | 0.5 | 0.5 | 1.0 | 0.5 | 心脏支架、医用手套耗材、特斯拉急救包 | 3 |
| 兴森转债 | 128122 | 0.0 | 0.5 | 1.0 | 0.5 | 1.0 | PCB、半导体、航天军工、5G | 3 |
| 荣泰转债 | 113606 | 0.0 | 0.5 | 0.5 | 1.0 | 1.0 | 健康消费、共享服务、网红电商 | 3 |
| 贝斯转债 | 123075 | 0.5 | 1.0 | 0.5 | 0.0 | 1.0 | 汽车零件、特斯拉精密小件、燃料电池 | 3 |
| 盈峰转债 | 127024 | 0.5 | 0.5 | 0.5 | 1.0 | 0.5 | 固废处理、垃圾分类、环卫装备 | 3 |
| 新乳转债 | 128142 | 0.5 | 0.5 | 0.5 | 0.5 | 1.0 | 国产乳业、二胎、社区团购 | 3 |
| 震安转债 | 123103 | 0.0 | 1.0 | 0.5 | 1.0 | 0.5 | 橡胶塑料、抗震、基建旧改 | 3 |
| 中钢转债 | 127029 | 0.5 | 0.5 | 0.5 | 0.5 | 1.0 | 顺周期、碳中和、石墨烯、国资改革 | 3 |
| 仙乐转债 | 123113 | 0.5 | 0.5 | 0.5 | 1.0 | 0.5 | 保健品、养老产业 | 3 |

续表

| 转债名称 | 转债代码 | 评级条款 | 其他 | 业绩 | 行业地位 | 题材 | | 总分 |
|---|---|---|---|---|---|---|---|---|
| 凤21转债 | 113623 | 0.5 | 0.5 | 0.5 | 1.0 | 0.5 | 涤纶长丝、工业4.0 | 3 |
| 北港转债 | 127039 | 0.5 | 1.0 | 0.5 | 0.5 | 0.5 | 港口运输、西部开发、RECP | 3 |
| 江山转债 | 113625 | 1.0 | 0.5 | 0.5 | 0.5 | 0.5 | 木门建材、精装修 | 3 |
| 蒙娜转债 | 127044 | 1.0 | 0.5 | 0.5 | 0.5 | 0.5 | 瓷砖建材 | 3 |
| 瑞丰转债 | 123126 | 0.5 | 0.5 | 0.5 | 0.5 | 1.0 | 迷你转债、PVC塑料、可降解 | 3 |
| 亨通转债 | 110056 | 0.5 | 0.5 | 0.5 | 0.5 | 1.0 | 通信光缆、5G、新基建 | 3 |
| 联得转债 | 123038 | 0.0 | 1.0 | 0.5 | 0.5 | 1.0 | 平板显示模组、超高清、OLED、迷你转债 | 3 |
| 金农转债 | 128036 | 0.5 | 0.5 | 0.5 | 0.5 | 1.0 | 猪肉养殖、迷你转债 | 3 |
| 新北转债 | 128083 | 0.5 | 1.0 | 0.5 | 0.5 | 0.5 | 智能设备、新零售、丰巢 | 3 |
| 川投转债 | 110061 | 1.0 | 0.5 | 0.5 | 1.0 | 0.0 | 能源发电 | 3 |
| 济川转债 | 110038 | 0.5 | 0.5 | 1.0 | 0.5 | 0.5 | 中成药 | 3 |
| 核建转债 | 113024 | 0.5 | 0.5 | 0.5 | 1.0 | 0.5 | 核电、基建 | 3 |
| 利尔转债 | 128046 | 0.5 | 0.5 | 0.5 | 0.5 | 1.0 | 农药、杀虫剂（蝗灾） | 3 |
| 鲁泰转债 | 127016 | 0.5 | 0.5 | 0.5 | 1.0 | 0.5 | 纺织服装、高股息、外贸出口 | 3 |
| 东时转债 | 113575 | 0.5 | 0.5 | 0.0 | 1.0 | 1.0 | 驾校培训、教育、元宇宙、迷你转债 | 3 |
| 华统转债 | 128106 | 0.5 | 0.5 | 0.5 | 0.5 | 1.0 | 肉食加工、猪肉、大消费 | 3 |
| 春秋转债 | 113577 | 0.5 | 0.5 | 0.5 | 0.5 | 1.0 | 电脑精密组件、消费电子、远程办公、在线教育、迷你转债 | 3 |
| 交科转债 | 128107 | 0.5 | 0.5 | 0.5 | 1.0 | 0.5 | 浙江基建、稳增长 | 3 |
| 寿仙转债 | 113585 | 0.5 | 0.5 | 0.5 | 1.0 | 0.5 | 名贵中药材龙头、保健品、迷你转债 | 3 |
| 雪榕转债 | 123056 | 0.5 | 0.5 | 0.5 | 1.0 | 0.5 | 菌菇、食品消费 | 3 |
| 淳中转债 | 113594 | 0.5 | 0.5 | 0.5 | 0.5 | 1.0 | 5G、超高清、在线办公、芯片、安防军工 | 3 |
| 特发转2 | 127021 | 1.0 | 0.5 | 0.0 | 0.5 | 1.0 | IDC、5G、军工、东数西算 | 3 |
| 新星转债 | 113600 | 1.0 | 0.5 | 0.0 | 0.5 | 1.0 | 金属新材料、航天军工、氟化工 | 3 |
| 塞力转债 | 113601 | 0.5 | 0.5 | 0.5 | 0.5 | 1.0 | 医疗机械批发、工业大麻、体外诊断、区块链、新冠检测 | 3 |
| 崇达转2 | 128131 | 0.5 | 0.5 | 0.5 | 0.5 | 1.0 | PCB、5G、半导体、消费电子、特斯拉PCB | 3 |
| 多伦转债 | 113604 | 0.5 | 0.5 | 0.5 | 0.5 | 1.0 | 驾校培训、智能交通、北斗导航 | 3 |
| 洪城转债 | 110077 | 0.5 | 0.5 | 1.0 | 0.5 | 0.5 | 供水供气、节能环保 | 3 |
| 灵康转债 | 113610 | 0.5 | 0.5 | 0.5 | 0.5 | 1.0 | 化学制剂、医美、保险 | 3 |

续表

| 转债名称 | 转债代码 | 评级条款 | 其他 | 业绩 | 行业地位 | 题材 | | 总分 |
|---|---|---|---|---|---|---|---|---|
| 北陆转债 | 123082 | 0.5 | 0.5 | 0.5 | 0.5 | 1.0 | 对比剂、基因测序、精准医疗 | 3 |
| 侨银转债 | 128138 | 1.0 | 0.5 | 0.5 | 0.5 | 0.5 | 环卫清洁、垃圾分类 | 3 |
| 超声转债 | 127026 | 0.5 | 0.5 | 0.5 | 0.5 | 1.0 | PCB、消费电子、5G、苹果三星 | 3 |
| 明电转债 | 123087 | 0.5 | 0.5 | 0.5 | 0.5 | 1.0 | PCB、半导体、5G | 3 |
| 世运转债 | 113619 | 0.5 | 0.5 | 0.5 | 0.5 | 1.0 | PCB、特斯拉、电子设备 | 3 |
| 思创转债 | 123096 | 0.5 | 1.0 | 0.0 | 0.5 | 1.0 | 互联医疗、智慧养老、大数据、区块链 | 3 |
| 英特转债 | 127028 | 1.0 | 0.5 | 0.5 | 0.5 | 0.5 | 医药电商、冷链物流、疫苗运输 | 3 |
| 金田转债 | 113046 | 0.5 | 0.5 | 0.5 | 1.0 | 0.5 | 铜、稀土永磁、特斯拉、顺周期 | 3 |
| 中装转2 | 127033 | 0.5 | 0.5 | 0.5 | 0.5 | 1.0 | 建筑装饰、IDC、区块链、新能源 | 3 |
| 苏行转债 | 127032 | 0.5 | 0.5 | 1.0 | 0.5 | 0.5 | 城商行 | 3 |
| 濮耐转债 | 127035 | 0.5 | 0.5 | 0.5 | 0.5 | 1.0 | 小金属、碳中和、镁电池 | 3 |
| 海亮转债 | 128081 | 0.5 | 0.5 | 0.5 | 1.0 | 0.5 | 铜管龙头、家电 | 3 |
| 东风转债 | 113030 | 1.0 | 0.5 | 0.5 | 0.5 | 0.5 | 烟标包装 | 3 |
| 湖广转债 | 127007 | 1.0 | 0.5 | 0.0 | 0.5 | 1.0 | 广播电视、超高清、5G、元宇宙 | 3 |
| 大丰转债 | 113530 | 1.0 | 0.5 | 0.5 | 0.5 | 0.5 | 文体装备龙头、文体设施工程 | 3 |
| 盛路转债 | 128041 | 1.0 | 0.5 | 0.5 | 0.5 | 1.0 | 通信天线、5G、新基建 | 3 |
| 新春转债 | 113568 | 1.0 | 0.5 | 0.5 | 0.5 | 0.5 | 轴承、特斯拉轴承套圈 | 3 |
| 胜达转债 | 113591 | 1.0 | 0.5 | 0.5 | 0.5 | 0.5 | 纸包装龙头、印刷包装、工业4.0 | 3 |
| 湖盐转债 | 110071 | 1.0 | 0.5 | 0.5 | 0.5 | 0.5 | 食品、工业盐 | 3 |
| 嘉友转债 | 113599 | 1.0 | 0.0 | 0.5 | 1.0 | 0.5 | 跨境物流、一带一路、冷链物流 | 3 |
| 齐翔转2 | 128128 | 0.5 | 0.5 | 0.5 | 1.0 | 0.5 | 石油化工、新材料、防护用品 | 3 |
| 汉得转债 | 123077 | 1.0 | 0.5 | 0.0 | 0.5 | 1.0 | ERP、云计算、区块链 | 3 |
| 飞凯转债 | 123078 | 0.5 | 0.5 | 0.5 | 0.5 | 1.0 | 光刻胶、半导体、5G | 3 |
| 永安转债 | 113609 | 0.5 | 0.5 | 0.5 | 0.5 | 1.0 | 共享单车、蚂蚁金服、新能源汽车 | 3 |
| 威唐转债 | 123088 | 0.5 | 0.5 | 0.5 | 0.5 | 1.0 | 出口模具、新能源汽车、特斯拉 | 3 |
| 九典转债 | 123110 | 0.5 | 0.5 | 0.5 | 0.5 | 1.0 | 原料药、抗生素、检测耗材 | 3 |
| 万讯转债 | 123112 | 1.0 | 0.5 | 0.5 | 0.5 | 0.5 | 仪表、环境监测、智能机器 | 3 |
| 嘉美转债 | 127042 | 1.0 | 0.5 | 0.5 | 0.5 | 0.5 | 金属包装、植物蛋白 | 3 |
| 小康转债 | 113016 | 0.5 | 0.5 | 0.5 | 0.5 | 1.0 | 整车制造、地摊经济、无人驾驶、特斯拉 | 3 |
| 雷迪转债 | 123045 | 0.5 | 0.5 | 0.5 | 0.5 | 1.0 | 汽车轮毂轴承、迷你转债 | 3 |
| 首华转债 | 123128 | 1.0 | 0.5 | 0.5 | 0.5 | 0.5 | 碳中和、地摊经济、天然气 | 3 |
| 苏租转债 | 110083 | 0.5 | 0.5 | 1.0 | 1.0 | 0.0 | 融资租赁 | 3 |

续表

| 转债名称 | 转债代码 | 评级条款 | 其他 | 业绩 | 行业地位 | 题材 | | 总分 |
|---|---|---|---|---|---|---|---|---|
| 皖天转债 | 113631 | 0.5 | 0.5 | 0.5 | 1.0 | 0.5 | 供水供气、天然气 | 3 |
| 华翔转债 | 113637 | 0.5 | 1.0 | 0.5 | 0.5 | 0.5 | 新能源汽车、汽车零件、3D打印 | 3 |
| 贵燃转债 | 110084 | 0.5 | 0.5 | 0.5 | 1.0 | 0.5 | 燃气、西部开发 | 3 |
| 回盛转债 | 123132 | 0.5 | 0.5 | 0.5 | 1.0 | 0.5 | 饲料、兽药 | 3 |
| 城市转债 | 123136 | 0.5 | 1.0 | 0.0 | 0.5 | 1.0 | 工程设计咨询、智慧城市、乡村振兴、数字经济 | 3 |
| 天地转债 | 123140 | 0.5 | 1.0 | 0.5 | 0.5 | 1.0 | 电子设备、物联网、迷你转债 | 3 |
| 苏利转债 | 113640 | 0.5 | 0.5 | 0.5 | 1.0 | 0.5 | 杀菌剂、生物农药 | 3 |
| 长集转债 | 128105 | 0.5 | 0.5 | 0.5 | 0.5 | 0.5 | 环保发电、垃圾分类、垃圾处理 | 2.5 |
| 国光转债 | 128123 | 0.0 | 1.0 | 0.5 | 0.5 | 0.5 | 农药、智慧农业、消毒 | 2.5 |
| 拓斯转债 | 123101 | 0.5 | 0.5 | 0.5 | 0.5 | 0.5 | 工业互联网、机器人、口罩 | 2.5 |
| 正邦转债 | 128114 | 0.5 | 0.5 | 0.5 | 0.5 | 0.5 | 饲料、猪肉 | 2.5 |
| 法兰转债 | 113598 | 0.0 | 0.5 | 0.5 | 0.5 | 1.0 | 基建设备、航天军工、一带一路 | 2.5 |
| 三力转债 | 128039 | 0.0 | 0.5 | 0.5 | 0.5 | 1.0 | 橡胶V带、量子通信、军民融合 | 2.5 |
| 宏辉转债 | 113565 | 0.5 | 0.5 | 0.5 | 0.5 | 0.5 | 蔬果种植管理配送 | 2.5 |
| 尚荣转债 | 128053 | 0.5 | 0.5 | 0.5 | 0.5 | 0.5 | 医院建设、口罩、防护服 | 2.5 |
| 科达转债 | 113569 | 0.5 | 0.5 | 0.5 | 0.5 | 1.0 | 视讯设备、远程办公 | 2.5 |
| 华体转债 | 113574 | 0.0 | 0.5 | 0.5 | 0.5 | 1.0 | 城市照明LED、5G物联网、新基建 | 2.5 |
| 家悦转债 | 113584 | 0.5 | 0.5 | 0.5 | 0.5 | 1.0 | 胶东生鲜龙头、生鲜超市、大消费 | 2.5 |
| 宏川转债 | 128121 | 0.5 | 0.5 | 0.5 | 0.5 | 0.5 | 石油仓储、物流管理 | 2.5 |
| 华阳转债 | 128125 | 0.5 | 0.5 | 0.5 | 0.5 | 0.5 | 传统基建、精装修、粤港澳 | 2.5 |
| 青农转债 | 128129 | 0.0 | 0.5 | 1.0 | 0.5 | 0.5 | 传统农商行 | 2.5 |
| 强力转债 | 123076 | 0.5 | 0.0 | 0.5 | 0.5 | 1.0 | 半导体、OLED、PCB光刻胶 | 2.5 |
| 日丰转债 | 128145 | 0.5 | 0.5 | 0.5 | 0.5 | 0.5 | 家电电缆、华为 | 2.5 |
| 元力转债 | 123125 | 0.0 | 1.0 | 0.5 | 0.5 | 0.5 | 活性炭、节能环保、超级电容 | 2.5 |
| 溢利转债 | 123018 | 0.0 | 0.5 | 0.5 | 1.0 | 0.5 | 生物酶、饲料、迷你转债 | 2.5 |
| 兄弟转债 | 128021 | 0.5 | 0.5 | 0.5 | 0.5 | 0.5 | 维生素 | 2.5 |
| 英联转债 | 128079 | 0.5 | 0.5 | 0.5 | 0.5 | 0.5 | 易开盖金属包装龙头、快消品、迷你转债 | 2.5 |
| 联泰转债 | 113526 | 0.5 | 0.5 | 1.0 | 0.0 | 0.5 | 污水处理、环保、迷你转债 | 2.5 |
| 国祯转债 | 123002 | 0.5 | 0.5 | 0.5 | 0.5 | 0.5 | 污水处理、环保 | 2.5 |
| 金能转债 | 113545 | 0.5 | 0.5 | 0.5 | 1.0 | 0.0 | 煤炭、焦油 | 2.5 |
| 张行转债 | 128048 | 0.5 | 0.5 | 0.5 | 0.5 | 0.5 | 城商行 | 2.5 |

续表

| 转债名称 | 转债代码 | 评级条款 | 其他 | 业绩 | 行业地位 | 题材 | | 总分 |
|---|---|---|---|---|---|---|---|---|
| 广电转债 | 110044 | 0.5 | 0.5 | 0.0 | 0.5 | 1.0 | 广播电视、超高清、5G、元宇宙、迷你转债 | 2.5 |
| 苏农转债 | 113516 | 0.5 | 0.5 | 0.5 | 0.5 | 0.5 | 城商行 | 2.5 |
| 建工转债 | 110064 | 0.5 | 0.5 | 0.5 | 0.5 | 0.5 | 房屋建筑、大基建 | 2.5 |
| 福能转债 | 110048 | 0.5 | 0.5 | 0.5 | 0.5 | 0.5 | 发电 | 2.5 |
| 招路转债 | 127012 | 0.5 | 0.5 | 0.5 | 0.5 | 0.5 | 高速公路 | 2.5 |
| 合兴转债 | 128071 | 0.5 | 0.5 | 0.5 | 0.5 | 0.5 | 瓦楞纸箱、快递 | 2.5 |
| 苏银转债 | 110053 | 0.5 | 0.5 | 0.5 | 0.5 | 0.5 | 城商行 | 2.5 |
| 北方转债 | 127014 | 0.5 | 0.5 | 0.5 | 0.5 | 0.5 | 国内外工程承包、大基建 | 2.5 |
| 天康转债 | 128030 | 1.0 | 0.0 | 0.5 | 0.5 | 0.5 | 饲料、猪肉、迷你转债 | 2.5 |
| 天铁转债 | 123046 | 0.5 | 0.5 | 0.5 | 0.5 | 0.5 | 轨交橡胶制品、新基建、迷你转债 | 2.5 |
| 利群转债 | 113033 | 0.5 | 0.5 | 0.0 | 0.5 | 1.0 | 商贸、商业物业、超市百货 | 2.5 |
| 天创转债 | 113589 | 0.5 | 0.5 | 0.5 | 0.5 | 0.5 | 时尚鞋履服饰、短视频、字节跳动 | 2.5 |
| 美联转债 | 123057 | 0.5 | 0.5 | 0.5 | 0.5 | 0.5 | 三聚氯氰龙头、口罩熔喷料 | 2.5 |
| 瀛通转债 | 128118 | 0.5 | 0.5 | 0.0 | 0.5 | 1.0 | 消费电子、TWS | 2.5 |
| 紫银转债 | 113037 | 0.5 | 0.5 | 0.5 | 0.5 | 0.5 | 农商行 | 2.5 |
| 威派转债 | 113608 | 0.5 | 0.5 | 0.5 | 0.5 | 0.5 | 供水设备、工业互联网、旧城改造 | 2.5 |
| 大秦转债 | 113044 | 0.5 | 0.5 | 0.5 | 1.0 | 0.0 | 运输、铁路基建、顺周期 | 2.5 |
| 绿茵转债 | 127034 | 0.5 | 0.5 | 0.5 | 0.5 | 0.5 | 生态环境、碳中和、京津冀 | 2.5 |
| 正川转债 | 113624 | 0.5 | 0.5 | 0.5 | 0.5 | 0.5 | 药用玻璃、疫苗包装 | 2.5 |
| 起帆转债 | 111000 | 0.5 | 0.5 | 0.5 | 0.5 | 0.5 | 电线电缆、特高压、太阳能、航天军工 | 2.5 |
| 哈尔转债 | 128073 | 0.5 | 0.5 | 0.5 | 0.5 | 0.5 | 保温杯、瑞幸 | 2.5 |
| 凯中转债 | 128042 | 1.0 | 0.5 | 0.0 | 0.0 | 1.0 | 换向器、特斯拉配套零件 | 2.5 |
| 贵广转债 | 110052 | 1.0 | 0.5 | 0.0 | 0.5 | 0.5 | 广播电视、超高清、5G、元宇宙、东数西算 | 2.5 |
| 长久转债 | 113519 | 1.0 | 0.5 | 0.0 | 0.5 | 0.5 | 汽车物流 | 2.5 |
| 翔鹭转债 | 128072 | 0.5 | 0.5 | 0.5 | 0.5 | 0.5 | 金属钨、战略储备 | 2.5 |
| 纵横转债 | 113573 | 0.5 | 0.5 | 0.0 | 0.5 | 1.0 | 5G、新基建 | 2.5 |
| 同和转债 | 113604 | 0.5 | 0.5 | 0.5 | 0.0 | 1.0 | 原料、仿制药、创业板小盘 | 2.5 |
| 海波转债 | 123080 | 0.5 | 0.5 | 0.5 | 0.0 | 1.0 | 迷你转债、桥梁结构工程、雄安新区 | 2.5 |
| 金陵转债 | 123093 | 0.5 | 0.5 | 0.0 | 0.5 | 1.0 | 体育装备、体育文化 | 2.5 |
| 正丹转债 | 123106 | 1.0 | 0.5 | 0.5 | 0.0 | 0.5 | 化工化纤、环保新材料 | 2.5 |
| 特一转债 | 128025 | 0.5 | 0.5 | 0.5 | 0.0 | 1.0 | 化学制剂、中成药、医药 | 2.5 |

| 转债名称 | 转债代码 | 评级条款 | 其他 | 业绩 | 行业地位 | 题材 | | 总分 |
|---|---|---|---|---|---|---|---|---|
| 鸿达转债 | 128085 | 0.5 | 0.5 | 0.5 | 0.5 | 0.5 | 氢能源、PVC 新材料、口罩 | 2.5 |
| 今飞转债 | 128056 | 0.5 | 0.5 | 0.5 | 0.0 | 1.0 | 汽车轮毂、汽车零件、迷你转债 | 2.5 |
| 迪龙转债 | 128033 | 0.5 | 0.5 | 0.5 | 0.5 | 0.5 | 环境监测、环保、碳中和 | 2.5 |
| 翔港转债 | 113566 | 0.5 | 0.5 | 0.0 | 0.5 | 1.0 | 彩盒印刷、迷你转债 | 2.5 |
| 华锋转债 | 128082 | 0.5 | 0.5 | 0.5 | 0.0 | 1.0 | 低压电极箔、新能源汽车 | 2.5 |
| 维格转债 | 113527 | 0.5 | 0.5 | 0.5 | 0.5 | 0.5 | 品牌服饰 | 2.5 |
| 智能转债 | 128070 | 0.5 | 0.5 | 0.5 | 0.0 | 1.0 | 智能控制阀、迷你转债 | 2.5 |
| 锋龙转债 | 128143 | 0.5 | 0.5 | 0.5 | 0.0 | 1.0 | 迷你转债、园林机械 | 2.5 |
| 朗科转债 | 123100 | 0.5 | 0.5 | 0.5 | 0.0 | 1.0 | 电子设备、智能机器、迷你转债 | 2.5 |
| 帝欧转债 | 127047 | 0.0 | 0.5 | 0.5 | 1.0 | 0.5 | 卫浴陶瓷、智能家居 | 2.5 |
| 兴业转债 | 113052 | 0.5 | 0.5 | 0.5 | 1.0 | 0.0 | 传统银行 | 2.5 |
| 精装转债 | 127055 | 0.5 | 0.5 | 0.5 | 0.5 | 0.5 | 精装修、装饰建筑 | 2.5 |
| 双箭转债 | 127054 | 0.5 | 0.5 | 0.5 | 0.5 | 0.5 | 橡胶塑料、智能制造、养老产业 | 2.5 |
| 豪美转债 | 127053 | 0.5 | 0.5 | 0.5 | 0.0 | 1.0 | 铝轻量化、汽车零件、新能源汽车 | 2.5 |
| 汽模转2 | 128090 | 0.5 | 0.0 | 0.5 | 0.5 | 1.0 | 汽车模具、特斯拉模具 | 2 |
| 好客转债 | 113542 | 0.0 | 0.5 | 0.5 | 0.5 | 0.5 | 家具、建材 | 2 |
| 浦发转债 | 110059 | 0.5 | 0.5 | 0.0 | 1.0 | 0.0 | 股份制银行 | 2 |
| 光大转债 | 113011 | 0.0 | 0.5 | 0.5 | 1.0 | 0.0 | 大型商业银行 | 2 |
| 中信转债 | 113021 | 0.5 | 0.5 | 0.0 | 1.0 | 0.0 | 股份制银行 | 2 |
| 全筑转债 | 113578 | 0.5 | 0.5 | 0.0 | 0.5 | 0.5 | 精装修龙头、互联网家装、房产租赁 | 2 |
| 城地转债 | 113596 | 0.0 | 0.5 | 0.0 | 0.5 | 1.0 | IDC、传统基建、东数西算 | 2 |
| 科华转债 | 128124 | 0.5 | 0.5 | 0.0 | 0.5 | 0.5 | 体外诊断、新冠检测、医疗器械 | 2 |
| 上银转债 | 113042 | 0.5 | 0.5 | 0.0 | 0.5 | 0.5 | 传统城商行 | 2 |
| 江银转债 | 128034 | 0.5 | 0.5 | 0.0 | 0.5 | 0.5 | 城商行 | 2 |
| 无锡转债 | 110043 | 0.0 | 0.5 | 0.5 | 0.5 | 0.5 | 城商行 | 2 |
| 祥鑫转债 | 128139 | 0.0 | 0.5 | 0.5 | 0.0 | 1.0 | 5G、特斯拉、充电桩、IDC、蔚来汽车 | 2 |
| 白电转债 | 113549 | 0.5 | 0.5 | 0.5 | 0.0 | 0.5 | 特高压、新基建 | 2 |
| 荣晟转债 | 113541 | 0.5 | 0.5 | 0.5 | 0.0 | 0.5 | 造纸、人民币升值、迷你转债 | 2 |
| 永鼎转债 | 110058 | 0.5 | 0.5 | 0.0 | 0.0 | 1.0 | 光缆、5G、量子通信、云计算、网络安全、新基建 | 2 |
| 奇精转债 | 113524 | 0.5 | 0.5 | 0.5 | 0.0 | 0.5 | 机械精加工、洗衣机、汽车零件 | 2 |
| 海环转债 | 113532 | 0.5 | 0.5 | 0.5 | 0.0 | 0.5 | 福建污水处理 | 2 |

续表

| 转债名称 | 转债代码 | 评级条款 | 其他 | 业绩 | 行业地位 | 题材 | | 总分 |
|---|---|---|---|---|---|---|---|---|
| 华森转债 | 128069 | 0.5 | 0.5 | 0.5 | 0.0 | 0.5 | 中成药、化学药、医药 | 2 |
| 华通转债 | 128040 | 0.5 | 0.5 | 0.5 | 0.0 | 0.5 | 连锁药店、浙农借壳 | 2 |
| 众信转债 | 128022 | 0.5 | 0.5 | 0.0 | 0.5 | 0.5 | 在线旅游 | 2 |
| 博世转债 | 123010 | 0.5 | 0.5 | 0.5 | 0.0 | 0.5 | 环保水处理、垃圾分类、消毒 | 2 |
| 铁汉转债 | 123004 | 0.5 | 0.5 | 0.0 | 0.5 | 0.5 | 生态景观、环保、旅游 | 2 |
| 吉视转债 | 113017 | 0.5 | 0.5 | 0.0 | 0.5 | 0.5 | 广播电视、超高清、5G、元宇宙 | 2 |
| 海澜转债 | 110045 | 0.5 | 0.0 | 0.5 | 1.0 | 0.0 | 品牌服饰 | 2 |
| 嘉澳转债 | 113502 | 0.5 | 0.5 | 0.5 | 0.0 | 0.5 | 环保增塑剂、迷你转债 | 2 |
| 广汇转债 | 110072 | 0.5 | 0.0 | 0.0 | 1.0 | 0.5 | 汽车经销和售后、融资租赁、新能源 | 2 |
| 万顺转债 | 123012 | 0.0 | 0.5 | 0.5 | 0.5 | 0.5 | 纸包装、OLED、柔性电子、迷你转债 | 2 |
| 万顺转2 | 123085 | 0.0 | 0.5 | 0.5 | 0.5 | 0.5 | 纸包装、苹果三星、锂电池 | 2 |
| 靖远转债 | 127027 | 0.5 | 0.5 | 0.5 | 0.5 | 0.0 | 煤炭石油、顺周期 | 2 |
| 东湖转债 | 110080 | 0.5 | 0.5 | 0.0 | 0.5 | 0.5 | 土木工程、节能环保、园区开发 | 2 |
| 晨丰转债 | 113628 | 0.0 | 0.5 | 0.5 | 0.5 | 0.5 | 迷你转债、LED | 2 |
| 未来转债 | 128063 | 1.0 | 0.5 | 0.0 | 0.0 | 0.5 | 地板、家具建材、石墨烯 | 2 |
| 华钰转债 | 113027 | 0.5 | 0.5 | 0.0 | 0.0 | 1.0 | 铅锑精矿、锌精矿、黄金、ST | 2 |
| 岭南转债 | 128044 | 0.5 | 0.5 | 0.0 | 0.0 | 1.0 | 环保、旅游、元宇宙 | 2 |
| 大业转债 | 113535 | 0.5 | 0.5 | 0.0 | 0.5 | 0.5 | 胎圈钢丝龙头、汽车配件 | 2 |
| 永东转债 | 128014 | 0.5 | 0.5 | 0.5 | 0.5 | 0.0 | 煤炭、石油 | 2 |
| 新天转债 | 128091 | 0.5 | 0.5 | 0.5 | 0.0 | 0.5 | 中成药、肺损伤新药、迷你转债 | 2 |
| 君禾转债 | 113567 | 0.5 | 0.5 | 0.5 | 0.0 | 0.5 | 水泵出口、乡村振兴 | 2 |
| 飞鹿转债 | 123052 | 0.5 | 0.5 | 0.0 | 0.0 | 1.0 | 防腐与防护材料、轨交基建、迷你转债 | 2 |
| 本钢转债 | 127018 | 0.5 | 0.0 | 0.5 | 1.0 | 0.0 | 区域钢铁龙头、特种钢、混改 | 2 |
| 国城转债 | 127019 | 0.5 | 0.0 | 0.5 | 0.5 | 0.5 | 工业金属开采 | 2 |
| 三超转债 | 123062 | 0.5 | 0.5 | 0.0 | 0.0 | 1.0 | 光伏、新材料、国产替代 | 2 |
| 大禹转债 | 123063 | 1.0 | 0.0 | 0.0 | 0.5 | 0.5 | 智慧农业、水利建设 | 2 |
| 景兴转债 | 128130 | 0.0 | 0.5 | 0.5 | 0.5 | 0.5 | 包装纸、智能机器 | 2 |
| 美力转债 | 123097 | 0.5 | 0.5 | 0.5 | 0.0 | 0.5 | 汽车配件、迷你转债 | 2 |
| 惠城转债 | 123118 | 0.5 | 0.5 | 0.0 | 0.0 | 1.0 | 固废处理、稀土永磁 | 2 |
| 孚日转债 | 128087 | 0.5 | 0.5 | 0.5 | 0.0 | 0.5 | 家纺毛巾、口罩、人民币升值 | 2 |
| 亚太转债 | 128023 | 0.5 | 0.5 | 0.5 | 0.0 | 0.5 | 汽车制动、新能源汽车、胎压监测 | 2 |

续表

| 转债名称 | 转债代码 | 评级条款 | 其他 | 业绩 | 行业地位 | 题材 | | 总分 |
|---|---|---|---|---|---|---|---|---|
| 通光转债 | 123034 | 0.5 | 0.5 | 0.0 | 0.0 | 1.0 | 通信光缆、5G、新基建、迷你转债 | 2 |
| 联诚转债 | 128120 | 0.5 | 0.0 | 0.5 | 0.0 | 1.0 | 机械制品、汽车零部件、迷你转债 | 2 |
| 锦鸡转债 | 123129 | 0.0 | 0.5 | 0.5 | 0.5 | 0.5 | 染料涂料 | 2 |
| 起步转债 | 113576 | 0.0 | 0.5 | 0.0 | 0.0 | 1.0 | 儿童服饰、二胎、防疫口罩、防护服、网红带货 | 1.5 |
| 众兴转债 | 128026 | 0.0 | 0.5 | 0.0 | 0.5 | 0.5 | 菌类食品消费 | 1.5 |
| 蓝盾转债 | 123015 | 0.0 | 0.0 | 0.0 | 0.5 | 1.0 | 软件、网络安全、迷你转债 | 1.5 |
| 海印转债 | 127003 | 0.5 | 0.0 | 0.5 | 0.0 | 0.5 | 商贸物流、商业物业、百货 | 1.5 |
| 杭电转债 | 113505 | 0.5 | 0.0 | 0.5 | 0.0 | 0.5 | 通信光缆、5G、新基建 | 1.5 |
| 久其转债 | 128015 | 0.0 | 0.0 | 0.0 | 0.5 | 1.0 | 软件、远程办公 | 1.5 |
| 岩土转债 | 128037 | 0.5 | 0.0 | 0.5 | 0.0 | 0.5 | 地基处理、通用航空、大基建 | 1.5 |
| 亚泰转债 | 128066 | 0.5 | 0.0 | 0.5 | 0.0 | 0.5 | 酒店装饰 | 1.5 |
| 凯发转债 | 123014 | 0.0 | 0.5 | 0.5 | 0.0 | 0.5 | 轨交牵引供电、新基建、迷你转债 | 1.5 |
| 金轮转债 | 128076 | 0.5 | 0.0 | 0.5 | 0.0 | 0.5 | 纺织器材 | 1.5 |
| 模塑转债 | 127004 | 0.5 | 0.0 | 0.0 | 0.0 | 1.0 | 汽车外饰、特斯拉 | 1.5 |
| 搜特转债 | 128100 | 0.5 | 0.5 | 0.0 | 0.0 | 0.5 | 品牌服饰运营、口罩、网红带货 | 1.5 |
| 凌钢转债 | 110070 | 0.5 | 0.0 | 0.5 | 0.5 | 0.0 | 钢铁、破净 | 1.5 |
| 天壕转债 | 123092 | 0.5 | 0.0 | 0.5 | 0.5 | 0.0 | 供水供气、天然气、固废处理 | 1.5 |
| 横河转债 | 123013 | 0.0 | 0.0 | 0.0 | 0.0 | 1.0 | 精密塑料零件、口罩、迷你转债 | 1.5 |
| 耐普转债 | 123127 | 0.0 | 0.5 | 0.5 | 0.0 | 0.5 | 采矿设备、新材料 | 1.5 |
| 华源转债 | 128049 | 0.0 | 0.0 | 0.5 | 0.0 | 0.5 | 金属包装、食品罐 | 1 |
| 洪涛转债 | 128013 | 0.0 | 0.0 | 0.0 | 0.5 | 0.5 | 建筑装饰、职业教育 | 1 |
| 文科转债 | 128127 | 0.0 | 0.0 | 0.5 | 0.5 | 0.0 | PPP、园林工程、生态文旅、大基建 | 1 |
| 德尔转债 | 123011 | 0.5 | 0.0 | 0.0 | 0.0 | 0.5 | 汽车转向泵、隔离配件 | 1 |
| 百达转债 | 113570 | 0.0 | 0.0 | 0.5 | 0.0 | 0.5 | 空调、汽车零部件 | 1 |
| 迪贝转债 | 113546 | 0.5 | 0.0 | 0.5 | 0.0 | 0.0 | 压缩机 | 1 |
| 正裕转债 | 113561 | 0.0 | 0.0 | 0.0 | 0.0 | 1.0 | 悬架减震龙头、汽车零件、迷你转债 | 1 |
| 花王转债 | 113595 | 0.0 | 0.0 | 0.0 | 0.0 | 1.0 | 园林工程、生态旅游、迷你转债 | 1 |
| 迪森转债 | 123023 | 0.0 | 0.0 | 0.0 | 0.0 | 0.5 | 清洁能源设备、天然气取暖 | 0.5 |
| 亚药转债 | 128062 | 0.0 | 0.0 | 0.0 | 0.0 | 0.5 | 医药制造、子公司失控 | 0.5 |

# 附录 2 可转债打新中签率及明细收益

2017 年至 2021 年 9 月 14 日，可转债打新中签率及明细收益如下表所示。

| 转债名称 | 申购日期 | 中签率 | 单签开盘收益（单位：元） | 单签收盘收益（单位：元） | 单户开盘收益（单位：元） | 单户收盘收益（单位：元） |
|---|---|---|---|---|---|---|
| 泉峰转债 | 2021/9/14 | 3.80% | 340.2 | 320.7 | 12.8 | 12.1 |
| 瑞丰转债 | 2021/9/10 | 1.20% | 100 | 93.2 | 1.2 | 1.1 |
| 元力转债 | 2021/9/6 | 5.10% | 100 | 114 | 5.1 | 5.8 |
| 晨丰转债 | 2021/8/23 | 2.00% | 174.5 | 92.9 | 3.4 | 1.8 |
| 晶瑞转2 | 2021/8/16 | 2.90% | 300 | 350 | 8.7 | 10.1 |
| 蒙娜转债 | 2021/8/16 | 1.90% | 198 | 171.6 | 3.7 | 3.2 |
| 牧原转债 | 2021/8/16 | 14.10% | 300 | 288 | 42.4 | 40.7 |
| 天合转债 | 2021/8/13 | 10.60% | 500 | 429.9 | 53.0 | 45.6 |
| 川恒转债 | 2021/8/12 | 4.60% | 300 | 573 | 13.9 | 26.5 |
| 江丰转债 | 2021/8/12 | 3.30% | 300 | 300 | 10.0 | 10.0 |
| 嘉美转债 | 2021/8/9 | 7.00% | 300 | 249 | 21.1 | 17.5 |
| 富瀚转债 | 2021/8/6 | 2.10% | 300 | 368.9 | 6.4 | 7.8 |
| 帝尔转债 | 2021/8/5 | 1.30% | 300 | 450 | 3.9 | 5.8 |
| 隆华转债 | 2021/7/30 | 2.20% | 300 | 573 | 6.7 | 12.7 |
| 闻泰转债 | 2021/7/28 | 44.00% | 315 | 291.6 | 138.7 | 128.4 |
| 金博转债 | 2021/7/23 | 1.80% | 360 | 321.3 | 6.4 | 5.7 |
| 太平转债 | 2021/7/15 | 0.50% | 300 | 376.9 | 1.6 | 2.0 |
| 康泰转2 | 2021/7/15 | 14.20% | 300 | 350 | 42.6 | 49.6 |
| 弘亚转债 | 2021/7/12 | 4.80% | 190 | 235 | 9.2 | 11.3 |
| 惠城转债 | 2021/7/7 | 2.40% | 270 | 150.7 | 6.6 | 3.7 |
| 国泰转债 | 2021/7/7 | 17.60% | 300 | 573 | 52.7 | 100.6 |
| 北港转债 | 2021/6/29 | 18.30% | 150 | 139.5 | 27.4 | 25.5 |

续表

| 转债名称 | 申购日期 | 中签率 | 单签开盘收益（单位：元） | 单签收盘收益（单位：元） | 单户开盘收益（单位：元） | 单户收盘收益（单位：元） |
|---|---|---|---|---|---|---|
| 伯特转债 | 2021/6/29 | 3.10% | 350 | 360.3 | 10.7 | 11.1 |
| 健帆转债 | 2021/6/23 | 1.80% | 261 | 255 | 4.7 | 4.6 |
| 节能转债 | 2021/6/21 | 13.30% | 191 | 185.6 | 25.5 | 24.7 |
| 南银转债 | 2021/6/15 | 29.10% | 182 | 202.8 | 52.9 | 59.0 |
| 江山转债 | 2021/6/11 | 1.00% | 140 | 166.6 | 1.4 | 1.7 |
| 国微转债 | 2021/6/10 | 9.00% | 300 | 440 | 27.0 | 39.5 |
| 长汽转债 | 2021/6/10 | 5.30% | 500 | 420.7 | 26.4 | 22.2 |
| 万兴转债 | 2021/6/9 | 3.10% | 300 | 285 | 9.3 | 8.8 |
| 捷捷转债 | 2021/6/8 | 2.80% | 300 | 442 | 8.5 | 12.5 |
| 银轮转债 | 2021/6/7 | 2.80% | 180 | 226 | 5.0 | 6.3 |
| 三花转债 | 2021/6/1 | 9.40% | 300 | 310 | 28.3 | 29.3 |
| 濮耐转债 | 2021/5/26 | 5.30% | 70 | 58 | 3.7 | 3.1 |
| 三角转债 | 2021/5/25 | 3.30% | 300 | 309 | 9.9 | 10.2 |
| 起帆转债 | 2021/5/24 | 8.40% | 72 | 44.9 | 6.1 | 3.8 |
| 绿茵转债 | 2021/4/30 | 7.60% | 101.1 | 55.2 | 7.7 | 4.2 |
| 正川转债 | 2021/4/28 | 3.90% | 135.5 | 70.6 | 5.3 | 2.8 |
| 晶科转债 | 2021/4/23 | 25.40% | 20 | 67.3 | 5.1 | 17.1 |
| 仙乐转债 | 2021/4/19 | 1.30% | 160.1 | 169.9 | 2.1 | 2.2 |
| 中装转2 | 2021/4/16 | 12.80% | 0 | -1.9 | 0.0 | -0.2 |
| 东湖转债 | 2021/4/12 | 13.30% | 0 | -10 | 0.0 | -1.3 |
| 苏行转债 | 2021/4/12 | 46.30% | 30 | 62 | 13.9 | 28.7 |
| 旗滨转债 | 2021/4/9 | 7.10% | 330 | 342.8 | 23.3 | 24.2 |
| 万讯转债 | 2021/4/8 | 2.40% | 50.1 | 18 | 1.2 | 0.4 |
| 凤21转债 | 2021/4/8 | 5.50% | 192.1 | 190.2 | 10.5 | 10.4 |
| 东财转3 | 2021/4/7 | 58.80% | 300 | 300 | 176.3 | 176.3 |
| 昌红转债 | 2021/4/1 | 4.50% | 30.6 | 70 | 1.4 | 3.2 |
| 九典转债 | 2021/4/1 | 2.10% | 120 | 294 | 2.5 | 6.2 |
| 乐普转2 | 2021/3/30 | 17.30% | 101.2 | 135 | 17.5 | 23.3 |
| 温氏转债 | 2021/3/29 | 17.00% | 25 | 28.6 | 4.3 | 4.9 |
| 杭银转债 | 2021/3/29 | 63.50% | 123 | 139.9 | 78.2 | 88.9 |
| 杭叉转债 | 2021/3/25 | 1.60% | 180 | 250.1 | 2.8 | 3.9 |
| 洋丰转债 | 2021/3/25 | 3.60% | 66 | 130 | 2.4 | 4.7 |
| 正丹转债 | 2021/3/24 | 5.30% | 20 | 12.3 | 1.1 | 0.7 |
| 日丰转债 | 2021/3/22 | 1.10% | 160 | 77 | 1.8 | 0.9 |
| 盛虹转债 | 2021/3/22 | 16.10% | 170 | 235 | 27.4 | 37.9 |
| 金田转债 | 2021/3/22 | 13.30% | 60 | 14.2 | 8.0 | 1.9 |
| 中钢转债 | 2021/3/19 | 12.00% | 300 | 290 | 36.1 | 34.9 |

续表

| 转债名称 | 申购日期 | 中签率 | 单签开盘收益（单位：元） | 单签收盘收益（单位：元） | 单户开盘收益（单位：元） | 单户收盘收益（单位：元） |
|---|---|---|---|---|---|---|
| 拓尔转债 | 2021/3/19 | 5.40% | 30 | 2.2 | 1.6 | 0.1 |
| 卫宁转债 | 2021/3/16 | 7.30% | 140 | 180 | 10.2 | 13.1 |
| 华自转债 | 2021/3/12 | 8.30% | 131.1 | 39.9 | 10.9 | 3.3 |
| 震安转债 | 2021/3/12 | 2.10% | 199.8 | 140 | 4.1 | 2.9 |
| 拓斯转债 | 2021/3/10 | 4.40% | 50 | 81 | 2.2 | 3.5 |
| 傲农转债 | 2021/3/10 | 6.00% | 54.4 | 42.8 | 3.3 | 2.6 |
| 环旭转债 | 2021/3/4 | 8.50% | 209.9 | 184.8 | 17.9 | 15.8 |
| 利民转债 | 2021/3/1 | 9.80% | 64 | 56.6 | 6.3 | 5.5 |
| 嘉元转债 | 2021/2/23 | 5.40% | 96.5 | 82.5 | 5.2 | 4.4 |
| 朗科转债 | 2021/2/9 | 5.70% | 50 | 3.6 | 2.9 | 0.2 |
| 普利转债 | 2021/2/9 | 3.30% | 150 | 164.8 | 5.0 | 5.5 |
| 一品转债 | 2021/1/28 | 1.00% | 200 | 249 | 2.0 | 2.4 |
| 美力转债 | 2021/1/27 | 1.80% | 150 | 5 | 2.7 | 0.1 |
| 思创转债 | 2021/1/26 | 5.50% | 0 | 12 | 0.0 | 0.7 |
| 彤程转债 | 2021/1/26 | 0.80% | 313.8 | 238.4 | 2.4 | 1.8 |
| 上银转债 | 2021/1/25 | 109.10% | 12 | 1.5 | 13.1 | 1.6 |
| 星源转2 | 2021/1/20 | 5.20% | 70 | 90 | 3.7 | 4.7 |
| 世运转债 | 2021/1/20 | 1.80% | 0 | 55.2 | 0.0 | 1.0 |
| 金陵转债 | 2021/1/19 | 0.50% | 130 | 0.4 | 0.6 | 0.0 |
| 美诺转债 | 2021/1/14 | 3.30% | 19.9 | 23.1 | 0.7 | 0.8 |
| 锋龙转债 | 2021/1/8 | 0.70% | 80 | −85.1 | 0.6 | −0.6 |
| 英特转债 | 2021/1/5 | 3.60% | −100 | −87.8 | −3.6 | −3.2 |
| 韦尔转债 | 2020/12/28 | 7.40% | 500 | 721.8 | 36.9 | 53.3 |
| 天壕转债 | 2020/12/24 | 2.30% | 0 | −7.4 | 0.0 | −0.2 |
| 金诚转债 | 2020/12/23 | 3.20% | 90 | 117.2 | 2.9 | 3.8 |
| 长海转债 | 2020/12/23 | 1.40% | 180 | 230 | 2.5 | 3.2 |
| 九洲转2 | 2020/12/21 | 2.20% | 0 | −35 | 0.0 | −0.8 |
| 三诺转债 | 2020/12/21 | 2.40% | 219.9 | 348 | 5.3 | 8.4 |
| 新乳转债 | 2020/12/18 | 0.60% | 300 | 300 | 1.9 | 1.9 |
| 旺能转债 | 2020/12/17 | 4.90% | 130 | 100 | 6.3 | 4.9 |
| 健20转债 | 2020/12/17 | 1.30% | 150 | 155.4 | 1.9 | 2.0 |
| 明电转债 | 2020/12/15 | 1.20% | 0 | −4 | 0.0 | −0.1 |
| 威唐转债 | 2020/12/15 | 1.50% | 0 | −34 | 0.0 | −0.5 |
| 大秦转债 | 2020/12/14 | 56.50% | 0 | 21.7 | 0.0 | 12.3 |
| 万顺转2 | 2020/12/11 | 3.60% | −48.9 | −84.4 | −1.7 | −3.0 |
| 海兰转债 | 2020/12/11 | 3.50% | −62 | −108.5 | −2.2 | −3.8 |
| 高澜转债 | 2020/12/10 | 1.10% | 0 | −58.4 | 0.0 | −0.6 |

续表

| 转债名称 | 申购日期 | 中签率 | 单签开盘收益（单位：元） | 单签收盘收益（单位：元） | 单户开盘收益（单位：元） | 单户收盘收益（单位：元） |
|---|---|---|---|---|---|---|
| 靖远转债 | 2020/12/10 | 21.40% | −5 | −68.5 | −1.1 | −14.7 |
| 财通转债 | 2020/12/10 | 12.60% | 114.8 | 114.5 | 14.5 | 14.5 |
| 朗新转债 | 2020/12/9 | 2.20% | 60 | 100.5 | 1.3 | 2.2 |
| 超声转债 | 2020/12/8 | 5.40% | −20 | 0 | −1.1 | 0.0 |
| 永冠转债 | 2020/12/8 | 1.10% | 100 | 64 | 1.1 | 0.7 |
| 润建转债 | 2020/12/7 | 2.20% | −10 | −19.5 | −0.2 | −0.4 |
| 北陆转债 | 2020/12/7 | 1.70% | −40 | −18 | −0.7 | −0.3 |
| 精研转债 | 2020/12/3 | 2.10% | 62 | 34.5 | 1.3 | 0.7 |
| 海波转债 | 2020/12/2 | 0.70% | 115.8 | −57.6 | 0.8 | −0.4 |
| 福20转债 | 2020/12/1 | 2.20% | 341.1 | 368.7 | 7.4 | 7.9 |
| 灵康转债 | 2020/12/1 | 1.30% | 200 | 110 | 2.7 | 1.5 |
| 运达转债 | 2020/12/1 | 2.20% | 150 | 130 | 3.2 | 2.8 |
| 祥鑫转债 | 2020/12/1 | 1.20% | 30 | −30.8 | 0.4 | −0.4 |
| 飞凯转债 | 2020/11/27 | 7.10% | 52.2 | 42.5 | 3.7 | 3.0 |
| 永安转债 | 2020/11/24 | 2.10% | 10 | −30.5 | 0.2 | −0.7 |
| 汉得转债 | 2020/11/23 | 6.00% | 86.5 | 35.3 | 5.2 | 2.1 |
| 洪城转债 | 2020/11/20 | 4.50% | 60 | 88 | 2.7 | 3.9 |
| 强力转债 | 2020/11/19 | 3.90% | 168 | 110.2 | 6.6 | 4.3 |
| 侨银转债 | 2020/11/17 | 0.90% | 90 | 11 | 0.8 | 0.1 |
| 威派转债 | 2020/11/9 | 0.60% | 140 | 98.9 | 0.8 | 0.6 |
| 冀东转债 | 2020/11/5 | 11.60% | 200 | 206.2 | 23.2 | 23.9 |
| 盈峰转债 | 2020/11/4 | 7.30% | 239.9 | 206 | 17.6 | 15.1 |
| 洁美转债 | 2020/11/4 | 1.50% | 171 | 142.1 | 2.7 | 2.2 |
| 立讯转债 | 2020/11/3 | 12.30% | 272.1 | 240 | 33.4 | 29.5 |
| 紫金转债 | 2020/11/3 | 18.20% | 362 | 378.9 | 65.8 | 68.9 |
| 华海转债 | 2020/11/2 | 5.90% | 180 | 192.2 | 10.5 | 11.3 |
| 贝斯转债 | 2020/11/2 | 1.30% | 260 | 400 | 3.5 | 5.3 |
| 伟20转债 | 2020/11/2 | 1.50% | 170.1 | 185.1 | 2.6 | 2.9 |
| 荣泰转债 | 2020/10/30 | 1.40% | 171.1 | 150.3 | 2.4 | 2.1 |
| 隆利转债 | 2020/10/29 | 1.20% | 300 | 350 | 3.6 | 4.3 |
| 同和转债 | 2020/10/26 | 1.90% | 300 | 270 | 5.8 | 5.2 |
| 华菱转2 | 2020/10/23 | 13.20% | 166.1 | 119.5 | 22.0 | 15.8 |
| 大参转债 | 2020/10/22 | 1.80% | 400 | 406.4 | 7.0 | 7.2 |
| 星宇转债 | 2020/10/22 | 4.00% | 380 | 408.9 | 15.4 | 16.5 |
| 天能转债 | 2020/10/21 | 2.50% | 132 | 77 | 3.3 | 2.0 |
| 乐歌转债 | 2020/10/21 | 0.20% | 300 | 320 | 0.6 | 0.6 |
| 鹏辉转债 | 2020/10/20 | 2.80% | 255.2 | 204 | 7.0 | 5.6 |

续表

| 转债名称 | 申购日期 | 中签率 | 单签开盘收益<br>（单位：元） | 单签收盘收益<br>（单位：元） | 单户开盘收益<br>（单位：元） | 单户收盘收益<br>（单位：元） |
|---|---|---|---|---|---|---|
| 洽洽转债 | 2020/10/20 | 4.70% | 200 | 180 | 9.5 | 8.5 |
| 恒逸转债 | 2020/10/16 | 6.70% | 290 | 300 | 19.4 | 20.0 |
| 金诺转债 | 2020/10/16 | 1.00% | 241 | 154.1 | 2.5 | 1.6 |
| 弘信转债 | 2020/10/15 | 2.20% | 270 | 160 | 5.9 | 3.5 |
| 南航转债 | 2020/10/15 | 45.30% | 102.3 | 170 | 46.4 | 77.1 |
| 多伦转债 | 2020/10/13 | 1.30% | 300 | 220 | 4.0 | 2.9 |
| 鸿路转债 | 2020/10/9 | 3.90% | 120 | 142 | 4.7 | 5.5 |
| 东缆转债 | 2020/9/24 | 2.70% | 326.6 | 172.2 | 8.9 | 4.7 |
| 奇正转债 | 2020/9/22 | 4.80% | 300 | 371 | 14.3 | 17.7 |
| 斯莱转债 | 2020/9/17 | 3.70% | 118 | 100 | 4.3 | 3.7 |
| 赛意转债 | 2020/9/16 | 0.60% | 300 | 210 | 1.9 | 1.3 |
| 交建转债 | 2020/9/15 | 7.00% | 10 | 6.5 | 0.7 | 0.5 |
| 崇达转2 | 2020/9/7 | 2.50% | 110 | 120 | 2.8 | 3.0 |
| 宝莱转债 | 2020/9/4 | 0.70% | 160 | 82 | 1.2 | 0.6 |
| 万孚转债 | 2020/9/1 | 2.60% | 192 | 164 | 5.0 | 4.3 |
| 景兴转债 | 2020/8/31 | 7.40% | 100 | 98.6 | 7.4 | 7.3 |
| 青农转债 | 2020/8/25 | 21.80% | 89.5 | 90.7 | 19.6 | 19.8 |
| 景20转债 | 2020/8/24 | 2.90% | 172 | 210.1 | 5.1 | 6.2 |
| 嘉泽转债 | 2020/8/24 | 3.60% | 45 | 38.7 | 1.6 | 1.4 |
| 塞力转债 | 2020/8/21 | 2.20% | 135 | 111.9 | 2.9 | 2.4 |
| 齐翔转2 | 2020/8/20 | 8.50% | 260 | 77 | 22.2 | 6.6 |
| 文科转债 | 2020/8/20 | 2.60% | 100 | 48.5 | 2.6 | 1.3 |
| 精达转债 | 2020/8/19 | 3.80% | 81 | 121.7 | 3.1 | 4.6 |
| 广汇转债 | 2020/8/18 | 26.30% | 80 | 49.7 | 21.0 | 13.1 |
| 新星转债 | 2020/8/13 | 1.90% | 101.1 | 93.8 | 1.9 | 1.8 |
| 特发转2 | 2020/8/7 | 2.40% | 250 | 200.2 | 5.9 | 4.8 |
| 赣锋转2 | 2020/8/6 | 9.90% | 125 | 165.4 | 12.4 | 16.4 |
| 嘉友转债 | 2020/8/5 | 0.90% | 360.1 | 217.5 | 3.2 | 1.9 |
| 隆20转债 | 2020/7/31 | 11.70% | 353 | 346 | 41.4 | 40.6 |
| 法兰转债 | 2020/7/31 | 0.70% | 330 | 260.3 | 2.2 | 1.7 |
| 华阳转债 | 2020/7/30 | 1.30% | 300 | 294.9 | 3.9 | 3.8 |
| 佳力转债 | 2020/7/30 | 1.90% | 121 | 130.4 | 2.3 | 2.5 |
| 大禹转债 | 2020/7/28 | 2.70% | 300 | 207 | 8.1 | 5.6 |
| 科华转债 | 2020/7/28 | 3.90% | 151 | 163.7 | 6.0 | 6.4 |
| 城地转债 | 2020/7/28 | 2.30% | 180 | 182.1 | 4.1 | 4.2 |
| 三超转债 | 2020/7/27 | 0.60% | 300 | 282 | 1.8 | 1.7 |
| 国光转债 | 2020/7/27 | 0.40% | 300 | 247 | 1.2 | 1.0 |

续表

| 转债名称 | 申购日期 | 中签率 | 单签开盘收益（单位：元） | 单签收盘收益（单位：元） | 单户开盘收益（单位：元） | 单户收盘收益（单位：元） |
|---|---|---|---|---|---|---|
| 国投转债 | 2020/7/24 | 50.40% | 150 | 160 | 75.6 | 80.7 |
| 兴森转债 | 2020/7/23 | 1.70% | 200 | 191.6 | 3.4 | 3.3 |
| 紫银转债 | 2020/7/23 | 37.10% | 100 | 114.3 | 37.1 | 42.4 |
| 航新转债 | 2020/7/22 | 1.60% | 300 | 319.9 | 4.9 | 5.2 |
| 苏试转债 | 2020/7/21 | 1.50% | 300 | 390 | 4.5 | 5.8 |
| 花王转债 | 2020/7/21 | 3.30% | 225.1 | 134.5 | 7.5 | 4.5 |
| 淳中转债 | 2020/7/21 | 0.80% | 224.4 | 200.1 | 1.9 | 1.7 |
| 中金转债 | 2020/7/20 | 22.30% | 81 | 132 | 18.1 | 29.4 |
| 沪工转债 | 2020/7/20 | 2.40% | 251 | 243 | 6.0 | 5.8 |
| 联诚转债 | 2020/7/17 | 1.20% | 100.1 | 75.2 | 1.2 | 0.9 |
| 宏川转债 | 2020/7/17 | 2.20% | 220 | 403 | 4.8 | 8.9 |
| 银信转债 | 2020/7/15 | 2.80% | 200 | 154.5 | 5.6 | 4.3 |
| 国城转债 | 2020/7/15 | 1.70% | 300 | 178 | 5.2 | 3.1 |
| 欣旺转债 | 2020/7/14 | 6.40% | 300 | 487.2 | 19.1 | 31.0 |
| 龙大转债 | 2020/7/13 | 3.40% | 300 | 412.6 | 10.1 | 13.8 |
| 湖盐转债 | 2020/7/10 | 2.40% | 152 | 160.6 | 3.7 | 3.9 |
| 安20转债 | 2020/7/8 | 2.40% | 457 | 413.3 | 11.2 | 10.1 |
| 宁建转债 | 2020/7/6 | 2.50% | 180 | 168 | 4.6 | 4.3 |
| 瀛通转债 | 2020/7/2 | 0.90% | 230 | 218.8 | 2.0 | 1.9 |
| 道恩转债 | 2020/7/2 | 1.10% | 300 | 192.5 | 3.3 | 2.1 |
| 美联转债 | 2020/7/1 | 0.80% | 80 | 61 | 0.6 | 0.5 |
| 胜达转债 | 2020/7/1 | 2.50% | 100 | 91 | 2.5 | 2.3 |
| 瑞达转债 | 2020/6/29 | 0.60% | 200 | 100 | 1.3 | 0.6 |
| 本钢转债 | 2020/6/29 | 92.50% | 18 | 0.7 | 16.7 | 0.6 |
| 海容转债 | 2020/6/29 | 1.60% | 289.9 | 368.2 | 4.7 | 6.0 |
| 天创转债 | 2020/6/24 | 4.50% | 50 | 21.1 | 2.2 | 0.9 |
| 雪榕转债 | 2020/6/24 | 3.90% | 300 | 390 | 11.8 | 15.3 |
| 巨星转债 | 2020/6/24 | 3.80% | 300 | 250 | 11.4 | 9.5 |
| 润达转债 | 2020/6/17 | 3.60% | 238 | 336.4 | 8.6 | 12.2 |
| 晨光转债 | 2020/6/17 | 3.40% | 200 | 280 | 6.7 | 9.4 |
| 正邦转债 | 2020/6/17 | 7.50% | 300 | 340 | 22.4 | 25.4 |
| 比音转债 | 2020/6/15 | 1.70% | 300 | 325 | 5.1 | 5.5 |
| 泛微转债 | 2020/6/15 | 0.60% | 500 | 483.2 | 2.9 | 2.8 |
| 歌尔转2 | 2020/6/12 | 20.70% | 300 | 593 | 62.0 | 122.6 |
| 中矿转债 | 2020/6/11 | 4.20% | 300 | 287.4 | 12.6 | 12.1 |
| 思特转债 | 2020/6/10 | 2.00% | 180 | 155.9 | 3.6 | 3.1 |
| 永兴转债 | 2020/6/9 | 1.80% | 290 | 231.2 | 5.3 | 4.2 |

续表

| 转债名称 | 申购日期 | 中签率 | 单签开盘收益（单位：元） | 单签收盘收益（单位：元） | 单户开盘收益（单位：元） | 单户收盘收益（单位：元） |
|---|---|---|---|---|---|---|
| 寿仙转债 | 2020/6/9 | 1.10% | 258 | 232.1 | 2.8 | 2.5 |
| 上机转债 | 2020/6/9 | 1.60% | 475 | 428.8 | 7.6 | 6.8 |
| 宝通转债 | 2020/6/5 | 3.40% | 300 | 312.3 | 10.1 | 10.6 |
| 飞鹿转债 | 2020/6/5 | 1.10% | 150 | 101.5 | 1.6 | 1.1 |
| 家悦转债 | 2020/6/5 | 1.70% | 280 | 280 | 4.7 | 4.7 |
| 楚江转债 | 2020/6/4 | 6.60% | 100 | 142.5 | 6.6 | 9.4 |
| 今天转债 | 2020/6/4 | 1.60% | 130 | 97 | 2.1 | 1.6 |
| 万青转债 | 2020/6/3 | 5.60% | 151 | 220.1 | 8.4 | 12.2 |
| 益丰转债 | 2020/6/1 | 11.40% | 301.5 | 249.4 | 34.3 | 28.4 |
| 蓝帆转债 | 2020/5/28 | 19.50% | 300 | 410.1 | 58.4 | 79.9 |
| 福莱转债 | 2020/5/27 | 1.90% | 261.1 | 301.7 | 5.0 | 5.8 |
| 火炬转债 | 2020/5/27 | 3.00% | 201 | 232.1 | 6.1 | 7.0 |
| 龙蟠转债 | 2020/4/23 | 1.60% | 120 | 103.8 | 1.9 | 1.6 |
| 健友转债 | 2020/4/23 | 0.90% | 300 | 290.2 | 2.7 | 2.6 |
| 康隆转债 | 2020/4/23 | 0.70% | 162 | 89.7 | 1.2 | 0.7 |
| 交科转债 | 2020/4/22 | 7.00% | 63.3 | 67.2 | 4.4 | 4.7 |
| 全筑转债 | 2020/4/20 | 1.90% | 160 | 124.5 | 3.1 | 2.4 |
| 纵横转债 | 2020/4/17 | 1.50% | 60 | 51.9 | 0.9 | 0.8 |
| 春秋转债 | 2020/4/14 | 1.20% | 250 | 228.5 | 3.0 | 2.7 |
| 聚飞转债 | 2020/4/14 | 10.40% | 231.1 | 217 | 24.0 | 22.5 |
| 维尔转债 | 2020/4/13 | 11.60% | 136 | 132.2 | 15.8 | 15.4 |
| 凌钢转债 | 2020/4/13 | 4.70% | 30 | 26 | 1.4 | 1.2 |
| 华统转债 | 2020/4/10 | 3.20% | 280 | 258.1 | 8.9 | 8.2 |
| 应急转债 | 2020/4/10 | 18.80% | 182 | 169 | 34.2 | 31.7 |
| 起步转债 | 2020/4/10 | 8.30% | 55.2 | 40.6 | 4.6 | 3.4 |
| 滨化转债 | 2020/4/10 | 20.50% | 83.3 | 105.2 | 17.1 | 21.6 |
| 长集转债 | 2020/4/9 | 2.00% | 300 | 281 | 6.1 | 5.7 |
| 东时转债 | 2020/4/9 | 5.90% | 200 | 174.5 | 11.7 | 10.2 |
| 鲁泰转债 | 2020/4/9 | 11.30% | 81 | 80 | 9.1 | 9.0 |
| 裕同转债 | 2020/4/7 | 4.50% | 200.1 | 174 | 9.0 | 7.8 |
| 瀚蓝转债 | 2020/4/7 | 4.50% | 250 | 261 | 11.2 | 11.7 |
| 利群转债 | 2020/4/1 | 19.10% | 90 | 83 | 17.2 | 15.9 |
| 华体转债 | 2020/3/31 | 1.30% | 235.5 | 187.8 | 3.1 | 2.5 |
| 同德转债 | 2020/3/26 | 2.20% | 250 | 325 | 5.5 | 7.2 |
| 龙净转债 | 2020/3/24 | 18.00% | 96 | 73.2 | 17.3 | 13.2 |
| 久吾转债 | 2020/3/20 | 2.40% | 290 | 171.5 | 7.1 | 4.2 |
| 天铁转债 | 2020/3/19 | 6.50% | 170 | 171.5 | 11.0 | 11.1 |

续表

| 转债名称 | 申购日期 | 中签率 | 单签开盘收益（单位：元） | 单签收盘收益（单位：元） | 单户开盘收益（单位：元） | 单户收盘收益（单位：元） |
|---|---|---|---|---|---|---|
| 海大转债 | 2020/3/19 | 10.40% | 300 | 356 | 31.1 | 37.0 |
| 联创转债 | 2020/3/16 | 5.10% | 110 | 91.2 | 5.6 | 4.7 |
| 雷迪转债 | 2020/3/12 | 5.10% | 90 | 56.6 | 4.6 | 2.9 |
| 搜特转债 | 2020/3/12 | 12.30% | 100.2 | 67 | 12.3 | 8.2 |
| 博特转债 | 2020/3/12 | 8.90% | 300 | 310.2 | 26.8 | 27.7 |
| 三祥转债 | 2020/3/12 | 2.10% | 175 | 122 | 3.7 | 2.6 |
| 红相转债 | 2020/3/12 | 15.10% | 161.1 | 138.1 | 24.3 | 20.8 |
| 华安转债 | 2020/3/12 | 22.70% | 180 | 165.3 | 40.9 | 37.6 |
| 永高转债 | 2020/3/11 | 4.90% | 191 | 173 | 9.4 | 8.5 |
| 百达转债 | 2020/3/11 | 3.30% | 200 | 159.7 | 6.7 | 5.3 |
| 科达转债 | 2020/3/9 | 8.00% | 97 | 130 | 7.8 | 10.4 |
| 新春转债 | 2020/3/6 | 6.60% | 300 | 140.7 | 19.7 | 9.2 |
| 正元转债 | 2020/3/5 | 3.10% | 300 | 388.9 | 9.2 | 12.0 |
| 康弘转债 | 2020/3/5 | 29.90% | 250 | 279.9 | 74.8 | 83.7 |
| 君禾转债 | 2020/3/4 | 1.50% | 250 | 179.6 | 3.8 | 2.7 |
| 盛屯转债 | 2020/3/2 | 40.90% | 80.1 | 68.8 | 32.8 | 28.2 |
| 桐20转债 | 2020/3/2 | 18.00% | 140 | 133 | 25.2 | 23.9 |
| 翔港转债 | 2020/2/28 | 1.70% | 300 | 373 | 5.1 | 6.3 |
| 天目转债 | 2020/2/28 | 0.90% | 189.9 | 212.9 | 1.8 | 2.0 |
| 宏辉转债 | 2020/2/26 | 1.70% | 211 | 184.2 | 3.6 | 3.1 |
| 奥佳转债 | 2020/2/25 | 8.20% | 300 | 222 | 24.6 | 18.2 |
| 恩捷转债 | 2020/2/11 | 12.20% | 300 | 257 | 36.6 | 31.3 |
| 奥瑞转债 | 2020/2/11 | 15.90% | 173.1 | 142 | 27.5 | 22.6 |
| 柳药转债 | 2020/1/16 | 9.40% | 235 | 257.4 | 22.0 | 24.1 |
| 星帅转债 | 2020/1/16 | 2.40% | 200 | 167.5 | 4.7 | 4.0 |
| 银河转债 | 2020/1/14 | 4.20% | 150 | 111.1 | 6.4 | 4.7 |
| 东财转2 | 2020/1/13 | 132.00% | 283 | 293 | 373.6 | 386.8 |
| 博威转债 | 2020/1/10 | 21.70% | 270 | 311.4 | 58.7 | 67.7 |
| 希望转债 | 2020/1/3 | 49.30% | 75 | 150.4 | 37.0 | 74.1 |
| 乐普转债 | 2020/1/3 | 26.40% | 251 | 233 | 66.3 | 61.6 |
| 百川转债 | 2020/1/3 | 19.80% | 99 | 83.7 | 19.6 | 16.6 |
| 璞泰转债 | 2020/1/2 | 7.90% | 210 | 350.4 | 16.6 | 27.6 |
| 正裕转债 | 2019/12/31 | 11.50% | 80 | 66.3 | 9.2 | 7.6 |
| 新天转债 | 2019/12/30 | 5.90% | 140 | 111.1 | 8.3 | 6.6 |
| 唐人转债 | 2019/12/30 | 41.50% | 80 | 110.2 | 33.2 | 45.7 |
| 汽模转2 | 2019/12/27 | 17.10% | 300 | 302 | 51.2 | 51.6 |
| 麦米转债 | 2019/12/26 | 16.00% | 260 | 243 | 41.7 | 39.0 |

| 转债名称 | 申购日期 | 中签率 | 单签开盘收益<br>（单位：元） | 单签收盘收益<br>（单位：元） | 单户开盘收益<br>（单位：元） | 单户收盘收益<br>（单位：元） |
|---|---|---|---|---|---|---|
| 开润转债 | 2019/12/26 | 8.30% | 220 | 166.5 | 18.4 | 13.9 |
| 联得转债 | 2019/12/25 | 9.80% | 300 | 330.1 | 29.5 | 32.4 |
| 深南转债 | 2019/12/24 | 64.20% | 300 | 268 | 192.6 | 172.0 |
| 东风转债 | 2019/12/24 | 10.70% | 110 | 152.2 | 11.7 | 16.2 |
| 淮矿转债 | 2019/12/23 | 16.80% | 150 | 170.3 | 25.2 | 28.6 |
| 日月转债 | 2019/12/23 | 32.30% | 245 | 295 | 79.1 | 95.3 |
| 永创转债 | 2019/12/23 | 14.40% | 213.3 | 156 | 30.8 | 22.5 |
| 建工转债 | 2019/12/20 | 71.10% | 139 | 130.1 | 98.8 | 92.5 |
| 至纯转债 | 2019/12/20 | 6.90% | 270.3 | 294.2 | 18.6 | 20.2 |
| 振德转债 | 2019/12/19 | 6.70% | 239.8 | 193.3 | 16.0 | 12.9 |
| 新莱转债 | 2019/12/19 | 13.40% | 230 | 194.5 | 30.8 | 26.1 |
| 森特转债 | 2019/12/19 | 5.10% | 201 | 144.7 | 10.2 | 7.3 |
| 孚日转债 | 2019/12/17 | 22.90% | 149 | 94 | 34.2 | 21.6 |
| 国轩转债 | 2019/12/17 | 18.30% | 300 | 278 | 55.0 | 50.9 |
| 鸿达转债 | 2019/12/16 | 30.30% | 162 | 135.6 | 49.2 | 41.1 |
| 仙鹤转债 | 2019/12/16 | 10.90% | 193 | 159 | 21.0 | 17.3 |
| 木森转债 | 2019/12/16 | 23.60% | 200 | 203.2 | 47.3 | 48.0 |
| 明阳转债 | 2019/12/16 | 47.30% | 201 | 235.5 | 95.1 | 111.4 |
| 金牌转债 | 2019/12/13 | 4.70% | 220 | 225 | 10.4 | 10.6 |
| 鹰19转债 | 2019/12/13 | 91.80% | 233.9 | 223.4 | 214.8 | 205.2 |
| 新北转债 | 2019/12/12 | 35.30% | 180 | 191.8 | 63.6 | 67.8 |
| 先导转债 | 2019/12/11 | 34.90% | 300 | 333.5 | 104.6 | 116.3 |
| 华锋转债 | 2019/12/4 | 34.60% | 123.3 | 130.6 | 42.6 | 45.1 |
| 烽火转债 | 2019/12/2 | 20.00% | 203 | 245 | 40.6 | 49.0 |
| 克来转债 | 2019/12/2 | 2.70% | 212.1 | 218 | 5.6 | 5.8 |
| 海亮转债 | 2019/11/21 | 22.60% | 100 | 74 | 22.6 | 16.7 |
| 福特转债 | 2019/11/18 | 6.90% | 195 | 205.6 | 13.4 | 14.1 |
| 顺丰转债 | 2019/11/18 | 18.10% | 150 | 159.6 | 27.1 | 28.8 |
| 常汽转债 | 2019/11/18 | 43.60% | 80 | 95.7 | 34.9 | 41.7 |
| 白电转债 | 2019/11/15 | 33.40% | 80 | 39 | 26.7 | 13.0 |
| 利德转债 | 2019/11/14 | 51.70% | 90 | 105 | 46.6 | 54.3 |
| 川投转债 | 2019/11/11 | 11.40% | 155.5 | 140.5 | 17.8 | 16.1 |
| 通光转债 | 2019/11/4 | 21.70% | 31 | 10.4 | 6.7 | 2.3 |
| 金力转债 | 2019/11/1 | 40.00% | 130 | 92.7 | 52.0 | 37.1 |
| 石英转债 | 2019/10/28 | 18.20% | 101 | 123.5 | 18.3 | 22.4 |
| 天路转债 | 2019/10/28 | 19.10% | 64.9 | 72.2 | 12.4 | 13.8 |
| 浦发转债 | 2019/10/28 | 301.70% | 35 | 39 | 105.6 | 117.7 |

续表

| 转债名称 | 申购日期 | 中签率 | 单签开盘收益（单位：元） | 单签收盘收益（单位：元） | 单户开盘收益（单位：元） | 单户收盘收益（单位：元） |
|---|---|---|---|---|---|---|
| 北方转债 | 2019/10/24 | 23.80% | 70 | 72.2 | 16.7 | 17.2 |
| 索发转债 | 2019/10/24 | 22.70% | 31.1 | 48.7 | 7.1 | 11.1 |
| 迪贝转债 | 2019/10/23 | 14.80% | 20 | -3.4 | 3.0 | -0.5 |
| 英联转债 | 2019/10/21 | 14.60% | 59.9 | 45.3 | 8.8 | 6.6 |
| 太极转债 | 2019/10/21 | 42.90% | 175 | 202 | 75.0 | 86.6 |
| 华夏转债 | 2019/10/16 | 20.30% | 162 | 143 | 32.9 | 29.0 |
| 金轮转债 | 2019/10/14 | 15.70% | 70 | 46.7 | 11.0 | 7.3 |
| 金能转债 | 2019/10/14 | 34.60% | 12 | 48.5 | 4.2 | 16.8 |
| 万里转债 | 2019/10/11 | 24.70% | 31.3 | 13 | 7.7 | 3.2 |
| 游族转债 | 2019/9/23 | 93.50% | 100.1 | 115.1 | 93.6 | 107.6 |
| 远东转债 | 2019/9/23 | 16.20% | 50 | 30.8 | 8.1 | 5.0 |
| 桃李转债 | 2019/9/20 | 31.40% | 140.1 | 192 | 43.9 | 60.2 |
| 晶瑞转债 | 2019/8/29 | 45.50% | 169.5 | 105.6 | 77.0 | 48.0 |
| 哈尔转债 | 2019/8/22 | 38.30% | 110 | 114 | 42.2 | 43.7 |
| 九洲转债 | 2019/8/20 | 41.30% | 123 | 95.1 | 50.8 | 39.2 |
| 翔鹭转债 | 2019/8/20 | 31.10% | 101 | 120 | 31.4 | 37.3 |
| 英科转债 | 2019/8/16 | 39.60% | 190 | 169 | 75.3 | 67.0 |
| 合兴转债 | 2019/8/16 | 86.00% | 45.2 | 75 | 38.9 | 64.5 |
| 欧派转债 | 2019/8/16 | 55.80% | 236.4 | 263.1 | 132.0 | 146.9 |
| 好客转债 | 2019/8/1 | 55.60% | 38.8 | 84.5 | 21.6 | 47.0 |
| 荣晟转债 | 2019/7/23 | 63.40% | 0.1 | 0.5 | 0.1 | 0.3 |
| 南威转债 | 2019/7/15 | 63.90% | 4.1 | 8.3 | 2.6 | 5.3 |
| 圣达转债 | 2019/7/3 | 30.80% | 80 | 88 | 24.7 | 27.1 |
| 智能转债 | 2019/7/2 | 25.10% | -19 | -17.7 | -4.8 | -4.5 |
| 安图转债 | 2019/6/28 | 34.80% | 121.2 | 141.6 | 42.1 | 49.2 |
| 华森转债 | 2019/6/24 | 18.50% | -1.1 | 5.1 | -0.2 | 0.9 |
| 清水转债 | 2019/6/19 | 85.80% | 31 | 32 | 26.6 | 27.5 |
| 环境转债 | 2019/6/18 | 30.60% | 202 | 170.9 | 61.7 | 52.2 |
| 华钰转债 | 2019/6/14 | 72.20% | 30 | 18.7 | 21.7 | 13.5 |
| 蓝晓转债 | 2019/6/11 | 22.30% | 92 | 78 | 20.6 | 17.4 |
| 文灿转债 | 2019/6/10 | 103.00% | 21.2 | 16.6 | 21.8 | 17.1 |
| 中环转债 | 2019/6/10 | 54.10% | 129.9 | 106.5 | 70.2 | 57.6 |
| 和而转债 | 2019/6/4 | 82.90% | 20 | 110 | 16.6 | 91.2 |
| 三星转债 | 2019/5/31 | 30.50% | 20 | 20.8 | 6.1 | 6.4 |
| 大业转债 | 2019/5/9 | 34.60% | 101 | 15.9 | 35.0 | 5.5 |
| 一心转债 | 2019/4/19 | 8.70% | 199.9 | 167 | 17.4 | 14.5 |
| 亚泰转债 | 2019/4/17 | 8.50% | -11.1 | -16.9 | -0.9 | -1.4 |

续表

| 转债名称 | 申购日期 | 中签率 | 单签开盘收益（单位：元） | 单签收盘收益（单位：元） | 单户开盘收益（单位：元） | 单户收盘收益（单位：元） |
|---|---|---|---|---|---|---|
| 永鼎转债 | 2019/4/16 | 14.40% | −50 | −44.4 | −7.2 | −6.4 |
| 雅化转债 | 2019/4/16 | 63.10% | −50 | −39.5 | −31.6 | −24.9 |
| 创维转债 | 2019/4/15 | 26.10% | −1 | −1.2 | −0.3 | −0.3 |
| 核能转债 | 2019/4/15 | 30.90% | 30 | 27.1 | 9.3 | 8.4 |
| 明泰转债 | 2019/4/10 | 30.50% | −25.3 | −30.6 | −7.7 | −9.3 |
| 鼎胜转债 | 2019/4/9 | 20.80% | −30 | −33.5 | −6.2 | −7.0 |
| 核建转债 | 2019/4/8 | 19.90% | 30 | 30 | 6.0 | 6.0 |
| 司尔转债 | 2019/4/8 | 20.40% | −25 | −6.1 | −5.1 | −1.2 |
| 未来转债 | 2019/4/3 | 15.40% | 150 | 224 | 23.1 | 34.4 |
| 参林转债 | 2019/4/3 | 54.60% | 60 | 75 | 32.8 | 40.9 |
| 海环转债 | 2019/4/2 | 16.70% | 50.9 | 65.1 | 8.5 | 10.9 |
| 亚药转债 | 2019/4/2 | 28.80% | 80 | 68.1 | 23.1 | 19.6 |
| 现代转债 | 2019/4/1 | 35.70% | 40 | 63.9 | 14.3 | 22.8 |
| 百姓转债 | 2019/3/29 | 33.10% | 98.8 | 87.3 | 32.7 | 28.9 |
| 精测转债 | 2019/3/29 | 20.80% | 120 | 149 | 25.0 | 31.1 |
| 启明转债 | 2019/3/27 | 13.90% | 120 | 109 | 16.7 | 15.2 |
| 大丰转债 | 2019/3/27 | 21.30% | 31.7 | 44 | 6.8 | 9.4 |
| 中装转债 | 2019/3/26 | 50.90% | 70 | 57.3 | 35.6 | 29.2 |
| 招路转债 | 2019/3/22 | 70.00% | −9.9 | 0 | −6.9 | 0.0 |
| 岱勒转债 | 2019/3/21 | 16.20% | 85 | 90 | 13.7 | 14.6 |
| 迪森转债 | 2019/3/20 | 21.60% | 80.1 | 93.7 | 17.3 | 20.2 |
| 亨通转债 | 2019/3/19 | 18.10% | 90 | 115.9 | 16.3 | 20.9 |
| 通威转债 | 2019/3/18 | 11.10% | 180 | 199 | 20.0 | 22.1 |
| 长信转债 | 2019/3/18 | 10.70% | 122.1 | 131.6 | 13.1 | 14.1 |
| 伊力转债 | 2019/3/15 | 18.10% | 250 | 305.7 | 45.3 | 55.3 |
| 苏银转债 | 2019/3/14 | 39.00% | 90 | 91.4 | 35.1 | 35.6 |
| 浙商转债 | 2019/3/12 | 17.30% | 60 | 67.7 | 10.4 | 11.7 |
| 绝味转债 | 2019/3/11 | 6.00% | 256 | 280.2 | 15.4 | 16.8 |
| 视源转债 | 2019/3/11 | 20.00% | 170 | 232.8 | 34.0 | 46.6 |
| 中鼎转2 | 2019/3/8 | 8.30% | 200 | 217 | 16.6 | 18.0 |
| 拓邦转债 | 2019/3/7 | 62.10% | 200 | 190 | 124.3 | 118.1 |
| 博彦转债 | 2019/3/5 | 51.10% | 150 | 159 | 76.7 | 81.2 |
| 贵广转债 | 2019/3/5 | 12.10% | 199.9 | 182.6 | 24.2 | 22.1 |
| 万信转2 | 2019/3/4 | 17.10% | 150 | 187 | 25.7 | 32.0 |
| 中信转债 | 2019/3/4 | 18.20% | 76.5 | 80 | 13.9 | 14.6 |
| 富祥转债 | 2019/3/1 | 41.20% | 200 | 150 | 82.4 | 61.8 |
| 长城转债 | 2019/3/1 | 37.60% | 135 | 118.1 | 50.8 | 44.4 |

续表

| 转债名称 | 申购日期 | 中签率 | 单签开盘收益<br>（单位：元） | 单签收盘收益<br>（单位：元） | 单户开盘收益<br>（单位：元） | 单户收盘收益<br>（单位：元） |
|---|---|---|---|---|---|---|
| 今飞转债 | 2019/2/28 | 81.90% | 90 | 83.8 | 73.7 | 68.6 |
| 中天转债 | 2019/2/28 | 19.50% | 118.1 | 141.3 | 23.0 | 27.6 |
| 长青转2 | 2019/2/27 | 26.80% | 250 | 223.7 | 67.0 | 60.0 |
| 中来转债 | 2019/2/25 | 61.50% | 147.5 | 149.4 | 90.7 | 91.9 |
| 中宠转债 | 2019/2/15 | 127.60% | 97.5 | 130 | 124.4 | 165.9 |
| 尚荣转债 | 2019/2/14 | 520.00% | 222.2 | 182 | 1155.4 | 946.4 |
| 维格转债 | 2019/1/24 | 395.40% | 63 | 61.3 | 249.1 | 242.4 |
| 联泰转债 | 2019/1/23 | 146.10% | 37 | 68.7 | 54.1 | 100.4 |
| 平银转债 | 2019/1/21 | 44.90% | 140 | 140.7 | 62.9 | 63.2 |
| 冰轮转债 | 2019/1/14 | 141.30% | 121 | 145.2 | 171.0 | 205.2 |
| 凯龙转债 | 2018/12/21 | 1442.20% | 60 | 58.6 | 865.3 | 845.1 |
| 溢利转债 | 2018/12/20 | 2348.50% | 0 | -23 | 0.0 | -539.5 |
| 佳都转债 | 2018/12/19 | 2350.30% | 35 | 50.9 | 822.6 | 1196.3 |
| 海尔转债 | 2018/12/18 | 39.30% | 107 | 149.2 | 42.1 | 58.6 |
| 台华转债 | 2018/12/17 | 421.40% | -1 | 11.2 | -4.2 | 47.2 |
| 奇精转债 | 2018/12/14 | 574.10% | -38.1 | -40.8 | -218.7 | -234.2 |
| 光华转债 | 2018/12/14 | 437.10% | -35 | -1.3 | -153.0 | -5.7 |
| 钧达转债 | 2018/12/10 | 856.00% | -27.7 | -69.9 | -237.1 | -598.3 |
| 伟明转债 | 2018/12/10 | 348.40% | 0 | 14.5 | 0.0 | 50.5 |
| 福能转债 | 2018/12/7 | 196.00% | 40 | 38.9 | 78.4 | 76.2 |
| 华源转债 | 2018/11/27 | 952.10% | -35.6 | -67.9 | -338.9 | -646.5 |
| 旭升转债 | 2018/11/22 | 317.50% | 100.3 | 55.4 | 318.5 | 175.9 |
| 山鹰转债 | 2018/11/21 | 496.70% | 0 | -7 | 0.0 | -34.8 |
| 寒锐转债 | 2018/11/20 | 372.20% | -29.5 | -12.6 | -109.8 | -46.9 |
| 圆通转债 | 2018/11/20 | 208.40% | 10.1 | 19.5 | 21.0 | 40.6 |
| 桐昆转债 | 2018/11/19 | 192.00% | -0.8 | 10 | -1.5 | 19.2 |
| 特发转债 | 2018/11/16 | 167.70% | 28 | 23.4 | 47.0 | 39.2 |
| 科森转债 | 2018/11/16 | 328.90% | -19.9 | -20.5 | -65.5 | -67.4 |
| 张行转债 | 2018/11/12 | 357.00% | 40.5 | 24 | 144.6 | 85.7 |
| 百合转债 | 2018/11/8 | 203.60% | 30 | 15 | 61.1 | 30.5 |
| 洲明转债 | 2018/11/7 | 306.40% | 10 | 34.1 | 30.6 | 104.5 |
| 长久转债 | 2018/11/7 | 412.80% | 5.2 | -8.9 | 21.5 | -36.7 |
| 光电转债 | 2018/11/5 | 71.80% | 66.1 | 110.1 | 47.5 | 79.1 |
| 利尔转债 | 2018/10/17 | 183.60% | 0.3 | 30.1 | 0.6 | 55.3 |
| 顾家转债 | 2018/9/12 | 751.40% | -10 | 0.4 | -75.1 | 3.0 |
| 机电转债 | 2018/8/27 | 119.50% | 161.2 | 116.1 | 192.6 | 138.7 |

| 转债名称 | 申购日期 | 中签率 | 单签开盘收益（单位：元） | 单签收盘收益（单位：元） | 单户开盘收益（单位：元） | 单户收盘收益（单位：元） |
|---|---|---|---|---|---|---|
| 岭南转债 | 2018/8/14 | 872.20% | −39 | −37.7 | −340.2 | −328.8 |
| 蓝盾转债 | 2018/8/13 | 1272.30% | −44.5 | −34 | −566.2 | −432.6 |
| 曙光转债 | 2018/8/6 | 1932.40% | 11 | 63.6 | 212.6 | 1229.0 |
| 东音转债 | 2018/8/2 | 213.20% | −45 | −36.8 | −95.9 | −78.5 |
| 苏农转债 | 2018/8/2 | 508.70% | −28 | −8 | −142.4 | −40.7 |
| 凯发转债 | 2018/7/27 | 454.40% | −99 | −88.5 | −449.9 | −402.1 |
| 凯中转债 | 2018/7/30 | 198.10% | −70 | −48.9 | −138.7 | −96.9 |
| 横河转债 | 2018/7/26 | 149.80% | −70 | −86.8 | −104.9 | −130.0 |
| 高能转债 | 2018/7/26 | 336.60% | −20.2 | −6.9 | −68.0 | −23.2 |
| 万顺转债 | 2018/7/20 | 1725.30% | −74.9 | −80.8 | −1292.2 | −1394.0 |
| 威帝转债 | 2018/7/20 | 283.20% | 18.9 | −10.5 | 53.5 | −29.7 |
| 德尔转债 | 2018/7/18 | 325.30% | −19.5 | −36.6 | −63.4 | −119.1 |
| 盛路转债 | 2018/7/17 | 608.70% | −10 | −31.7 | −60.9 | −193.0 |
| 海澜转债 | 2018/7/13 | 1019.80% | −10 | 8 | −102.0 | 81.6 |
| 安井转债 | 2018/7/12 | 115.00% | 120 | 97.5 | 138.0 | 112.1 |
| 景旺转债 | 2018/7/6 | 208.90% | 180 | 204.5 | 376.0 | 427.2 |
| 博世转债 | 2018/7/5 | 360.70% | −11.2 | −26.4 | −40.4 | −95.2 |
| 湖广转债 | 2018/6/28 | 1012.80% | −63.5 | −68.4 | −643.1 | −692.8 |
| 广电转债 | 2018/6/27 | 340.00% | −40 | −42.1 | −136.0 | −143.1 |
| 千禾转债 | 2018/6/20 | 142.70% | −25 | −11.3 | −35.7 | −16.1 |
| 再升转债 | 2018/6/19 | 63.10% | −7 | −41.9 | −4.4 | −26.4 |
| 华通转债 | 2018/6/14 | 43.10% | −20 | −34 | −8.6 | −14.7 |
| 三力转债 | 2018/6/8 | 133.40% | −85.3 | −105 | −113.8 | −140.1 |
| 新泉转债 | 2018/6/4 | 30.60% | −33.5 | −0.2 | −10.3 | −0.1 |
| 新凤转债 | 2018/4/26 | 233.60% | 0 | −4.8 | 0.0 | −11.2 |
| 天马转债 | 2018/4/15 | 29.70% | −30 | −18 | −8.9 | −5.3 |
| 鼎信转债 | 2018/4/12 | 72.00% | 89 | 61.6 | 64.1 | 44.4 |
| 金农转债 | 2018/3/9 | 49.70% | 10 | 0.1 | 5.0 | 0.0 |
| 利欧转债 | 2018/3/22 | 270.20% | −10 | −22 | −27.0 | −59.4 |
| 岩土转债 | 2018/3/15 | 90.10% | −35 | −48 | −31.5 | −43.2 |
| 敖东转债 | 2018/3/13 | 123.80% | 50 | 53.9 | 61.9 | 66.7 |
| 长证转债 | 2018/3/12 | 124.00% | 80 | 69 | 99.2 | 85.6 |
| 星源转债 | 2018/3/7 | 40.90% | 220 | 193.5 | 90.0 | 79.1 |
| 杭电转债 | 2018/3/6 | 84.30% | 5 | 8.7 | 4.2 | 7.3 |
| 艾华转债 | 2018/3/2 | 21.90% | 80 | 85.5 | 17.5 | 18.7 |
| 康泰转债 | 2018/1/31 | 25.80% | 201.2 | 199.8 | 51.9 | 51.5 |

续表

| 转债名称 | 申购日期 | 中签率 | 单签开盘收益（单位：元） | 单签收盘收益（单位：元） | 单户开盘收益（单位：元） | 单户收盘收益（单位：元） |
|---|---|---|---|---|---|---|
| 玲珑转债 | 2018/3/1 | 211.80% | 32 | 49.7 | 67.8 | 105.3 |
| 大族转债 | 2018/2/6 | 195.80% | 120 | 163.4 | 235.0 | 319.9 |
| 无锡转债 | 2018/1/30 | 188.10% | −1.2 | −25.7 | −2.3 | −48.3 |
| 江银转债 | 2018/1/26 | 138.90% | −10.1 | −22.4 | −14.0 | −31.1 |
| 常熟转债 | 2018/1/19 | 192.40% | 60 | 79.1 | 115.4 | 152.2 |
| 道氏转债 | 2017/12/28 | 71.80% | 180 | 180 | 129.2 | 129.2 |
| 迪龙转债 | 2017/12/27 | 38.70% | 33 | 40 | 12.8 | 15.5 |
| 吉视转债 | 2017/12/27 | 399.50% | 24 | −19.1 | 95.9 | −76.3 |
| 航电转债 | 2017/12/25 | 196.80% | 30 | 17.6 | 59.0 | 34.6 |
| 蒙电转债 | 2017/12/22 | 266.60% | 40.2 | 41.7 | 107.2 | 111.2 |
| 双环转债 | 2017/12/25 | 82.50% | 35.1 | 47.5 | 29.0 | 39.2 |
| 天康转债 | 2017/12/22 | 61.80% | 81 | 90.1 | 50.1 | 55.7 |
| 太阳转债 | 2017/12/22 | 43.10% | 130 | 245.3 | 56.0 | 105.7 |
| 赣锋转债 | 2017/12/21 | 61.30% | 0 | 22.1 | 0.0 | 13.5 |
| 东财转债 | 2017/12/20 | 403.60% | 250 | 216.5 | 1009.0 | 873.8 |
| 万信转债 | 2017/12/19 | 80.70% | 150 | 80 | 121.1 | 64.6 |
| 铁汉转债 | 2017/12/18 | 59.40% | 70 | 76.3 | 41.6 | 45.3 |
| 崇达转债 | 2017/12/15 | 18.70% | 70 | 67 | 13.1 | 12.5 |
| 泰晶转债 | 2017/12/15 | 9.30% | 80 | 18.1 | 7.4 | 1.7 |
| 众兴转债 | 2017/12/13 | 56.30% | 2.5 | −3.1 | 1.4 | −1.7 |
| 蓝思转债 | 2017/12/8 | 330.40% | −49.9 | −42.9 | −164.9 | −141.7 |
| 特一转债 | 2017/12/6 | 5.40% | −20 | −25.4 | −1.1 | −1.4 |
| 宁行转债 | 2017/12/5 | 52.20% | 115 | 123.8 | 60.0 | 64.6 |
| 亚太转债 | 2017/12/4 | 24.50% | −22 | −49.1 | −5.4 | −12.0 |
| 众信转债 | 2017/12/1 | 3.40% | 0.2 | 15.2 | 0.0 | 0.5 |
| 兄弟转债 | 2017/11/28 | 1.30% | 0 | −1 | 0.0 | 0.0 |
| 国祯转债 | 2017/11/24 | 3.90% | 160 | 138 | 6.2 | 5.4 |
| 生益转债 | 2017/11/24 | 5.70% | −34.8 | −1.2 | −2.0 | −0.1 |
| 水晶转债 | 2017/11/17 | 4.40% | 1 | 5 | 0.0 | 0.2 |
| 宝信转债 | 2017/11/17 | 7.90% | −28.5 | −31 | −2.3 | −2.4 |
| 济川转债 | 2017/11/13 | 11.60% | 46 | 17.1 | 5.3 | 2.0 |
| 嘉澳转债 | 2017/11/10 | 1.40% | 188.8 | 227.9 | 2.6 | 3.2 |
| 久立转2 | 2017/11/8 | 5.10% | 27.7 | 0.4 | 1.4 | 0.0 |
| 时达转债 | 2017/11/6 | 4.10% | 5 | −34.2 | 0.2 | −1.4 |
| 小康转债 | 2017/11/6 | 2.90% | 230 | 108.2 | 6.7 | 3.1 |
| 隆基转债 | 2017/11/2 | 9.10% | 235 | 303 | 21.4 | 27.6 |

续表

| 转债名称 | 申购日期 | 中签率 | 单签开盘收益<br>（单位：元） | 单签收盘收益<br>（单位：元） | 单户开盘收益<br>（单位：元） | 单户收盘收益<br>（单位：元） |
|---|---|---|---|---|---|---|
| 金禾转债 | 2017/11/1 | 1.30% | 186.6 | 165.5 | 2.4 | 2.2 |
| 林洋转债 | 2017/10/27 | 2.90% | 201 | 202.9 | 5.8 | 5.9 |
| 雨虹转债 | 2017/9/25 | 1.30% | 218 | 201.2 | 2.8 | 2.6 |